最优外汇储备与
货币调控方式转型

Optimal Amounts of Foreign
Exchange Reseves and the Transformation of Monetary
Policy Implementation

陆磊 李宏瑾 / 著

经济管理出版社
ECONOMY & MANAGEMENT PUBLISHING HOUSE

图书在版编目（CIP）数据

最优外汇储备与货币调控方式转型/陆磊，李宏瑾著. —北京：经济管理出版社，2017.5
ISBN 978-7-5096-5174-2

Ⅰ. ①最… Ⅱ. ①陆… ②李… Ⅲ. ①外汇储备—研究—中国 Ⅳ. ①F822.2

中国版本图书馆 CIP 数据核字（2017）第 133959 号

组稿编辑：宋　娜
责任编辑：宋　娜　张　昕
责任印制：黄章平
责任校对：赵天宇

出版发行：经济管理出版社
　　　　　（北京市海淀区北蜂窝 8 号中雅大厦 A 座 11 层　100038）
网　　址：www. E-mp. com. cn
电　　话：(010) 51915602
印　　刷：北京晨旭印刷厂
经　　销：新华书店
开　　本：720mm×1000mm/16
印　　张：21.75
字　　数：288 千字
版　　次：2017 年 5 月第 1 版　2017 年 5 月第 1 次印刷
书　　号：ISBN 978-7-5096-5174-2
定　　价：98.00 元

　　改革开放三十多年来，中国之所以能够实现年均增长率近10%的增长奇迹，一个重要经验就是采取了渐近双轨制的改革策略。中国各方面情况千差万别，决定了我们在改革中只能"摸着石头过河"。为了顺利推进改革，只好在边际上做文章。在不触及既有部门利益的同时，在增量上引入市场竞争机制，使具有效率的市场化部门份额逐步扩大，通过量的不断累积，最终达成质变，打破既定格局并实现完全的市场化。无论是商品价格放开，还是要素价格市场化（特别是利率这一金融要素的核心价格），都采取了类似的帕累托式渐进改革方案。

　　不过，随着中国经济进入新常态，我国各领域改革进入了"深水区"，对改革也提出了更高的要求。特别是当前各方利益错综复杂，各类矛盾相互交织，各种新问题层出不穷，明确改革目标并选取恰当的改革路径，反而成为一件并不容易的事情。如今，外汇领域改革就面临这样的问题。

　　长期以来，规模庞大的外汇储备一直是困扰我国货币政策当局和经济平稳发展的重要因素，外汇储备的成本也被认为超过了收益。但是，在2015年

811汇率形成机制改革后，由于一度出现较大规模的资本外流，外汇储备明显相应下降，外汇储备是否充足引起了各方的关注，社会上甚至出现了"保外储"，还是"保汇率"的争论。因此，陆磊及其合作者的这项研究，可谓非常及时。

不过，显然作者最主要的目的并不是回答外汇储备是否充足这样的社会热点问题。从内容上来看，全书具有以下非常鲜明的特色：

一是这项研究显示出作者具有扎实深厚的理论功底。此项研究从一开始就从货币功能的角度出发，对外币形态的外汇储备的性质进行了深入的剖析，进而从国外货币（外汇储备）供给和需求的角度，对将近二百年的外汇储备的历史变迁，进行了全面的梳理和总结，这也为我们理解国际货币体系的演进提供了一个崭新的视角。同样，也正是基于货币功能和外汇储备性质的讨论，作者对中国的最优外汇储备规模进行了估算。整个研究理论基础扎实，前后逻辑一致，推理过程严谨，结论稳健可靠，明显优于国内很多泛泛的定性讨论。

二是采用当前国际主流的宏观经济学研究方法，估算结果科学可靠。外汇储备最优规模的估算研究有着很长的历史。作者从货币功能的角度，对各种方法的利弊进行了全面的讨论。在此基础上，作者采用了动态随机一般均衡模型（DSGE）这一目前国际主流的宏观经济研究方法，对中国最优外汇储备规模进行了估算。与其他方法相较而言，DSGE模型不仅更为科学可靠，还能够对不同汇率和资本账户安排的社会福利效果进行规范分析，这对今后中国金融部门的对外开放具有非常重要的政策指导意义。

三是作者并未局限于外汇储备本身，而是以本外币一体化的视角，将研究进一步深入到外汇储备规模与货币调控方式转型领域。利率和汇率分别是一国货币的内部价格和外部价格，作为一枚硬币的两面，利率和汇率的市场化自然与国内货币数量和外汇储备规模密切相关。因此，作者明确提出了今后货币政策要由当前的以"内部数量（货币供应量）+外部价格（汇率）"向"内部价格（利率）+外部数量（外汇储备）"，内外数量和价格目标交叉换位的调控方式转型，这无疑将对今后中国深层次金融改革具有重要的启示性意义。

目前，我国经济发展进入新常态，由高速增长阶段转向高质量发展阶段，经济结构和原有的运行规律发生了明显的变化，经济形势也更加复杂。就金融领域来说，如何处理好内部改革和外部开放的关系，如何通过加大开放促进与国际规则的接轨和国内改革进程，具有非常重要的理论和现实意义，本项研究可以说是正当其时。本书作者是长期从事货币政策、金融市场和金融研究工作的中国人民银行工作人员，其研究既有坚实的理论基础，又有广阔的国际视野，更有扎实的实地调研情况作为支撑，相关的结论和建议能够为今后外汇改革和货币调控方式转型提供可靠、有益的借鉴。我为作者能够在完成日常大量繁杂工作的同时，以严谨科学的态度认真开展这项具有重要意义的基础性研究工作，表示高度的赞赏，也由衷推荐作者的这部专著。

2017 年 5 月

摘　要 ABSTRACT

外汇储备作为对外支付和缓冲外部冲击的重要手段，对一国参与全球经济往来具有非常重要的意义。20世纪90年代以来，特别是2005年汇率形成机制改革后，中国外汇储备迅速增长，至2014年6月达到近四万亿美元的阶段性高点后，开始回落并在2017开始稳定在三万亿美元以上的规模。应当说，外汇储备过多或过少都会有一定的代价，这需要动态优化存量规模，切实贯彻搞活流量的"藏汇于民"政策，这也意味着货币政策由传统的"货币数量+汇率"转向"基准利率+外汇储备数量"，实现内外数量价格目标交叉换位的调控方式转型。外汇储备相当于一国持有的对外货币，本书从交易支付和价值储藏两大货币基本功能出发，以国际货币体系的演进为主线，分析外汇储备的性质，并以此提出外汇储备最优规模的估算方法，根据不同政策约束条件对中国最优外汇储备规模进行估算，并在中国经济发展、货币政策模式变迁和外汇储备积累过程全面考察基础上，对中国货币政策转型、外汇储备优化存量搞活流量措施，以及增强对外经济支付和提高外汇风险管理的人民币国际化和外汇市场发展等方面，提出具体的政策建议。

本书共分为以下七个主要部分：

第一章"中国的外汇储备与最优外汇储备规模"。在对国际储备（外汇储备）的内涵和现状进行梳理之后，简要考察了中国外汇储备积累历程。通过与日本的比较、对国际收支双顺差下对外失衡的考察及对外汇储备规模的辩证分析表明，外汇储备过多或过少都会有一定的代价，需要动态优化与我国经济发展阶段和对外开放程度相适应的外汇储备规模。基于成本收益框架、两分法和自然率假说、货币政策内外价格数量目标交叉换位的调控方式转型分析，充分论证了最优外汇储备的理论存在性。外汇储备相当于一国持有的对外货币，因而货币的支付交易和价值储藏两大基本功能也是分析外汇储备性质并对其最优规模进行估算的重要理论视角。

第二章"国际货币体系演进视角下的外汇储备"。外汇储备在国际储备资产中的重要性与黄金的货币功能丧失密切相关，国际货币体系演进是考察外汇储备的重要视角。通过对 19 世纪的金本位制、19 世纪末 20 世纪初及两次世界大战期间的金汇兑本位制、"二战"后布雷顿森林体系下的"美元—黄金"金汇兑本位制和后布雷顿森林体系（牙买加体系）信用货币时代下美元主导的国际货币体系演进过程的分析表明，储备货币流动性与价值稳定性始终是困扰国际货币体系的根本性矛盾。尽管浮动汇率能够在一定程度上减缓外部冲击，但由于浮动汇率容易带来汇率超调，为确保国内经济免受汇率剧烈波动冲击并保持国内外稳定，维持具有一定弹性并相对稳定的汇率水平，仍是各国货币政策当局重要的政策目标，发达国家和新兴发展中国家都需要一定的外汇储备以有效应对外部冲击。信用货币体系下，外汇储备在国际储备中的地位越来越重要。无论是外汇储备需求，还是国际储备货币供给，都需要在作为支付手段的充足性和币值的稳定性之间进行权衡。由于在位优势惯性效应和网络外部性效应，当前美元作为关键主导货币的国际货币体系仍具有很强的稳定性和一定的合理性,超主权货币的替代方案并不具备现实可行性。因而,在新兴储备货币参与渐进完善国际货币体系的同时,应进一步加强国际经济金融协调,改进全球治理模式,更好地构建具有充分流动性和价值稳定性的国际货币体系。

第三章"最优外汇储备规模估算方法简要述评及对中国的初步测算"。在对最优外汇储备规模测算的经验比例法、成本收益框架和回归计量分析三种主要测算方法进行简要综述,并对各种测算方法的主要思想及其不足进行分析之后,重点介绍了2011年以来IMF倡导的经风险加权的国际储备充足度计量方法,并根据其最新修订的建议指标体系对中国最优外汇储备规模进行了初步测算。

第四章"对中国最优外汇储备规模的理论测算"。分别利用当前国际流行的外汇储备效用最大化JR模型(Jeanne and Ranciere, 2006, 2011)和现代宏观经济分析主流的DSGE模型,对中国的最优外汇储备规模进行了理论测算。无论是IMF的方法、效用最大化模型还是DSGE模型的测算结果都表明,当前中国外汇储备高于理论最优规模,而且近两年来中国外汇储备开始进入向最优数量规模收敛的轨道。特别是在研究方法上更具有优势的DSGE模型分析表明,在资本管制条件下,浮动汇率的最优外汇储备往往更高,而且社会福利将低于固定汇率情形;在资本开放条件下无论何种汇率安排,最优外汇储备规模都要明显低于资本管制情形,资本开放和浮动汇率安排的全面改革条件下社会福利函数最高。可见,2005年汇率形成机制改革后,中国以汇率水平稳定为目标并逐步开放资本账户的渐进式金融对外开放改革是合理的。全面改革情形的社会福利水平最高,这对未来中国全面加快推进金融改革开放具有非常重要的启示意义。

第五章"改革开放以来的经济增长、外汇储备与货币政策调控"。中国的外汇储备积累主要是由于国际收支持续大规模双顺差。虽然表现为外部经济失衡，但也与当前投资为主的增长模式和货币调控方式密切相关。高储蓄率有效支撑了中国高速经济增长，而 20 世纪 90 年代中期以来储蓄率持续大于投资率，由此形成的净出口成为拉动中国经济增长和外汇储备的重要原因，而这又与高储蓄率下投资驱动和要素驱动的传统经济增长模式密切相关。90 年代以来，在财政分权和晋升锦标赛模式下，地方政府和国有企业成为资金配置的主体，并主要进入基建投资和房地产等中长期投资领域。在市场经济体制改革和全球经济"大缓和"的背景下，充分发挥中国人口红利和劳动力禀赋比较优势，优先发展符合中国比较优势的技术和产业，全面深入参与全球经济体系，为贸易和国际直接投资双顺差做出了巨大贡献，有效支撑了中国经济长期高速增长。同时，随着资本账户开放改革的深入开展，大量国际资本涌入中国，资本账户盈余对外汇储备积累的作用越来越大。在 1998 年，我国取消信贷规模直接管理并转向间接货币调控模式后，外汇占款逐渐取代再贷款成为基础货币和流动性投放的主要渠道，有效支撑了房地产、基础设施建设等长期投资需求和经济增长。但是，随着近年来中国汇率水平开始趋向均衡区间，经常账户顺差和国际收支逐步处于合理水平，资本流动和汇率呈现双向波动态势，中国外汇储备开始向最优数量收敛，中国货币政策当局一度退出常态化的外汇市场干预，外汇占款作为基础货币主要投放渠道的模式已发生根本性改变。在流动性新格局下，中央银行通过各种流动性创新工具积极做好流动性管理，探索与中国国情相适应并与主要中央银行常规货币政策一致的以公开市场操作为主的基础货币投放新渠道。

第六章"经济新常态下的中国经济增长、最优外汇储备与货币调控方式转型"。随着劳动力比较优势的变化和产业技术升级，在经历长达三十多年的高速增长之后，投资和出口导向的传统增长模式的空间逐渐耗尽。中国经济正进入以创新驱动、结构升级和中高速增长为特征的经济新常态。与此同时，在全球金融危机后世界经济日趋"新平庸"的国际背景下，中国的外汇储备开始向最优规模收敛，支撑长期投资的流动性格局已发生根本性转变，这意味着货币政策需要由传统的"货币数量+汇率稳定"转向"基准利率+外汇储备数量"，实现内外数量价格中介目标交叉换位的调控方式转型。为此，提出了优化中央银行资产结构、丰富外汇储备投资渠道等具体的政策建议。

第七章"人民币国际化、外汇市场发展与'藏汇于民'的政策选择"。在大规模国际收支双顺差和外汇储备迅速积累的背景下，我国学术界和决策者很早就提出"藏汇于民"政策，以丰富居民资产投资渠道、促进各项金融改革并优化外汇储备规模。但是，在人民币升值预期下，"藏汇于民"政策效果并不明显。由于受国内金融市场深度的限制及外汇储备资产经营的复杂性，中央银行资产结构优化和外汇储备资产运用渠道的丰富等外汇储备存量调整不可能一蹴而就。外部冲击的不确定性和各项金融市场化改革政策协调意味着流量方式外汇储备规模优化调整也将是一个渐进缓慢的过程。为了更好地解决外汇储备规模过多的问题并全面落实"藏汇于民"政策，就要采取"优化存量、搞活流量"的方式，重点在于流量上不再继续大规模扩大新增外汇储备，而这就意味着要围绕国际收支平衡的目标，全面推进各领域全方位深层次改革，通过市场化的方式真正做到"藏汇于民"，在源头从根本上实现外汇储备最优化调整和货币政策的成功转型。本币用于对外贸易和投资支付手段并有效规避汇率风险的人民币国际化，将在满足对外经济往来的同时促进外汇储备数量的优化。具有足够广度和深度的外汇市场将能够有效保证居民外汇资产收益并规避汇率波动风险，真正实现"藏汇于民"的政策目标。为此，针对在风险可控条件下提高人民币国际化水平和大力发展具有广度和深度的外汇市场，提出了具体的政策建议。

目 录 CONTENTS

第一章

中国的外汇储备与
最优外汇储备规模

一、国际储备及其构成

国际储备（International Reserves，又称"储备资产"，Reserve Assets）是一国持有的对外流动性资产，用于充当国际交易和国内经济间的缓冲工具（Heller，1966；Polak，1992）。虽然依靠向国外借款或实施灵活的汇率安排能够减轻外部冲击对国内经济的影响，但这些机制都无法完全取代国际储备作为一国对外经济缓冲器的作用，因而各国通常都要持有一定数量的国际储备，以更好地实现一国经济的外部均衡和内部均衡。根据 IMF（2009）最新修订的《国际收支和国际投资头寸手册》（第六版，BPM6）的定义，"储备资产是由货币当局控制，并随时可供货币当局来满足国际收支资金需求，用于干预汇兑市场影响货币汇率，以及用于其他相关目的（如维护人们对货币和经济的信心，作为向外国借款的基础）的对外资产"。作为国际储备的对外金融资产，应具有任何时候都为外国经济单位所接受且价值确定容易变现（即价值是确定可测度的）的基本属性，因而国际储备又通常被称作国际清偿能力或国际流动性（International Liquidity）。根据 IMF（2013a）发布的《国际储备和外币流动性数据模板准则》，国际储备包括货币黄金、特别提款权

（SDRs），在国际货币基金组织的储备头寸和外汇储备四个主要项目①。目前，各国在 IMF 的头寸和 SDRs 规模相对较小，2016 年末分别仅占全球储备资产的 0.86% 和 2.23%。货币黄金是指货币当局（或受货币当局有效控制的其他机构）拥有所有权，并且作为储备资产持有的黄金（包括纯度在 99.5% 以上的金块、金锭、金条以及在已分配黄金账户中持有的金块）和与非居民之间的、能够赋予黄金交割要求权的未分配黄金账户。外汇储备是货币当局持有的可随时兑换的外币资产，主要包括可兑换外币计价的证券（包括由非居民发行的可销售流通的股本证券和债务证券，如美国国债）、在其他国家中央银行和国际组织（如 IMF、BIS）或国外银行的存款。

虽然传统上黄金是各国最主要的国际储备，但随着布雷顿森林体系和金本位制的彻底瓦解，黄金作为储备资产的功能日益下降。目前，外汇储备是各国储备资产中最主要的部分。如图 1-1 所示，以国际市场黄金价格计算货币黄金规模，2016 年外汇储备占全球国际储备的 86.95%，新兴和发展中经济体外汇储备占比较高（为 94.24%，较发达国家高 14.34 个百分点）。2016 年黄金占全球储备资产的比重为 9.96%，其中发达经济体黄金储备占比较高（为 15.64%，较新兴和发展中经济体高 11.45 个百分点）。发达经济体在国际货币基金组织中的头寸和特别提款权在储备资产中的占比分别为 1.36% 和 3.10%，分别比新兴和发展中经济体高 0.85% 和 2.04%。2016 年，中国国际储备资产总规模为 3.098 万亿美元，其中外汇储备占比高达 97.19%。由此可见，外汇储备已成为国际储备最主要的组成部分，黄金作为储备资产的功能逐渐丧失。事实上，如果按照 IMF 的官方历史黄金价格计算（即每盎司黄金 35 美元），当前各国的国际储备几乎完全由外汇储备构成。因此，IMF、世界

---

① 根据 IMF（2009，2013a），国际储备中还包括少量的用于特定目的的其他储备资产，主要是一国持有的以市场计价的金融衍生品净头寸、货币当局向非金融非居民发放的短期外币贷款等项目。

银行等国际金融组织通常采用"除黄金以外的储备总额"作为考察一国国际
储备的主要指标。

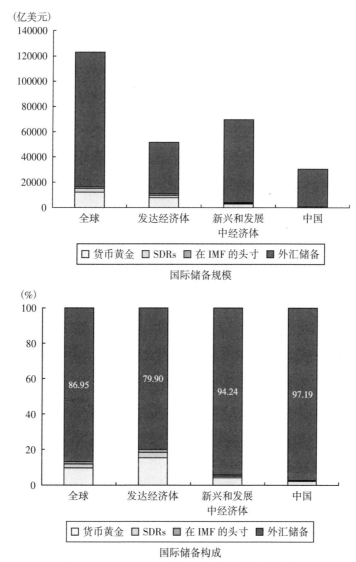

图1-1　2016年末全球储备资产规模及其构成

资料来源：国际货币基金组织（IMF）国际金融统计（IFS）数据库，货币黄金规模根据国际市场
黄金价格计算。在不做特殊说明的情况下，本书各国储备资产数据皆来自IFS数据库。

在我国公布的 20 世纪 80 年代外汇储备中，除货币当局（中国人民银行）所持有的国家外汇头寸外，还包含中国银行所持有的外汇结存。中国银行的外汇结存是中国银行自身拥有的外汇资金加上其在国内吸收的外汇存款，以及通过发行债券等方式从国际金融市场上筹集的外汇资金，再减去各项外汇贷款和外汇投资的余额。这部分外汇并不属于基础货币的一部分，货币当局也不能无条件使用，因而严格来讲并不属于国际储备。不过，中国银行在 1953 年被指定为国家外汇专业银行并与中国人民银行国外业务局合并，直至 1979 年随着国家外汇管理（总）局的成立才从中国人民银行分设出来并直属国务院领导。当时，中国银行仍同时行使国家外汇管理（总）局职能，直到 1983 年中央决定由中国人民银行专门行使中央银行职能，中国银行才与国家外汇管理（总）局分设，由原来中国人民银行的一个分支部门和国家金融（外汇）管理机关，转为以盈利为目标的金融机构。因而，考虑到当时计划经济金融体制下中国银行在国家外汇经营和管理中的特殊地位，IMF 等国际金融组织也接受了这一统计口径（武剑，1998）。直到 1992 年，随着外汇管理体制改革的深入，我国才不再将中国银行所持有的外汇结存纳入外汇储备统计，而仅将中国人民银行的外汇储备作为官方外汇储备，这也是 20 世纪 90 年代初我国外汇储备规模略有下降的主要原因。

二、经济增长奇迹下的中国外汇储备

改革开放以来，中国取得了年均近 10% 的经济增长[①]，2016 年以不变价

---

① 1978~2016 年中国 GDP 和人均 GDP 几何年均增长率分别为 9.6% 和 8.5%。数据来源：Wind、CEIC，在不做特殊说明情况下，有关中国的数据皆来自 Wind、CEIC。

计算的 GDP 和人均 GDP 分别是 1978 年的 32.3 倍和 22.4 倍，除个别年份外（1981 年、1989 年和 1990 年），中国经济无论是总量还是人均都保持了 6% 以上的高速增长，如此长期持续的高速经济增长在 "二战" 后所有 6% 以上高增长经济体中是绝无仅有的（仅中国台湾、韩国等经济体的经历与中国大陆类似，Pritchett 和 Summers，2014），这堪称人类经济增长史的奇迹。正是在这一增长奇迹下，我国外汇储备迅速积累，外汇储备规模一度接近 4 万亿美元（2014 年 6 月末达到 39932.13 亿美元的历史阶段性高点）。1978~2014 年，我国外汇储备规模几何年均增长率高达 32.2%；即使是在 2014 年后规模有所下降，2016 年末我国外汇储备仍高达 30105.2 亿美元，1978~2016 年外汇储备规模几何年均增长率仍高达 29.4%，远超过以不变价计算的经济增速，而且是名义经济平均增速的两倍以上（名义 GDP 和人均 GDP 几何年均增长率分别为 15.0% 和 13.9%）。外汇储备占 GDP 的比重由改革开放初期的 1% 左右逐步上升到最高曾接近 50%（2009 年的 48.1%）。中国外汇储备占全球外汇储备规模的比重也由 1978 年的不到 1% 上升至近 30%（2016 年末为 28.1%），而且目前新兴和发展中经济体中来自中国的外汇储备接近 50%（2016 年为 45.8%）。显然，迅速增加且规模庞大的外汇储备，是中国增长奇迹的重要组成之一。

不过，如图 1-2 所示，与经济的持续高增长不同的是，外汇储备奇迹只是在 20 世纪 90 年代才起步的，21 世纪初开始呈现加速扩张的态势。在新中国成立直至改革开放后的很长一段时期内，即使包括中国银行外汇结存，我国仍一直饱受外汇匮乏之苦，外汇储备规模一直在几亿和几十亿美元之间波动，甚至在 1980 年由于大量引进国外设备，外汇储备过度消耗并形成了近 13 亿美元的净外债（根据官方数据，当年外汇储备为负的 12.9 亿美元）。"出口创汇，为国争光" 成为一时经济建设的主要目标。虽然时有波动，但整

体而言在 1990 年之前中国的外汇储备从未超过 100 亿美元，直到 20 世纪 90

年代外汇储备规模才随着国家相关政策的调整而大幅攀升，在 1990 年突破百

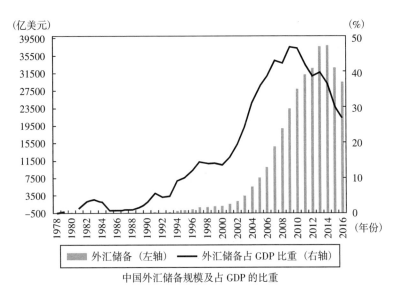

中国外汇储备规模及占 GDP 的比重

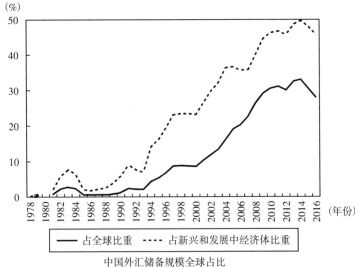

中国外汇储备规模全球占比

图 1-2　改革开放以来的中国外汇储备

資料来源：全球和新兴发展中经济体外汇储备数据来自国际货币基金组织（IMF）国际金融统计（IFS）数据库。中国名义美元 GDP 数据来自世界银行世界发展指标（WDI）数据库，2016 年中国名义美元 GDP 数据来自 IMF 的世界经济展望（WEO）数据库，中国外汇储备数据来自 CEIC。

亿美元大关后，中国的外汇储备迅速积累并呈现指数化增长态势。在外汇储备于 1996 年突破千亿美元后共用了十年超过万亿美元（在 2006 年 2 月达到 8536.72 亿美元，超过日本成为全球最大外汇储备国，并在当年的 10 月达到 10096.26 亿美元），之后分别仅用了不到三年和不到两年的时间就迅速突破了两万亿和三万亿美元大关（2009 年 4 月和 2011 年 3 月），并于 2014 年 6 月达到接近 4 万亿美元的历史高位。外汇储备的迅速积累，与经济高速增长下我国汇率和外汇管理体制改革密切相关。

改革开放之前，中国实行"大财政、小银行"的金融安排，并不存在现代金融业，金融是计划和财政的附属物，全国事实上仅存在中国人民银行一家金融机构（张杰，1998）。因而，当时我国实行严格的外汇集中计划管理，外汇的使用由各部委进行严格计划管理并由中国银行负责执行。对外汇收支采取指令性计划，所有的外汇收入必须上缴国家，并根据计划分配使用外汇。资本账户基本上处于封闭状态，不接受国外任何形式的投资。国家通过"以收定支、以出定进"的指令性计划和行政办法保持外汇收支。人民币汇率仅作为会计核实的工具，并且币值明显高估，有价无市，通过计划进行分配（易纲，2008）。改革开放后，根据经济社会发展和改革的实际情况，我国逐步减少指令性计划，引进并培育加强市场机制在配置外汇资源中的作用。与我国经济改革采取价格"双轨制"策略类似，我国外汇体制改革也以增强企业外汇自主权、实行汇率双轨制作为起点，并通过建立统一规范的外汇市场，逐步完善以市场调节为主的外汇管理体制，历经了稳步、快速和加速积累三个主要时期，并从 2014 年开始进入"新常态"收敛阶段。

（一）改革开放后的外汇储备稳步积累期（1978~1993 年）

改革开放后，为了调动企业出口创汇的积极性，确保有限的外汇资金用于国家建设，我国开始尝试允许出口企业拥有一定的外汇自主权。1979 年，中国外贸体制由过去大一统的国家专营转变为由外贸、工贸和大中型企业及三资企业共同经营。与外贸体制改革相配套，我国开始实行外汇留成管理，在外汇集中管理、统一平衡、保证重点的同时，对地方和企业提取一定比例的外汇留成，并允许持有留成外汇的企业通过外汇调剂市场，将所持外汇转让给外汇稀缺企业。鉴于当时官方基准汇率高估，为鼓励出口并减少出口企业亏损，我国在公布人民币汇率官方汇率牌价的同时，还制定了贸易内部结算价，用于进出口贸易及从属费用的结算，这样就形成了两种不同用途的双重官方汇率。随着外汇留成比例和出口规模的扩大，外汇调剂市场交易越来越活跃，由市场供求决定的外汇调剂市场价格越来越重要。1985 年，我国取消了贸易内部结算价，重新恢复单一的官方汇率体制，但外汇调剂市场日益活跃，在对外经济中的作用逐渐增强。这样，我国官方汇率与调剂市场汇率并存，两个市场、两个汇率共存，形成了事实上的双重汇率体制。外汇管理也通过双轨制逐渐打破计划分配并引入市场调节，市场机制开始萌生、发育并日益壮大，有力地促进了出口和吸引外资，提高了外汇资源配置效率，促进了我国国际收支平衡。特别是 1993 年底，我国全部进出口收付汇的 80% 以上都是按照外汇调剂市场价格结算的（易纲，2008）。正是由于双轨制和市场机制的作用，我国外汇储备在 20 世纪 80 年代末开始持续增加，并在 1990 年突破百亿美元大关。

（二）汇率并轨后的外汇储备快速积累期（1994~2004 年）

双轨制是我国渐进市场化改革的核心思路，在垄断性的计划价格和供求决定的市场价格并行的条件下，计划价格部门由于竞争压力将逐渐萎缩，而市场决定的价格部门规模逐渐扩大并完全替代计划价格部门，从而形成相当

于商品的再分配机制和帕累托效率改进的结果（Lau、Qian 和 Roland，
1997，2000）。但是，双轨制的有效发挥也要满足一个必要的条件，那就是政
府有足够的能力控制计划部门行为，市场部门和计划部门可以明确进行区分。
Murphy、Shleifer 和 Vishny（1992）对苏联和东欧国家转轨失败原因的考察和
理论分析表明，由于仅实现了局部的价格市场化改革而缺乏对计划部门的严
格控制，降低了其资源配置的效率并最终造成社会福利的净损失。1993 年，
我国的外汇双轨制也面临类似的问题。当时，全国各地外汇调剂中心实际上
是分散独立运行的，各地的管理规定不尽一致，这给套利活动留下了非常大
的空间。同时，外汇留成和套利也不利于国家全面掌握外汇资源。因此，
1994 年我国实行汇率并轨改革，将所有区域性调剂市场并入总部设在上海的
中国外汇交易中心，并统一官方汇率和调剂汇率，实行以市场供求为基础的、
单一的、有管理的浮动汇率制度。同时，取消外汇留成和上缴的外汇管理安
排，实行银行强制结售汇制度。改革后的外汇管理体制在外汇资源配置中发
挥了积极的作用，为 1996 年我国实现经常项目可兑换和 1997 年成功抵御东
亚金融危机冲击发挥了重要的作用。由于 1994 年之后我国经常项目和直接投
资项目连续多年顺差，在强制结售汇制度下所有外汇结余都要通过结汇变为
人民币。中央银行通过外汇市场对汇率实行有效干预，这样银行的大规模结
汇通过外汇市场转为中央银行持有的外汇储备，因而从 20 世纪 90 年代中期
开始我国外汇储备规模呈现快速积累态势。

（三）外汇管理体制完善过程中的加速积累期（2005~2013 年）

自 2001 年加入世界贸易组织（WTO）以来，中国经济迅速全面融入全
球经济体系，对外开放步伐进一步扩大。特别是 2002 年末以来，我国经济开
始步入新一轮持续上升周期，国际收支顺差持续扩大，外汇储备增长迅速。

为了缓解对外贸易不平衡、扩大内需、改善贸易条件、真正提升企业国际竞争力和利用外资质量，2005年7月我国启动人民币汇率形成机制改革，进一步放宽企业和个人持有和使用外汇的政策便利，外汇管理方式也由过去侧重于外汇流出监测转向流入流出均衡管理，逐渐建立资本流动双向均衡管理框架，人民币汇率浮动幅度也由最初1994年的0.3%逐步扩大至2014年3月以来的2%（分别于2007年扩大至0.5%，于2012年扩大至1%）。尽管我国在2001年就开始逐渐放宽企业开立外汇账户保留外汇的条件、提高外汇账户内保留外汇的限额，在2008年新修订的《外汇管理条例》中从行政法规层面明确取消了强制结售汇制度，并于2012年最终完全取消强制结售汇；但是在人民币汇率升值强烈预期和全球金融危机后以美国为首的主要发达国家量化宽松政策作用下，国际资本大量涌入，我国经常账户和资本账户出现持续高额双顺差。正是在大规模贸易顺差和外资流入压力下，为了保持汇率和金融市场稳定，中央银行不得不被动购入外汇，从而导致2014年年中最高的将近4万亿美元规模的外汇储备。

（四）经济新常态下的外汇储备收敛期（2014年至今）

一方面，随着人口要素禀赋的变化，中国经济开始步入由高速向中高速增长的经济新常态，消费在推动经济增长中的基础性作用日益加强，投资和储蓄占GDP的比重在2010年后稳步下降，最终消费率逐年提高，中国经常账户顺差出现一定程度的收窄。另一方面，经过多年外汇管理体制和汇率形成机制改革，我国汇率弹性幅度日益加大，外汇管理逐渐转向双向均衡的管理方式，跨境资金规模日益扩大并呈现明显的双向流动态势。2005~2009年，经常项目顺差对中国国际收支总顺差的贡献占比大约为79%，而2010年起，除2012年资本项目出现少量的逆差外，我国经常项目和资本项目顺差对于国际收支顺差的贡献转为四六开，即资本项目已经超过经常项目成为我国近年来国际收支顺差和外汇储备增加的主要来源①。资本流动成为影响外汇储备的重要因素。在套利机制作用下，资本的流动方向将更频繁地转变。特别是，随着近年来美国经济逐步好转，市场对于美联储退出量化宽松政策的预期普遍升温，因此我国资本账户资金呈现出外流倾向且交易日益活跃，跨境资金双向振荡态势逐渐加剧。自 2014 年第三季度起资本和金融账户开始出现持续逆差（BPM5 标准），国际资本流动的方向出现了根本性的逆转，这是 1998 年我国开始进行季度国际收支统计以来从未出现过的。正是在这样的背景下，我国货币政策当局在 2014 年开始大幅减少对外汇市场的干预，并在当年第二季度以后一度退出了常态化的外汇市场干预（胡晓炼，2014b）。由于资本流出和中央银行退出干预，外汇储备资产在 2014 年 6 月达到最高的 3.99 万亿美元后开始出现下降，全年外汇储备余额仅增加 217 亿美元。随着国际收支"经常项目顺差、资本项目逆差"的自主平衡格局初步形成，中国外汇储备资产变动趋于放缓，开始进入向最优规模动态收敛的新阶段。

三、对中国外汇储备规模的几点讨论

（一）人口结构与外汇储备

一般来说，作为参与国际经济体系的重要支撑，外汇储备体现了一国经济实力。外汇储备规模越大，表明一国中央银行干预外汇市场和维护国际收

---

① 参见管涛在"2014 年第一季度外汇收支数据有关情况"新闻发布会上的发言，www.safe.gov.cn，2014 年 4 月 24 日。

支平衡的能力越强，这对维持对外支付能力、确保金融市场稳定、抵御外部经济金融冲击、增强对本国经济发展信心、提高在国际经济金融市场中的地位，具有非常重要的作用。正是在充足的外汇储备保障下，我国成功抵御了20世纪90年代末的东亚金融危机和2008年的全球金融危机，中国经济名义GDP规模得以在2010年顺利超过日本，成为全球第二大经济体；根据IMF以购买力平价计算的估计，中国经济已经超过美国成为全球最大经济体①。应当说，一定规模的外汇储备对一国经济的平稳发展至关重要，能够确保一国顺利应对国际收支流量的季节性变化和国际金融市场扰动的冲击。特别是对于一些以消耗性自然资源出口作为主要产业的国家（如中东石油生产国家），出于平滑代际收入的考虑，往往维持较高的储蓄率并积累更高规模的外汇储备（Saville，1992）。与之类似，根据Modigliani（1986）的生命周期理论和Friedman（1956）的永久性收入理论，具有人口红利且经济处于起飞阶段的国家，也往往倾向于维持较高的储蓄率并积累更高规模的外汇储备（周小川，2009a）。

不过，如果考察拥有类似文化背景和家庭结构的日本，虽然其在经济起飞阶段也迅速积累了大规模的外汇储备，但随着人口结构转折点的出现和经济潜在产出增速下降，日本外汇储备积累的规模和速度都大大下降。如图1-3所示，日本15~64岁劳动年龄人口在1995年达到峰值，在此之前的20世纪70年代初，人口增速就开始下降并逐步靠近刘易斯转折点。受第一次石油危机冲击和人口结构变化的影响，日本经济增速也由70年代之前的12%左右下降至约5%，但总的来看，70年代和80年代在人口红利消失之前，日本仍

---

① 根据IMF《世界经济展望》（WEO）的数据，2014年以购买力平价计算的中国GDP高达18.2万亿国际元，首次超过美国（17.4万亿国际元），占全球经济的比重将达到16.558%，较美国高0.779个百分点；2016年，以购买力平价计算的中国GDP为21.3万亿国际元，比美国高2.7万亿国际元，占全球经济的比重将达到17.760%，较美国高2.271个百分点。

保持了较高的经济增长速度（陆旸、蔡昉，2014）。但是，尽管在 1971 年布雷顿森林体系开始松动后日本就加速积累外汇储备（1971 年日本外汇储备由上一年的 31.88 亿美元迅速增加至 137.83 亿美元，其后虽然历经两次石油危

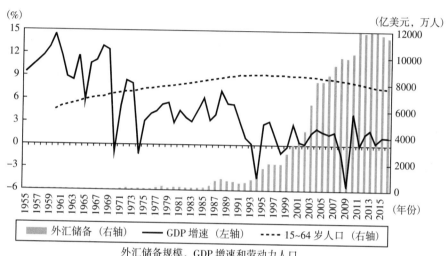

外汇储备（右轴）　　GDP 增速（左轴）　　15~64 岁人口（右轴）

外汇储备规模、GDP 增速和劳动力人口

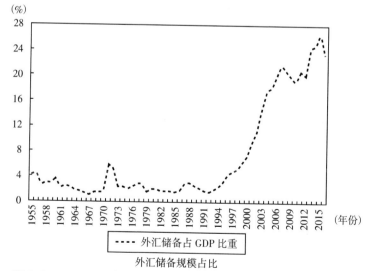

外汇储备占 GDP 比重

外汇储备规模占比

图 1-3　1955~2016 年日本的外汇储备、经济增长和劳动力人口情况
资料来源：IFS、WDI、CEIC，其中 1955~1959 年日本人口和产出数据来自 CEIC，2016 年产出和人口数据分别来自 IMF 的 WEO 数据库和 CEIC。

机冲击曾出现下降，但总体上日本外汇储备保持了较快增长的趋势），但直至
1994 年日本的外汇储备才突破千亿美元大关（1151.5 亿美元），之后虽然日
本的外汇储备仍迅速增长，但无论是增速还是规模都远落后于中国，直到最
近几年日本的外汇储备才突破 1 万亿美元（目前日本的外汇储备基本稳定在
1.2 万亿美元左右，2011 年 11 月曾达到最高的 1.23 万亿美元）。

根据蔡昉（2010，2013）的观点，可以将 2004 年和 2013 年分别作为中
国进入劳动力的刘易斯转折点和人口红利消失的标志性年份。从名义规模数
量来看，中国的外汇储备远远超过了同处于经济起飞阶段的日本。即使是考
虑到价格的因素，以外汇储备占 GDP 的比重来衡量，在 2004 年和 2013 年，
中国这一指标分别为 31.6% 和 41.4%，不仅远远超过日本当时的数据（仅为
个位数），还远远高于日本最高的 2015 年的 26.7%。目前，中国的外汇储备
规模是全球第二大外汇储备国日本的近三倍。显然，我国外汇储备已超越了
与人口红利和高增长阶段所适应的规模，与中国当前经济发展阶段和水平是
不相匹配的。

（二）国际收支平衡视角下的外汇储备积累

根据复式记账原则，国际收支平衡表的贷方项目总是恒等于借方项目，
不考虑净错误与遗漏，则其差额为零。如果在国际收支平衡表上任一分组
（如经常项目）画条线，那么一般来说线上项目并不会平衡为零，其差额（即
通常所说的顺差或逆差）必然与线下项目（即资本和金融账户）的差额相抵。
IMF（2009，2013a）在对国际收支统计编制中，还提出了用于分析性的国际

收支平衡表,将储备资产和货币当局从国外获得的某些特殊融资交易[①]放在线下,这样线上交易的总余额(即经常账户与排除了储备资产和特殊融资交易的资本和金融账户总额)又被称为自主性交易,反映了一国经济自身的国际收支状况。一般来说,多数国家的特殊融资交易量很少甚至为零,因而也可以仅将储备资产放在线下。这样,国际收支平衡表的总余额就是经常项目与排除储备资产的资本和金融项目之和,因而储备资产的变化情况可以作为考察国际收支是否平衡的重要参考。

长期以来,我国一直采取上述国际收支平衡表的编制方式,将货币当局的储备资产单独作为一级项目,与经常账户、资本和金融账户并列列示。事实上,自 IMF 在 1993 年发布第五版《国际收支和国际投资头寸手册》开始,就要求各国按照标准组成将储备资产列入金融账户。我国主要是考虑储备资产变化较大且对经济非常重要,因而过去一直是将其单列,直到 2015 年开始才按照 IMF 的最新标准,将储备资产账户纳入金融账户统计。因而,在我国过去编制的国际收支平衡表中,可以看到经常账户与资本和金融账户同时出现"双顺差",而在新的标准下"双顺差"将成为历史而不再出现,这主要是由于国际收支平衡表编制方法的变化造成的[②]。长期以来,我国自主性交易的国际收支"双顺差"最终反映为外汇储备项下的"逆差"。通过经常账户和资本账户大量流入的资金最终形成中央银行持有的外汇储备资产。因而,外汇

---

① 主要包括债务减免或政府赠款、涉及债务减免的债务/股本互换、政府或中央银行借款、政府授意下由经济其他部门执行的借款、同重新调整债务有关的其他交易(如重新安排债务及偿还拖欠款项)。

② 根据 2009 年 11 月 IMF 统计部和国际收支统计委员会第 22 次会议通过的"《国际收支和国际投资头寸手册》(第六版)实施战略",各成员国从 2012 年开始按照 BPM6 的标准格式向 IMF 报送国际收支平衡表(BOP)和国际投资头寸表(IIP)数据,2014 年以后 IMF 将不再接收 BPM5 格式数据。我国于 2015 年起开始按照 BPM6 格式编制国际收支平衡表和国际投资头寸表。出于分析方便的考虑,本书对资本和金融账户的划分仍主要采用 BPM5 标准。具体参见国家外汇管理局"《国际收支和国际投资头寸手册》(第六版)实施系列宣传",www.safe.gov.cn,2014 年 9 月 26 日。

储备的持续大规模积累，实际上说明了我国持续扩大的自主性交易的国际收支失衡。

由于经济发展阶段、发展策略和开放程度的差异，各国经常账户都会出现正反不同性质的差额，并由资本项目的差额抵销，经常项目收支一般并不会相抵为零。在国际上，通常用经常项目差额占 GDP 的比重来衡量一国的国际收支平衡状况，一般来说无论经常项目是顺差还是逆差，只要经常项目差额与 GDP 之比在±4%以内，都属于合理范围（管涛，2015）。如图 1-4 所示，改革开放后的大部分时间内，我国经常账户差额与 GDP 的比重都在合理区间，但是这一指标在 2005 年开始迅速超出 4%的合理范围，甚至在 2007 年高达 10.1%，直到 2011 年才逐步回落至合理区间。2015 年，尽管受国内经济下行压力和国际大宗商品价格下跌导致进口金额下降等因素影响，经常账户顺差反弹至 2009 年以来最高的 3042 亿美元，属于衰退型顺差扩张，但经常账户占当季 GDP 的比重（以平均汇率水平计算）为 2.75%，仍在 4%的合理区间。正是在持续"双顺差"格局下，外汇储备不得不继续被动增长。在外汇储备快速增长的 20 世纪 90 年代中期和中国加入 WTO 的 2001 年之后，外汇储备余额新增占 GDP 的比重都出现了较快上升，特别是 2004~2009 年这一指标均值甚至高达 10%以上，2007 年更是达到最高的 13.22%。直至近年来，随着经常账户顺差占 GDP 的比重趋向合理范围，国际资本跨境双向流动规模日益扩大，新增外汇储备占 GDP 的比重才逐渐回落，2014 年更是降至 90 年代以来最低的 0.21%，并随着外汇储备规模的收敛而转为负值，2015 年和 2016 年分别为-4.63%和-2.85%。

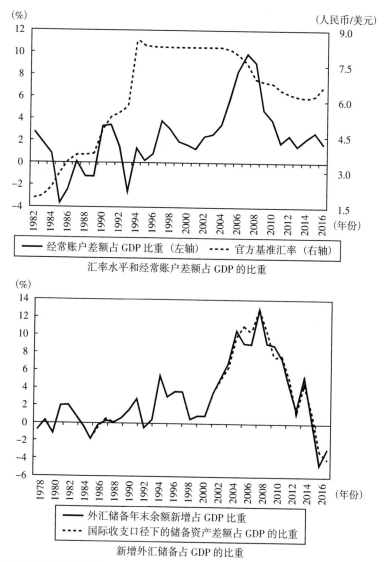

图 1-4　改革开放以来中国的汇率水平、经常账户差额和新增外汇储备占 GDP 的比重

资料来源：CEIC、Wind。

　　在国际收支平衡表中，储备资产的变化并不考虑汇率和资产价格变化的估值影响，因此国际收支的流量数据与货币当局的外汇储备存量变化会有一

定的不同。不过，与存量储备差额数据类似（出于习惯的考虑，对国际收支平衡表中储备资产的逆差（负号）以相反方向表示，即储备资产的净增加），以国际收支口径计算的新增储备资产差额占 GDP 的比重在 20 世纪 90 年代中期和 2001 年之后大幅上升，2005~2008 年连续四年始终都在 10%以上，直至 2014 年才降至 1.15%，这也是自 2001 年以来的最低值，之后随着外汇储备规模的收敛和储备资产净流入在 2015 年和 2016 年转为-3.1%和-4%。通过国际收支平衡表的分析和储备资产的变化可见，规模巨大且增长迅速的外汇储备恰恰说明中国经济的外部失衡已经相当严重，外部失衡最终必然导致国内经济的失衡，引发一系列的经济扭曲。2014 年下半年以来资本净流出和外汇储备规模的下降，一定程度上反映了中国经济迈向结构优化转型升级的"新常态"的变迁过程。

（三）辩证看待外汇储备规模

正如前面指出的，中国外汇储备积累与经济的高速增长并不完全同步，只是从 20 世纪 90 年代才开始起步并从 21 世纪初呈现加速扩张态势。长期以来，外汇储备不足一直是困扰我国经济平稳发展的难题。外汇储备过少将严重威胁一国货币的汇率稳定，加大经济面临外部冲击的脆弱性，从而影响经济的平稳发展。20 世纪 80 年代的拉美债务危机，20 世纪 90 年代的东亚金融危机和 21 世纪初巴西、阿根廷、土耳其等新兴市场国家金融危机，都或多或少地与各国外汇储备不足有关。因而，很多新兴和发展中国家都在 21 世纪初加大了外汇储备积累的规模，并在应对 2008 年的全球金融危机冲击中发挥了重要的作用。

当然，外汇储备也并不是越多越好，过多或过少的外汇储备都会有一定的代价。虽然数量充足的外汇储备对维持人民币汇率稳定、防范和化解外部

金融风险、有效支持出口和国内经济稳定发挥了重要作用，但正如前面分析
指出的，过多的外汇储备规模与我国人口结构和经济发展阶段并不相适应，
实际上是经济长期对外失衡的结果，即使是我国外汇储备已由 2014 年 6 月最
高的将近四万亿美元的高点逐步收敛至目前的三万亿美元左右，但相对于中
国经济均衡稳态发展的实际需要来说，并不符合经济发展的最优规模。而且，
虽然持有外汇储备可以获得一定的收益，但也要承受一定的代价。事实上，
国内很早就有学者分析外汇储备持续过度积累的不利影响，并对外汇储备的
经济成本进行了系统的测算（如张曙光、张斌，2007；王永中，2012）。具体
来说，过高外汇储备的代价可以概括为机会成本、货币冲销成本、资源配置
扭曲、金融抑制与束缚改革和其他金融风险五个主要方面。

1. 机会成本

外汇储备机会成本是一个比较广泛的概念，它很早就被提出（Heller，
1966），并因 Agarwal（1971）、Frenkel 和 Jovanovic（1981）等的研究而被广
泛讨论。通常，机会成本是指外汇储备资产在金融市场中投资于其他资产收
益与外汇储备收益的差额，这与持有成本（Cost of Carry）的概念非常接近，
即持有一定投资头寸而引致的成本，它等于为获得这些投资资金头寸所付出
的成本（即投资的融资成本）与投资收收益的差额，因而也被称为"利差"
（Spread）（Yeyati，2008）。虽然外汇储备机会成本概念理论上比较清晰，但实
际测算比较复杂，主要是对于不同投资将会形成不同的机会收益，因而测算
的结果也会存在很大的差异。对于经常账户顺差形成的储备资产，相当于一
国以外币持有的资本存量，因而同样数量资本在国内外收益之差即可衡量机
会成本。例如，有的学者用本国国债收益率与储备资产货币国债收益率（主
要是美国债券）之差进行测算（这也是国际上常用的做法，并被 IMF 采用，
如 Jeanne，2007；Jeanne 和 Ranciere，2006，2011；IMF，2011，2013b），但

也有学者认为以无风险资产测算的收益过低，因而主张利用国内投资的资本边际回报率测算外汇储备的机会收益（如 Wijnholds 和 Sondergaard，2007；Gupta，2008），或者直接用外币形式的金融投资（如股票）与各国外汇储备主要投向的风险和收益均较低的资产（如国债）之差进行测算（如 Calvo、Izquierdo 和 Loo-Kung，2012）。除此之外，对于资本账户顺差形成的外汇储备相当于借入的外债，因而其融资成本（即本国企业在国际市场融资借入资金的融资成本）与外汇储备收益之差也是外汇储备的机会成本（Wijnholds 和 Sondergaard，2007），外债的构成对测算这部分机会成本非常重要。尽管衡量方法不同、测算结果各有差距，但目前大部分研究都表明，中国外汇储备的机会成本非常巨大且随着外汇储备规模的上升而加剧上升。例如，王永中（2012）表明，中国的外汇储备机会成本已由 2001 年的 103 亿美元上升至 2011 年的 3153 亿美元，占 GDP 的比重也由 0.78% 上升至 4.33%。

2. 货币冲销成本

虽然在现实中无论是汇率安排还是资本账户流动都不是非此即彼的极端情形[①]，中间解是可行的（Frankel，1999），但是独立的货币政策、固定汇率制和资本自由流动的"不可能三角"（Mundell-Flemming Trilemma，Krugman，1998）仍然是决策的重要依据。易纲、汤弦（2001）在一定条件下扩展三角理论并指出，当资本流动规模较小和金融市场不发达时，中间解是可能的情形，不过在资本流动规模扩大和金融市场发展的条件下，中间制度安排的道德风险和危机可能性大大增加，因而一国应采取更为灵活的汇率安排，即趋向角点解情形。这对日益融入全球经济金融体系的中国来说，更具有启示性

[①] 例如，IMF 就将各国汇率制度分为硬钉住（货币局或美元化）、软钉住（传统钉住、稳定机制、爬行钉住、爬行区间、区间钉住）、浮动（管理浮动和自由浮动）及其他等类型；资本账户也包括七大类共四十个小项。

意义。在"双顺差"条件下，为了保持汇率稳定，中央银行不得不干预外汇市场，买入美元形成外汇储备并相应地投放大量基础货币，从而严重干扰本国货币政策的独立性。为了对冲外汇储备增加的过多流动性，中央银行不得不采取现券卖出和正回购、发行央行票据等公开市场手段进行对冲。这在政策最初效果比较明显，但随着外汇储备规模的增加，公开市场操作效果越来越差并不得不转向提高准备金率、信贷配给等非市场数量手段。而且，随着正回购和央行票据滚动到期，市场手段的冲销规模和成本越来越大，而流动性净对冲能力则日益下降，只能更加依赖数量手段（项卫星、李宏瑾，2012）。在全球纷纷降低准备金政策的作用甚至采取"零准备金"要求的条件下，中国银行业将近20%的法定存款准备金率几乎是全球最高的。根据王永中（2012）的测算，2003年4月至2011年12月，中国外汇冲销的利息成本高达1.5万亿元左右，分别约占2011年中国当年GDP和中国人民银行资产总额的3%和5%。

3. 资源配置扭曲

持续大规模的贸易顺差和外汇储备的过度积累导致社会资源进一步向制造业和贸易部门倾斜，这不利于不可贸易的服务业和居民消费的发展，导致中国经济长期依赖投资和出口拉动，严重抑制了产业升级和经济结构的调整进程。过于强调出口的作用也意味着无法更有效率地利用国外资源。虽然人为压低汇率刺激了出口增长，但却加大了国内通货膨胀的压力，这相当于全国经济补贴出口部门和外国消费者。虽然净出口在拉动经济增长方面曾经发挥了重要的作用，但是长期依赖出口和投资的经济结构长期失衡局面难以为继。应当看到，尽管中国通过对外贸易积累了大量外汇，以货币贸易总量计算中国已成为全球第一大贸易国，但从贸易结构来看，加工贸易仍占出口的1/3左右，长期以来中国出口的附加值含量较低。近年来，兴起的有关全球贸易价值链的相关研究表明（如 Los、Timmer 和 Vries，2012；Koopman、Wang 和 Wei，2014；Patel、Wang 和 Wei，2014），中国在全球国际贸易价值链中总体上处于低端位置。传统的贸易数据实际上夸大了出口对经济的正面影响。根据中国全球价值链课题组（2014）的研究，2012 年我国出口总值为 22391.5 亿美元，约为我国国内生产总值（GDP）的 27.2%，但若以增加值核算，2012 年我国出口的国内增加值为 14335.8 亿美元，仅占当年 GDP 的 17.4%左右。

4. 金融抑制与束缚改革

一方面，为了维持较低的汇率水平、防止国际资本的大量涌入，货币政策当局在对冲流动性的同时往往采取压低国内利率的政策。过高的准备金要求不仅加大了中央银行数量干预的成本（对准备金付息），而且还限制了银行资金的使用效率。中央银行支付的准备金利息过低，这相当于对金融机构的变相征税并使其对储户和借款人的行为发生扭曲（Feinman，1993），不利于金融资源的有效配置和货币政策的顺利实施。另一方面，出于对危机冲击的恐惧和利用外汇储备成功应对国际金融危机的经验，外汇储备积累甚至存在自增强机制并在很大程度上延缓了汇率形成机制改革和外汇管理的步伐。我国的资本账户开放和汇率形成机制改革，在很大程度上由于 1997 年的东亚金融危机、2007 年的美国次贷危机和 2008 年的全球金融危机而一度放缓了改革步伐[①]。而且，随着外汇储备规模的迅速积累，外汇管理的成本也必然将随之上升，而本币升值又意味着以本币表示的外汇储备资产的贬值，国际金融市场动荡的加剧和不同性质储备资产估值的压力也给外汇管理带更大的难

---

① 参见周小川在"博鳌亚洲论坛 2015 年年会"上的发言，www.pbc.gov.cn，2015 年 4 月 2 日。

度①。如何更好地进行储备货币资产配置、实现外汇储备的保值增值，成为中央银行不得不考虑的问题，这在一定程度上也干扰了货币决策，延缓了改革和对外开放的步伐。白钦先、张志文（2011）的经验分析甚至表明，由于日元信用过度依赖外汇储备货币发行国信用的支持，过高的外汇储备实际上阻碍了日元国际化的进程。与德国相比，日本 20 世纪 80 年代以来经济和金融改革进程的相对缓慢也是造成其 20 世纪 90 年代泡沫经济崩溃和"失去的二十年"的重要原因（王鑫智、李宏瑾，2012）。

5. 其他金融风险

为了有效冲销外汇储备带来的过多流动性和信贷扩张，货币政策当局往往更倾向于采取数量调控和干预手段。在盈利驱动下，为规避数量限制和低利率管制措施，金融机构开展大规模创新业务，很多游离于正规监管范围的影子银行体系迅速发展，这使金融体系潜藏了大量金融风险。2011 年以来，我国金融创新和金融脱媒迅猛发展，人民币贷款在社会融资规模中的占比明显下降，很大程度上说明了这一点。另外，尽管理论上外汇储备主要投资于安全性较高的外国资产，但无风险资产仅是一个理论上的抽象。美国政府多次由于预算问题出现国债的技术性违约，"两房"等政府支持债券以及欧债危机下的希腊政府债券更是对外汇储备的安全性带来了负面影响。而且，在世界经济仍处在国际金融危机后的深度调整期的当下，主要中央银行货币政策出现明显分化，美英等国的货币政策逐渐步入加息和正常化的步伐，将在一定程度上加剧资本外流并对外汇储备带来一定影响。违约风险和汇率（利率）

---

① 例如，以国际收支流量统计口径下，不考虑汇率和资产估值变化因素的储备资产的变化与外汇储备余额变化存在比较明显的差异，这种差异在近期受货币政策和美元升值的影响而更为明显。2014 年第三季度至 2016 年第四季度，国际收支口径下的外汇储备资产累计减少仅为 8167.2 亿美元，但 2016 年末外汇储备余额较 2014 年第二季度末减少了 9826.96 亿美元，两者相差将近两千亿美元，主要就是受美元升值和资产估值变化的影响。

风险都是外汇储备管理中必须面对的挑战。

四、最优外汇储备规模的存在性

(一) 成本—收益视角下的最优外汇储备规模

正如前面指出的，外汇储备在对一国经济发挥积极促进作用的同时不可避免地面临机会成本、冲销成本、经济扭曲等损失，而且有效管理外汇储备本身也会产生运营成本，并将随着储备资产规模的扩大、储备目标的多元化和储备资产的多样化而进一步上升。微观经济学中的成本收益分析就是估算最优外汇储备规模重要的理论基础，根据不同的目标函数和成本收益条件，以 Heller（1966）为研究起点涌现出一大批有关外汇成本—收益模型的最优外汇储备估计方法，笔者将在后面对这方面的研究做进一步的总结和分析。从一般的成本收益理论来讲，持有一种资产将要同时考虑边际收益和边际成本。虽然在规模经济作用下，在达到一定规模之前外汇储备的边际收益是上升的，而边际成本会出现下降，但只要达到一定规模之后，外汇储备的边际成本和边际收益最终必将与一般生产函数一样分别是一条上升的曲线和一条下降的曲线，而当边际成本与边际收益相等时，外汇储备资产将达到最优规模。否则，如果边际收益始终是一条上升的曲线，或边际成本始终是一条下降的曲线，那也就意味着边际收益总是大于边际成本，增加外汇储备将获得更多的收益，那么外汇资产规模将无限扩张发散而无法收敛。因而，在成本收益的框架下，外汇储备必然存在着一个最优的规模。一旦外汇储备数量超过了最优规模，边际成本将大于边际收益，继续增加外汇储备将会出现净损失，外汇储备规模必将达到一定数量规模后向最优水平收敛。这与新古典增长理论中的增长收敛假说是一致的（Solow，1956；Baumol，1986）。通过对中国外汇储备积累历程的考察也可以发现，我国外汇储备在 2014 年开始进入收敛阶段。国际收支平衡表分析能够充分说明这一点。经常账户和资本的长期持续顺差，只能通过储备账户的长期逆差来进行平衡。近年来，资本和金融账户开始出现持续逆差，正是对经济失衡和外汇储备边际成本上升和边际收益下降的一种自动调节机制。事实上，全球金融危机之后，尽管我国外汇储备规模迅速增加，在短短的两年间迅速突破了三万亿美元，但出口对经济增长的贡献率和拉动作用大大下降，甚至自 2011 年以后对经济增长作用时常为负，这也是外汇储备边际收益下降的一个具体体现。

另外，即使不考虑边际成本收益分析，仅从外汇储备收益的角度来考察，由于中央银行持有外汇储备主要是为了在必要时刻进行干预（无论是出于稳定汇率，还是在外部金融冲击时稳定国内市场），因而流动性是外汇管理考虑的首要目标，外汇储备通常都是以高度风险回避的方式进行投资（Saville，1992）。有关于外汇储备机会成本或收益最大化的分析，从性质来讲应当是在满足了正常流动性需求之外的其他收益目标。只有在满足了流动性的前提下，外汇管理当局才可能考虑与机会成本相关的外汇储备的收益最大化，而收益最大化目标对外汇管理者和其他市场投资者而言并没有本质上的差异。可见，只有剔除了用于日常支付和审慎预防性需求之外的一定数量的外汇储备，有关外汇储备机会成本和收益最大化的讨论才有意义。这也就隐含地意味着，如果外汇储备在流动性、安全性和盈利性上存在着一个最优平衡点，那么出于支付和预防性目的外汇储备必然存在着一个最优的数量规模。

（二）两分法、自然率假说与最优外汇储备的理论存在性

从 Hume（1752）开始，古典经济学家们大多采取了将货币经济与实体经济相区分的研究方法，认为实体经济主要是由禀赋、技术、制度等中长期变量决定的，并受商品相对价格的影响，而货币只影响商品的一般价格水平（也就是货币的价格或绝对价格）。货币只是作为流通的手段，对实体经济并没有任何实质性的影响，只能由于货币价格的变化而引起一般物价水平的变化，也就是所谓的"货币面纱论"（Veil of Money，或"货币中性论"，Nuertrality of Money，Patinkin，1987）。经济学研究也分成了相互分割的经济理论和货币理论，即经济理论的实体分析和货币分析。古典经济学家认为，生产、分配和交换只是手段和中间环节，最终的目的还是消费，货币只是作为交易的媒介并在商品流通和交换的瞬间发挥作用。持有现金货币只是意味消费满足或商品利得的丧失，因而交易者都要在一定的收入和商业支付习惯下尽量减少货币持有，货币的获得者最终还是要购买商品而不可能长期储藏货币。因而，商品的买卖并不会完全脱节，生产者要么成为其他生产者的消费者，要么成为自己商品的消费者，经济不可能出现普遍的生产过剩，而仅会出现暂时性的局部供求失衡，并通过商品相对价格的调整使经济重新恢复均衡状态。由此，Say（1803）提出了"供给自创需求"这一被古典经济学家奉为圭臬的著名的"萨伊定律"。这是严格区分实际变量和名义变量的研究范式，也被称作"古典两分法"。正是在这一思想的影响下，Walras（1874）在齐次性假设下指出，如果一种商品出现超额供给，就会出现其他商品的超额需求，而这种暂时的失衡可以通过相对价格的调整得以消除，这也就意味着实体经济仅与相对价格有关，而与一般价格或货币价格无关。由此可见，Walras（1874）的一般均衡理论本质上与古典两分法和萨伊定律是等价的。

　　两分法的分析范式产生了深远的影响，以 Ramsey（1928）和 Solow（1956）新古典增长模型为主的宏观经济学基本框架，本质上都是讨论实体经济问题。新古典长期经济分析实际上都可以等价于福利经济学第二定理中的"中央计划者问题"（Social Planner's Problem，Blanchard and Fischer，1989），而以 Kydland 和 Prescott（1982）为代表的针对短期经济分析的真实经济周期理论则认为，经济波动主要源自技术冲击而与货币无关，实际变量的变化与任何名义变量都是完全独立的。在完全市场条件下任何竞争性价格下的资源配置一定是帕累托最优的福利经济学第一定理，也与瓦尔拉斯定律是等价的（Mas-Colell、Whinston 和 Green，1995）。正是在这样的传统之下，针对传统凯恩斯主义工资与失业率相互交替关系著名的"菲利普斯曲线"理论（Phillips Curve，Phillips，1958），或是有关经济增长与失业率之间的所谓"奥肯定律"（Okun's Law，Okun，1962），Friedman（1968）提出了著名的"自然失业率"假说（Natural Rate of Unemployment）。Friedman（1968）指出，由于没有严格区分名义工资和实际工资，因而传统菲利普斯曲线中的名义工资与就业的交替关系仅是暂时的而无法持久存在。货币数量论区分名义变量与实体变量，这说明实际劳动供求是实际工资（而非名义工资）的函数，在给定条件下就存在着与实际工资均衡条件相对应的均衡失业水平，这样与均衡实际工资相一致的失业水平就是"自然失业率"。按照 Friedman（1968）的话说，"自然失业率是 Walras 一般均衡体系下的失业水平，是存在劳动力和商品市场具有实际结构性特征（如不完全市场、供求的随机变化、搜集就业空缺和劳动力供给的信息搜集成本、流动性成本等）并可通过精心计算的 Walras 一般均衡方程组而得到的失业水平"。由于名义工资主要取决于货币数量和价格水平，如果工资和价格同方向等比例变动，那么实际工资不变，因而长期来说名义工资与实际工资变量不一定存在关系，名义工资变化与失业率之间也并不一定相关。因而，Friedman（1968）指出，长期菲利普斯曲线就是一条趋向垂直的线，通胀和失业率没有任何相关关系。

与货币主义观点类似，理性预期学派的结论也与 Friedman（1968）相同。Phelps（1968）经预期修正的菲利普斯曲线分析进一步表明，只有未预期的通胀才能引起就业的增加，持续通胀的长期动态过程将使劳动者预期降低，通胀与失业的负相关关系仅是短期现象，长期菲利普斯曲线是一条垂直于自然失业率的直线。正是在自然失业率思想的基础上，Lucas（1972b）提出了宏观经济分析的"自然率"假说，也就是产出、就业等实际变量并不受政府政策支配，而存在着由实际因素（如禀赋、技术、制度）等决定的自然水平。Lucas（1972b）指出，自然率就是"物价总水平的不同的'时间路径'可以与实际产出的不同'时间路径'相联系，但是实际产出的这些不同的'时间路径'平均起来是一样的"。因而，自然率假说认为，经济中存在着"自然产出""自然增长率""自然失业率"，而现实中的实际产出、经济增速、失业率等只是围绕着自然水平波动，也就是说无论物价水平和经济如何变化，长期经济增长必定等于自然增长水平，这相当于"货币中性"的另一种表述。自然率假说成为现代宏观经济分析的重要命题，一旦某些变量与"自然率"水平出现差异，那也就意味着经济出现了冲击和调整，因而现代经济增长和经济周期理论都将"自然率"的检验置于核心的位置，并将经济运行与"自然率"的偏离作为分析经济波动和宏观经济调控的重要决策依据（Ginsburgh 和 Michel，1998；Mishkin，2007）。

如果认同"两分法"和"自然率"假说，那也就相当于承认，与"自然失业率"类似，外汇储备规模也同样存在着一个"自然外汇储备"水平。外汇储备相当于一国持有的外币资产，其主要目的是保证一国对外贸易和投资等外部经济均衡目标，而这主要取决于一国的实体经济状况。由于实体经济

主要是由实际经济变量决定，与购买力平价的思想类似，在既定开放条件和
经济发展水平下（也就相当于与经济相适应的贸易及资本流动规模），一国所
需要的外汇储备数量必然是一个既定的水平，即"自然外汇储备规模"或
"最优外汇储备规模"。如果外汇储备偏离最优水平，那么尽管外汇储备数量
冲击在短期内可以影响进出口、资本流动和实体经济，但这种效果在长期将
没有任何作用，并最终仅体现在名义变量的变化上，即通过国际收支平衡机
制最终引发利率、汇率及物价水平的变化，长期来看对贸易及经济增长没有
任何实质性的影响（这些实体变量最终仍由禀赋、技术、制度等长期因素决
定）。即使是考虑到外汇储备的预防性目的，在既定国际经济环境和外部冲击
的条件下，也存在一个与对外开放条件相适应并使外部冲击影响最小化的最
优外汇储备规模（毕竟，一国经济发展质量的好坏也与其面临的危机冲击概
率密切相关）。这样，与货币数量对经济的长短期冲击机制及 Friedman 的
"自然失业率"假说类似，无论经济存在何种结构性特征（如不完全市场或信
息成本），最优外汇储备规模及其对经济影响的机理都是客观存在的。如果一
国外汇储备规模远超过最优资产数量，那么外汇储备就存在着向最优规模回
归收敛的可能性，前面有关最优外汇储备规模的成本收益分析已经充分说明
了这一点。

（三）货币政策转型、内外价格和数量目标的相互转换与最优外汇储备

受金融体系发育程度、货币传导机制和计划经济思维的影响（周小川，
2004），1998 年我国放弃直接干预转向间接货币调控模式后，货币政策主要
依靠公开市场操作和准备金等数量手段调节基础货币、信贷规模和货币总量，
对利率汇率等价格机制的作用重视不够。随着我国经济失衡的日益加剧，特

别是 2003 年以来国际收支顺差和外汇储备迅速增长，冲销干预的有效性越来越差，消费过低、投资过旺，信贷需求居高不下，再加上货币调控对市场预期重视不够，货币数量调控的有效性日益下降，不得不在特定阶段进行行政干预。尽管数量调控有着立竿见影的效果，但容易引发对微观经济主体的行政干预，带来"一刀切"和急刹车等副作用，造成宏观经济大起大落。相反，价格调控能够充分反映结构性问题所包含的风险溢价，有效影响微观主体的资金成本和预期，货币调控更加激励相容并能够更好地实现价格产出稳定等货币政策最终目标。因而，随着利率市场化等金融改革的加快推进，货币政策向价格型调控方式转型成为重要的改革方向。事实上，20 世纪 80 年代主要发达国家在完成利率市场化改革的同时，货币政策也都由货币数量调控转向利率调控，以通胀作为最主要最终目标之一并遵循泰勒规则（Taylor, 1993）的利率调控甚至一度成为各国中央银行唯一的政策手段，并取得了广泛的成功（李宏瑾，2013）。大量研究也表明，随着市场化进程的加快推进和金融市场的迅速发展，我国货币数量调控效率大大下降，利率调控有效性日益提高（Zhang, 2009；项卫星、李宏瑾，2012）。

利率和汇率分别是货币的对内价格和对外价格。理论上讲，数量和价格正如硬币的两面，价格的调整将引导数量的变化，数量的变化也将引发价格的反应（Friedman, 1968；Lucas, 1980）。我国货币决策者也意识到，数量工具和价格工具是一个相互作用的过程，当数量没有处于合理区间时，价格传导机制往往会出现问题；同样，不考虑价格因素，就会影响数量调控的效率（周小川，2006）。在资本账户高度管制的条件下，货币政策当局可以有效实现汇率稳定和有效控制货币供应量的政策目标，而出于防范外部冲击的考虑及受政策惯性的影响（周小川，2009a），中央银行也倾向于积累大量外汇储备并保持汇率稳定。这样，中国的货币政策实际上就形成了"货币数量＋

汇率"的内外目标模式。但是，正如前面指出的，随着中国经济日益融入全球经济体系和国际收支失衡的加剧，冲销干预的有效性越来越差。在此情形下，汇率形成机制改革与利率的完全放开是相辅相成的，利率市场化改革也要求汇率具有更大的弹性（易纲，2013b）。为抑制经济过热而加息，只要汇率弹性充分，币值变化足以反映资金流动（预期）成本，就不会引发国际资本的大量涌入。类似地，利率调整也没有必要过度担心对出口部门的影响，因为提高利率就是为了抑制通货膨胀和经济过热，而本币升值将减少净出口并降低进口品价格，这与利率目标是一致的。由此，我国货币政策将面临内外数量和价格目标的重新权衡，由传统的"货币数量＋汇率"转向"基准利率＋最优外汇储备规模"，也就是本币政策由数量型转向价格型，而外币政策从价格型转向数量型。外汇储备最优规模将成为货币政策转型的自然结果和中央银行的重要目标。

五、外汇储备的性质和研究的总体安排

虽然外汇储备曾经对中国的经济增长奇迹发挥了非常重要的作用，但在经济步入"新常态"的条件下，持续积累外汇储备的边际成本已大于边际收益（易纲，2013a）。随着利率市场化、汇率形成机制改革和资本账户开放等各项改革的深入开展，中国的外汇储备正在向最优规模稳定收敛，而这也与货币政策转型的要求相吻合。因而，如何估算中国的最优外汇储备规模，以及如何更好地防范和化解在向最优储备规模收敛过程中的冲击和风险并进行相应的政策选择，成为非常重要的问题。

一国持有外汇储备通常是出于多种目的，如干预外汇市场以影响汇率或

维护市场稳定、为国际贸易提供支付、为本国经济提供紧急流动性、维护本国金融市场和对外支付能力信心等（Mohanty 和 Turner，2006），这在 IMF（2009，2013a）对外汇储备的定义中有着非常清晰的体现。虽然外汇储备存在多种用途，但大致可以分为两类，即用于国际支付和预防危机的审慎安排，因而对最优外汇储备规模的估算也主要是围绕着这两个主要目的开展的。不过，遗憾的是，虽然最优外汇储备规模估计的研究有着很长的历史并涌现了大量方法，但由于对外汇储备功能和性质认识上的不同，估算的结果存在很大的差异。尽管成本收益模型为讨论最优外汇储备规模提供了很好的分析视角，但正如前面指出的，由于目标函数和约束条件的不同，基于不同成本收益估算的最优外汇储备规模存在着非常大的差异。20 世纪 90 年代末东亚金融危机后，针对东亚经济体外汇储备规模迅速增长的现状，Calvo 和 Reinhart（2002），Dooley、Folkerts-Landau 和 Garber（2003）等还提出了外汇储备积累的重商主义观点（Mercantilism）。但是，外汇储备积累实际上是一国外向型发展策略的自然结果，其应当服从于一国经济发展的总体目标函数。而且，有关持有外汇储备的重商主义观点的讨论主要是考察为何很多国家要大量持有外汇储备，而与一国最优外汇储备数量关系不大。很多经验研究也表明（如 Aizenman 和 Lee，2007；Cruz，2014；Ghosh，Ostry 和 Tsangarides，2014；Schroder，2015），重商主义动机在外汇储备积累中并不重要，出于预防性目的才是外汇储备迅速积累的重要原因。笔者将在后面对最优外汇储备估计方法进行专门的讨论。

正如前面指出的，国际支付和预防性审慎需求是一国持有外汇储备最主要的目的。如果从货币功能和持有货币动机的角度进行研究，能够更好地从理论上理解外汇储备的存在性并估算最优规模。无论是国际支付还是预防性目的，都要求外汇储备具备稳定的价值储藏功能，因为如果无法稳定地储藏购买力也就不可能被用作可靠的交换媒介，不会被用于对外支付，在发生外部冲击时也起不到任何危机缓冲的作用。从性质上来说，外汇储备就是一国所持有的流动性外币资产，相当于一国持有的储备货币发行国的货币。这样，一国持有外汇储备相当于持有外币的各种货币功能。经济学家们对货币性质和功能上的认识一直围绕着交易媒介、价值尺度、储藏手段、支付手段这四项古老的功能进行讨论，虽然许多人坚持认为这些职能是可以分开的，但是出于很多实际的原因，这四项功能又不得不结合在一起（Schumpeter，1954），或不同功能组合式的表述（Smithin，2003）。通常来讲，交易媒介和支付手段功能更为接近，而价值尺度和储藏手段联系更为紧密，因而货币功能可以概括为支付交易和价值储藏这两大类功能。由此可见，外汇储备用于国际支付和预防性目的及其背后的价值储藏，恰是货币功能的具体体现。

同时，如果要从货币的角度考察外汇储备，那就不可避免地涉及国际货币体系演进的问题。"货币天然不是黄金，但黄金天然是货币。"正如一开始指出的，外汇储备是当前国际储备最主要的构成部分，但如果考察最近几十年的变化可以发现，事实上在20世纪70年代之前黄金才是最重要的国际储备，只是随着布雷顿森林体系和金本位制的彻底瓦解，外汇储备才越来越重要，而这与黄金作为货币功能的丧失和信用货币体系的建立密切相关。毕竟，即使黄金并不会产生收益（反而可能会需要支付一定的管理成本），但出于流动性和安全性的考虑，在金本位时期的欧洲中央银行仍倾向于大量持有黄金作为国际储备（Polak，1992）。直到黄金不再作为活跃的储备资产（即中央银行可以随时根据本国国际收支情况进行买卖的储备资产），中央银行才开始不在黄金与美元间而是在美元与其他储备货币之间进行选择，从而在日益繁荣的国际金融市场上广泛地持有多样的资产组合（包括不同储备货币及不同收益和流动性的资产组合）。

由此，本书将从外汇储备作为一国对外货币和货币功能的视角出发，以国际货币体系的演进为主线，分析外汇储备存在的合理性，并依此提出外汇储备最优规模的估算方法，根据不同经济发展阶段本国政策约束条件和目标的不同，对中国最优外汇储备规模进行估算，并在中国经济发展、货币政策模式变迁和外汇储备积累过程全面考察的基础上，对中国货币政策转型、优化存量搞活流量的各项政策措施，以及增强对外经济支付和提高外汇风险管理的人民币国际化和外汇市场发展等方面，提出具体的政策建议。本书具体安排如下：第一章阐述我国外汇储备积累并论证最优外汇储备规模的客观存在性。第二章将围绕外汇作为一国持有的外国货币的交易支付和价值储藏功能，结合金本位制以来国际货币体系的演进，分析外汇储备需求、储备货币供给及当前国际货币体系的稳定性及其改革。第三章将对最优外汇储备的经验比例法、成本收益分析及回归分析法等主要估算方法进行简要文献综述，并在对近年来 IMF 的外汇储备充足度估算方法进行介绍的基础上，对中国外汇储备最优规模进行初步的估算。第四章将基于当前国际比较流行的最优外汇储备效用最大化的 JR 模型（Jeanne 和 Ranciere，2006，2011），对中国最优外汇储备规模进行测算。在分析 JR 模型不足之后，从中国外汇储备用于支付交易及出于预防审慎性需求出发，考虑出口和冲销干预等具有中国特征的典型性事实，利用当前宏观经济分析主流的 DSGE 方法，对不同条件下中国最优外汇储备规模进行测算，并对固定汇率、浮动汇率及资本账户开放等改革条件下中央银行福利损失函数进行估算，以此对未来中国金融改革提供有益政策借鉴。第五章将对改革开放以来中国增长奇迹和双顺差下的外汇储备积累过程进行分析，并说明与外汇储备和流动性供给相配套的货币调控方式的变迁历程。第六章将通过对中国经济新常态的分析，说明我国货币政策转型的必要性，进而提出外汇储备规模均衡和本外币数量价格内外交叉的货币政策转型的政策建议。第七章将在说明外汇储备存量和流量向最优规模收敛过程的渐进性之后，提出根本上优化流量的"藏汇于民"政策选择，并从交易支付和满足预防性需求的预期管理两个方面说明人民币国际化和外汇市场发展对外汇储备规模优化和"藏汇于民"的重要性，进而提出相应的政策建议。

第二章

国际货币体系演进
视角下的外汇储备

一、传统金本位制下的国际收支平衡和外汇储备

(一) 两分法、货币数量论与金本位制

如果从货币起源的角度来考察，在 20 世纪之前人类社会始终处于实物货币时代并很早就进入了金属本位制时代，黄金、白银、铜等各种金属在很长时期内都发挥过货币的作用。然而，受经济交易规模的限制，货币发行者主要还是为了方便商品交易，各国政府的货币管理主要是出于货币主权和铸币税的考虑而与国际货币体系和货币政策等现代主题无关（Black，1987）。不过，随着地理大发现涌入的大量金银贵金属以及过分攫取铸币税收益所引发的价格革命（Kerridge，1992），货币问题逐渐引起人们的重视并被 Hume（1752）等早期古典经济学家所广泛讨论。

在金本位制确立之前，很多国家都普遍实行金银复本位制或银本位制（以及用更为廉价的铜作为辅助）。但是，由于黄金和白银的价值是经常变化的，这样就容易受到劣币驱逐良币的困扰（即所谓的"格雷沙姆法则"，Gresham's Law，Bernholz 和 Gersbach，1992），复本位制本身是一种非常脆弱的货币本位制（Bordo，1992a）。为此，英国于 18 世纪初开始逐渐转向价值更高且币值更稳定的黄金作为货币本位（即金本位制）。但是，受拿破仑战争的

影响，从 1797 年开始停止兑换纸币的"银行限制法案"(Bank Restriction Act) 起，直到 1844 年议会通过《皮尔法案》(Peel Act) 要求以充足黄金储备发行银行券并恢复纸币可兑换，英国就是否实行严格的金本位制经历了多次往复，与之相伴随的是肇始于金块之争并分别以 Ricardo（1821）和 Tooke（1844）为代表的通货学派和银行学派近半个世纪之久的争论（Humphrey，1974；刘絜敖，2010）。

"两分法"和萨伊定律的直接理论影响就是货币数量论。在其他条件不变的情况下，价格是由货币数量决定的，货币只是作为交易媒介和支付手段而在商品交易的瞬间发挥作用，扩张货币数量只能引发价格而非实体经济的变化。显然，货币外生性是货币数量论非常重要的假设，这在实物货币时代（特别是在金本位制下，货币数量与经济活动无关且不受政策控制）是非常自然的。几乎与货币数量论同样重要的是，在承认货币的基本职能是交换媒介或流通手段的同时，Smith（1776）基于劳动价值论指出货币也同样具有价值尺度的功能，并提出了真实票据说（Real Bills Doctrine，Green，1987），票据贴现必须是真实票据而非不可贴现融通的票据（这又被称作"斯密原理"或真实票据原理，Smithin，2003；刘絜敖，2010）。货币具有价值尺度的观点和真实票据说被银行学派所继承，货币必须满足贸易的需要，只要银行票据和信用是为真实生产活动融资就不会引发通货膨胀。但是，以真实票据原理为指导的政策效果并不理想，银行券和其他信用形态与金币混合流通的实践仍频繁面临经济危机和黄金储备枯竭的干扰（如 1825 年、1837 年、1839 年）。因而，在 Thornton（1802）和作为古典政治经济学集大成者的 Ricardo（1821）为代表的通货学派的不懈努力下，货币数量论被大多数古典经济学家们所接受，金本位制的政策主张也最终被决策者所接受。

除理论和实践效果的考虑外，大多数古典经济学家之所以支持金本位制，主要还是由于在自由市场经济理念下，货币发行应尽量独立于政府干预，以免政府为特定政治目标而滥用货币发行权引发经济内在不稳定，更好地维护货币体系信誉并为经济平稳发展创造良好的信用环境。也就是说，金本位制相当于为各国政府提供了一个可置信的时间一致性的货币规则（Bordo and Kydland，1995）。类似地，复本位制有效运行的前提就是政府必须对货币进行积极的管理和干预，以免更廉价的白银把黄金逐出流通领域，而这显然很难为自由市场原则所接受。同时，由于追求银行盈利不可避免地倾向于扩张货币发行，为了避免利益冲突，本质上仍是私人性质的中央银行货币发行业务应与银行业务相分离。1844 年的《皮尔法案》实行完全储备要求的金本位制，并将英格兰银行分为银行业务和发行业务两个部分，中央银行任何票据发行一旦超过某一固定的"信用"发行数量，就必须有 100%的黄金储备作为抵押，这正是体现了上述思想（Asso、Kahn 和 Leeson，2007）。皮尔法案和金本位制的实施使货币数量论在理论认同和政策实践方面都达到了一个历史的高峰（Laidler，1991）。以法国为首的金银复本位制（也就是包括教皇统治国家的所谓"拉丁货币同盟"）由于其内在的不稳定性而在与金本位制的竞争中逐渐处于下风。最终，金本位制在 19 世纪 70 年代开始几乎被所有主要国家广泛采用，并成为连接各国经济的国际货币体系安排。

（二）金本位制下的国际收支自动平衡机制

在金本位制下，国际收支存在着自动调节的平衡机制。贸易差额将引起货币的跨国流动。如果一国出口大于进口，那么该国就会出现贸易顺差，这也就意味着黄金的流入和本国货币供给的增加，这样国内价格就会上升，从而降低一国的国际竞争力。与之相类似，如果一国进口大于出口而出现贸易逆差，那么该国黄金就会流出从而减少国内货币供给，国内商品价格下降从

而将提高一国的国际竞争力。金本位制下黄金和资本的自由流动还可以使收
支平衡通过汇率的变化得以实现。各国汇率的波动实际上是在黄金输入点
（Gold Import Point）和黄金输出点（Gold Export Point）间变化。只要汇率处
于黄金输入点（也就是铸币平价加上运输费用）之内，这就相当于各国竞争
力的变化，从而将在无须黄金流动的情况下促使各国贸易收支实现平衡。只
有两国贸易差额使得汇率超过黄金输入点，才会引起黄金的流动并通过国内
均衡的调整实现外部收支平衡。这样，通过顺差国和逆差国汇率的变化和国
内货币供应量及价格水平的调整，只要各国黄金价格固定，实际价格的偏离
将导致黄金的跨国流动并通过各国货币数量和价格的变化重新恢复均衡
（Bordo, 1992b）。无论黄金的自然分布是否均匀，贸易顺差都将使一国获得
黄金，黄金套利将通过黄金的修正性流动使各国的货币黄金存量与价格水平
趋于一致，Hume（1752）很早就表达过这种思想。可见，国际收支可以自动
调节顺差和逆差并实现贸易平衡，因而在金本位制下的国际贸易体系和金融
体系存在着一个内在自动调节机制，是稳定可持续的。

（三）通货紧缩、最后贷款人和外汇储备

金本位制背后的货币数量论实际上隐含着一个重要的前提，那就是货币
用于交易媒介的功能必须稳定。各国之所以最终选择金本位制，主要还是由
于受技术和资源条件的限制，黄金与银、铜等其他实物或金属相比价格更为
稳定，这更有利于建立一个稳定的货币环境。除了保证货币的可兑换性之外，
政府或中央银行无须过多管理货币体系，与国际收支的自动平衡机制类似，
私人部门的套利将消除黄金市场价格与铸币的黄金平价的差别（Goodfriend,
1988）。正如前面指出的，两分法和萨伊定律实际上都忽略了货币的价值尺度
或储藏手段功能，在仅作为交易媒介和流通手段的功能下，货币不过是覆罩

在实物经济上的一个乘数因子，并不影响实体经济的本质。不过，虽然在价格稳定性方面黄金具有非常大的优势，但从交易的便捷性来讲，数量的限制使得黄金的价格确实太高而不利于日常的小额交易（Redish，1990）。其实，古典经济学家很早就意识到了这个问题，Ricardo 在提出金本位制的建议时，出于节省黄金的需要而提出金块本位制（Gold Bullion Standard）的建议，金币不再流通而以信用货币取代，并可随时按照平价兑换成等值的金块（Schwartz，1987）。不过，考虑到防伪的需求以及铸币技术的发展水平，各国仍采取铸造金币流通的方式。同时，为了节省使用黄金并方便日常交易，在完全准备金要求下，中央银行发行的纸币和其他商业银行发行的票据（及储蓄，在随时可兑换成黄金的准备金要求下）与金币同时作为货币进行流通，这也是传统金本位全盛时期（1880~1914 年）最主要的模式（Bordo，1992b）。

事实上，工业革命以来商业模式和支付技术的创新使信用货币和纸币（票据或银行券）迅速发展，铸币在很多时候并不是商业中最为重要的因素，信贷工具发挥了主要角色。交易通过强制性票据或本票等信贷方式进行，结算则通过国内汇票进行，铸币最多不过是被信贷体系的支持者用于填补信贷体系的缺口（Kerridge，1992）。尽管亚洲和中世纪欧洲大陆曾多次出现信用货币和纸币，但遗憾的是，这些信用货币和纸币的实践效果大多非常糟糕。在大多数古典和早期新古典经济学家们看来，货币发行和物价稳定的宏观目标与金融机构审慎经营的微观目标可能存在着不可兼得的矛盾，坚持按照某种事先确定的规则进行货币管理是合适的（Asso、Kahn 和 Leeson，2007）。特别是，由于银行学派的政策实践并不理想，其所依据的真实票据说甚至被称作"所有错误的根源"并且等价于"廉价"的货币政策（Humphrey，1982；Green，1987）。

但是，黄金数量的矛盾随着产出的扩大而日益突出。虽然 19 世纪早期美国加利福尼亚州、澳大利亚和 19 世纪晚期南非黄金的开采及新的炼金技术为稳定黄金储备和货币发行做出了重要贡献（Rockoff，1992），但在席卷全球的产业革命推动下各国生产力迅速发展，黄金数量远远无法跟上经济膨胀和货币需求的步伐（Bordo 和 Filardo，2005）。金本位制在限制住政府和中央银行手脚的同时，也引发了 19 世纪 70 年代到 90 年代长达 30 年年均 1%~2% 的持续性通货紧缩，这几乎就是黄金产出与金属货币需求未保持同步的结果（Chadha 和 Perlman，2014）。尽管传统金本位制时期的通货紧缩主要是由于生产效率提高而带来的产出冲击造成的，货币短缺的通货紧缩冲击对产出并没有造成显著的影响，属于"好的"通货紧缩（Bordo、Lane 和 Redish，2004），而且很多新古典经济学家（如 Marshall、Pigou、Hayek）认为温和通货紧缩是有利于工资收入阶层的社会再分配方式，有利于抑制过度投资和经济波动，促进生产效率的提高，但不可否认的是，通货紧缩对实际借款成本的影响将抑制投资支出，而实际工资的提高也将抑制劳动力需求和就业，因而黄金货币供给不足在 19 世纪和 20 世纪早期的周期性通缩和经济危机中扮演了重要的角色（Laidler，1992）。

虽然金本位制的政策实践总体上取得了成功，但由于受数量的限制和生产效率的提高，黄金实际价值的升高给经济带来了紧缩和流动性压力。Bagehot（1873）发现，每当发生经济危机威胁到中央银行票据发行时（如 1847 年、1857 年、1866 年），严格的储备要求和金本位制的限制实际上都被审慎地中止以避免银行部门存款出现支付性风险，而这也表明银行学派的观点具有一定的合理性。在金融市场可能出现流动性危机时，英格兰银行就应随时准备向那些仍然稳健经营且拥有足够优质抵押品的金融机构以足够高的利率（以排除非紧急的资金需求）提供贷款，从而避免市场由于流动性紧张而陷入恐慌和危机，中央银行应发挥最后贷款人的角色，这就是所谓的 Bagehot 原则（Bagehot's Principle 或 Bagehot's Dictum，Laidler，2002）。1890 年成功处理巴林银行危机（Baring Crisis）成为英格兰银行作为中央银行成功实践 Bagehot 原则的里程碑（Orbell，1992）。确实，货币体系的良好运行需要一个稳定的外部金融环境。作为货币数量论和金本位制积极倡导者的 Thorton（1802）很早就指出，由于英格兰银行垄断了货币发行，作为中央银行有义务在发生银行恐慌和危机时维持足够数量和购买力的流通手段，并协助金融体系度过金融危机，最后贷款人功能是对其作为货币发行和管理者必要的辅助（Humphrey，1989）。几乎所有的古典和早期新古典经济学家都清醒地意识到，作为货币发行当局的中央银行在履行货币兑换发行职能的同时，仍需肩负其他政策目标，而这些目标之间可能是相互矛盾的：英格兰银行既是货币发行银行，又要负责管理公共债务，还要作为私人银行经营银行存贷款业务，负责管理国家的黄金储备，并维护金融市场的良好运行环境。因而，根据经济和金融市场的需要进行一定程度的相机抉择决策，也是具有合理性的，这原本就是银行学派根据真实票据原理的政策主张。事实上，尽管 1900 年之前有关中央银行作用的讨论主要集中在货币发行和黄金储备管理方面（即发行的银行），但出于更广泛目标和金融体系稳定的需要（银行的银行、政府的银行），也是促使主要工业化国家于 19 世纪末 20 世纪初掀起成立中央银行的潮流（Goodhart，1987）。真实票据原理再次成为很多国家中央银行的政策准则，甚至在 1913 年美联储成立时还将其庄严地写入联邦储备体系的立法当中（Humphrey，1982）。

由此可见，稳定的价值尺度和储藏手段是支撑黄金作为支付和流通手段这一货币功能的重要基础，而黄金数量的短缺对当时各国的金本位实践和国际货币体系也产生了深远的影响。与信用货币和金币同时流通的情形类似，出于节省黄金并可获得额外利息收益的考虑，除了以黄金作为货币储备之外，很多实行金本位制的国家还积累了大量可随时兑换成黄金的外汇并以此作为储备资产发行货币。由于英国当时全球经济和金融市场中心的地位，英镑也自然成为全球最主要的储备货币，这以与英国有着密切贸易往来的北欧国家最为明显，很多北欧国家（如芬兰、瑞典）外汇储备甚至超过黄金的数量（Bordo and Eichengreen，1998）。同时，很多殖民地（如印度）也被迫以宗主国货币作为储备并实行金本位制（Eichengreen，2005）。这样，在"一战"爆发之前，国际货币体系实际上已由传统的金本位制逐渐演变为以黄金和外汇作为储备的金汇兑本位制，英镑成为最主要的储备货币，因而也被称作"英镑—黄金本位制"（Wood，1992）[①]。当然，金汇兑本位制仍是以黄金的可兑换（特别是针对政府或中央银行而言）作为基础，因而黄金仍然是最主要的储备资产，外汇在国际储备中的比重在 19 世纪从未超过 10%，即使是到了"一战"爆发之前，外汇占国际储备的比重最高也仅为 12.5%。而且，作为储备货币发行国的英国和新兴的美国从未积累过外汇储备，与英国存在竞争关系的法国和德国外汇储备也非常少（Bordo 和 Eichengreen，1998）（见图 2-1）。

[①] 根据 Eichengreen（2005）的估算，在 1899 年所有的外汇储备中，英镑占比高达 64%，即使是"一战"爆发前的 1913 年，英镑仍占全部外汇储备的 48%。

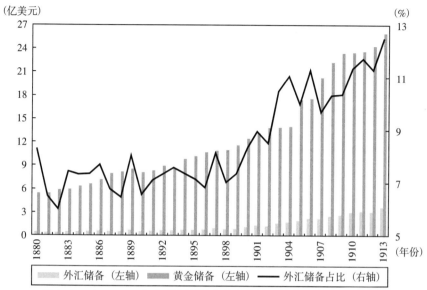

图 2-1　1880~1913 年全球主要国家黄金和外汇储备及外汇储备占比

资料来源：Bordo and Eichengreen（1998），全球主要国家包括阿根廷、澳大利亚、比利时、加拿大、丹麦、芬兰、法国、德国、意大利、日本、荷兰、挪威、瑞典、瑞士、英国、美国，共 16 个国家。

二、两次世界大战期间的金汇兑本位制和外汇储备

（一）"一战"后的金汇兑本位制

"一战"作为外生事件使各国不得不暂时停止了货币数量论和金本位制实践，各国将黄金作为战略物资（战争基金）因而停止了货币的可兑换并被限制出口，金币逐渐退出了流通领域而被集中保管在中央银行或政府的专门机构，战争期间各国的货币安排更接近于 Ricardo 提出的"金块本位制"（Bordo，1992b）。黄金不再流通而是以各国发行的信用货币取而代之，并且战争期间各国都出现了通货膨胀，有的国家通胀程度还非常严重。因此，战争结束后

恢复1914年之前金本位制模式的想法支配着决策者和市场参与者，而且作为货币数量论的支持者，几乎所有经济学家都赞同恢复以黄金为规则的货币模式。但是，恢复到传统金本位制的条件已不具备。黄金数量增长缓慢，已不足以支撑物价已经大幅上涨后的世界价格下的金本位制。同时，电汇等支付手段的发展使持有生息资产的外汇储备而非运输和保管成本高昂的黄金储备更具吸引力，因而以可兑换黄金的外汇作为储备成为理想的选择。在英国的倡议下，1922年的热纳亚会议倡导"节约黄金"的原则，实行金块本位制和金汇兑本位制。英国、法国等主要国家实行金块本位制，货币单位仍规定含金量，但黄金只作为货币发行的准备金并集中在中央银行保管，各国不再铸造金币和金币流通，流通中的货币完全由银行券等信用货币替代，只有在一定数额以上的银行券可以按照含金量与黄金兑换。中央银行负责黄金的输入和输出，保持一定数量的黄金储备以维持黄金与货币发行之间的联系。其他国家货币同实行金本位制国家的货币保持固定汇率，并保持大量外汇储备和黄金作为平准基金，以随时干预外汇市场、保持汇率稳定（Polak，1992）。这样，传统的金本位制在"一战"后彻底演变为间接的金汇兑本位制，黄金实际上退出了日常的流通领域而仅限于大额及政府间交易，各国发行的信用货币（银行券）成为最主要的货币形式。

由此，"一战"后的国际货币体系采取了与传统金本位制完全不同的金汇兑本位制，作为国际金融中心和储备货币发行国，以黄金作为货币发行储备，而其他国家中央银行则在持有黄金的同时，大量以储备货币国家的外汇作为货币发行的准备金。这样，金本位制下的国际收支自动平衡机制和固定汇率机制就更为重要。储备货币发行国必须随时准备其他国家中央银行将其外汇储备兑换成等价值的黄金，而一旦拥有外汇储备的中央银行对储备货币丧失信心，那么储备货币发行国要么面临黄金大量流出风险，要么为此必须采取紧缩性的货币政策来提高利率以维护货币信心，要么最终使储备货币被迫贬值从而丧失储备货币和国际金融中心的地位。这样，在中央银行货币可兑换的条件下，与传统的金本位制一样，储备货币发行国和外汇储备国同样面临黄金和货币数量约束，为保持外部经济均衡必须对国内经济（国内价格）进行调整。1914 年之前的金汇兑本位制（英镑—黄金本位制）就是通过这样的机制得以平稳运行（Wood，1992）。

（二）金汇兑本位制的不稳定性与外汇储备

但是，"一战"之后经济基本条件的重要变化使金汇兑本位制再也无法像战前那样顺利地运转。一方面，由于战争的影响，在信用货币体系下各国都出现了通货膨胀，坚定奉行实票据说的德国国家银行甚至不得不面临恶性通货膨胀后果（Humphrey，1982）。显然，如果以战前平价恢复金本位制必将引发通缩并给经济带来严重的困难。英国在 1819~1821 年试图按照拿破仑战争前旧的平价恢复英镑与黄金的可兑换性，就不可避免地出现了价格上的通货紧缩（Laidler，1992）。"一战"后英国热衷恢复金本位制，不仅是为了维护汇率稳定、促进贸易和金融发展，更是为了恢复大英帝国昔日的荣光。不过，正是鉴于金本位制下长期通缩的经历及可能对经济的负面冲击，Keynes（1923）才明确反对英国恢复战前的金本位制，其分歧更多地在于改革的步骤和实施方案而非是否要重新采用金本位制（Redish，1993；Asso、Kahn 和 Leeson，2007）。事实上，战胜国中只有英国于 1925 年以及几个欧洲中立国家（主要是在"一战"前就储备大量英镑的北欧国家，如丹麦、荷兰、挪威、瑞典和瑞士）恢复了战前平价的黄金本位制，大多数欧洲国家的金本位汇率平价则比战前低得多。英国显然忽视了英镑被高估的严重程度，经济不可避免地陷入出口低迷、过度海外放款、过高实际利率和高失业率的困境（Bordo

和 Schwartz，1999），即使是遵循真实票据原理的美国在恢复金本位制后和
"大萧条"期间也不可避免地经历了严重的通货紧缩（Friedman 和 Schwartz，
1963）。

另一方面，更为重要的是，即使是根据各国物价水平或购买力重新确定
合理的汇率水平，或者在信用货币条件下以物价和购买力稳定作为货币政策
准则，金汇兑本位制也不会像 Mundell（2000）所说的那样得以平稳运行。因
为，正如在金本位制下的国际收支自动平衡机制中看到的，价格具有足够的
弹性和黄金自由流动是经济自动调节的前提条件，这也是 1914 年之前的英
镑—黄金汇兑本位制得以良好运作的前提。但是，这些条件在"一战"之后
受到了严重破坏。由于工会力量的影响，"一战"后工资和价格的弹性较战前
明显下降。同时，社会主义运动促使各国政府大多关注社会福利，中央银行
也不得不受到更多政治影响，Cassel、Keynes、Hawtrey 等经济学家甚至明确
主张货币政策应当关注就业（Bordo 和 Eichengreen，1998）。另外，"一战"
前的金汇兑本位制之所以成功主要是英格兰银行具有广泛的全球影响力，各
国中央银行利率政策都与英格兰银行保持一致，这既是各国政策自主协调的
结果，在很大程度上也是资本自由流动下为保持汇率稳定而不得不面临的政
策约束。不过，"一战"爆发前，伦敦全球金融中心的地位日益受到其他后起
国家的挑战，法国、德国、美国等国在战争爆发前的黄金储备数量远远高于
英国（Bordo 和 Eichengreen，1998）。由于英国地位的衰弱和其他国家的崛
起，全球货币体系更加多元化。而且，"一战"后的金汇兑本位制下只有中央
银行和政府之间才能够进行黄金的交易，为了国内经济目标中央银行也倾向
于将黄金限制在国内，这极大地阻碍了汇率机制作用的发挥。国际资本流动
规模的扩大，特别是投机资本的大量涌现，使得维持各国汇率稳定这一金汇
兑本位制的重要支柱变得越来越困难。

　　由此可见，"一战"后的金汇兑本位制实际上是一个非常脆弱的国际货币体系。在金汇兑本位制下，由于贸易往来和历史的原因，围绕着储备货币发行国形成了英镑区、法郎区、美元区等不同的货币集团，英镑作为储备货币的地位由于其自身经济实力的衰退而逐渐下降。更为严重的是，各国在危机期间采取了以邻为壑的竞争性贬值策略。在1931年英国宣布英镑贬值并脱离金本位制后，自1925年起随着英国重新恢复金本位制而建立的金汇兑本位制在事实上已经瓦解了，美国于1934年和法国于1936年也纷纷抛弃金本位制（Broadberry，1992）。尽管在宣布与黄金脱钩后，各国发现竞争性贬值对改善国际收支的意义不大，因而开始联手干预外汇市场并稳定汇率，但为了在贸易上更具优势，各国纷纷采取提高关税壁垒等限制性措施，这给世界经济带来了严重的伤害。同时，为了增强货币信心，各国都采取了限制资本流动并增加黄金储备的政策，特别是美国和法国的黄金储备在1927~1933年迅速增加（Eichengreen和Temin，2010）。为了避免损失，很多国家在积极寻求储备货币多元化的同时努力减少外汇储备，实际上重新转向了传统的金本位制，经济进一步受到货币供给和流动性不足的伤害（Eichengreen，1987；Bordo和Eichengreen，1998）。由图2-2可见，尽管外汇储备占储备资产的比重由于"一战"的影响较战前出现明显下降[①]，但随着金汇兑本位制的重建，外汇储备占比迅速恢复到战前水平并在"大萧条"爆发前的1928年达到最高的22.2%。尽管危机的爆发促使各国增加黄金储备，但1931年英镑的贬值导致外汇作为储备资产的地位迅速下降，外汇占储备资产比重仅相当于1900年之前的水平，全球货币体系实际上也回到了传统金本位制时代，各国普遍面临流动性不足和通货紧缩困扰，严重阻碍了经济复苏的进程。

---

① Bordo和Eichengreen（1998）对35个国家的估计表明，外汇储备占比下降实际上随着战争的临近已经开始出现了，各国将外汇储备转换为黄金，外汇储备占比由1910年的26%降至1913年的23%。

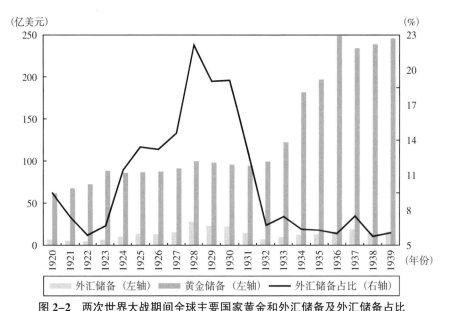

图 2-2　两次世界大战期间全球主要国家黄金和外汇储备及外汇储备占比

资料来源：Bordo 和 Eichengreen（1998），包括图 2-1 的国家在内以及巴西、智利、希腊、葡萄牙、西班牙，共 21 个国际联盟成员国家。

三、布雷顿森林体系下的外汇储备

（一）美元—黄金本位制的布雷顿森林体系

正是由于传统金本位制下不可避免地面临黄金数量约束和通货紧缩压力，以及英国在"一战"后不计后果地贸然恢复战前平价的金本位制而给经济带来的严重伤害，主张政府应在经济中发挥更大作用的 Keynes（1923，1930）才一再反对金本位制并将其称作"野蛮的遗迹"（Barbarous Relic）。不过，鉴于竞争性贬值的货币战给世界贸易带来的严重冲击，一个能够确保汇率稳定并促进国际贸易的国际货币体系成为"二战"期间各国的共同愿望。显然，传统的金本位制已不可行，两次世界大战期间为节约黄金而改良的金汇兑本位制也不稳定，为此 Keynes 在布雷顿森林会议上强烈反对基于黄金的国际货币体系，并提出了建立新的世界货币（Bancor）并通过清算机制（清算联盟）确保汇率稳定和国际收支平衡（汇率稳定及对贸易顺差和逆差国的约束调整）的方案。不过，Keynes 的计划过于激进，毕竟一个超越主权的信用货币体系和多边协调机制最终还是要取决于利益完全不同的国家间能否最终达成稳定的共识，而其如何在一个官僚化的机构下有效地运作并协调各方利益则在实践中更为困难。因此，Keynes 的方案更多的只是反映了英国经历两次世界大战后实力日益衰弱和黄金储备几乎消耗殆尽的残酷现实。在"二战"爆发前的 1938年，美国就已经占有了全球近六成的黄金储备，持续的贸易顺差使得美国在"二战"结束后一直持有全球绝大多数份额的黄金储备[①]。由于美国无可争议的经济地位，旨在让美元成为世界货币并主导国际货币体系的 White 方案最终成为布雷顿森林体系的蓝本。作为最终的妥协，布雷顿森林体系实际上采取了各国货币与美元挂钩，而美元与黄金挂钩的"美元—黄金"金汇兑本位制[②]。

应当说，布雷顿森林体系的建立为"二战"后世界金融体系的重建和国际贸易繁荣做出了巨大贡献。为了避免传统金本位制和两次世界大战期间金汇兑本位制的弊端，布雷顿森林体系进行了相应的调整，设立了国际货币基金组织（IMF）负责监督各成员国汇率和经济政策执行状况，只有当成员国外部经济出现"根本性失衡"（Fundamental Disequilibrium）时，才可以在IMF 允许的情况下对固定汇率进行相应的调整，并且限制私人进出口黄金，只能由政府或中央银行持有并进出口黄金，以避免类似 20 世纪 30 年代大规

---

① 根据 Bordo 和 Eichengreen（1998），1938 年美国黄金储备占 21 个国际联盟国家黄金储备的 59.02%，而根据 IMF 的 IFS 数据，"二战"后的 1948 年，美国黄金储备占全球的比重甚至高达 71.84%。
② 有关凯恩斯计划和怀特计划及国际货币基金建立的详细历史回顾，参见唐欣语（2010）。

模资本流动和投机对汇率造成的冲击。通过汇率的及时调整以及限制资本冲击对汇率的不利影响，汇率体系更具弹性且更加稳定。由于美元在"二战"后成为唯一重要的与黄金可兑换货币，这使美元成为战后国际货币体系的关键货币，被各国用于对外汇市场进行干预，并与黄金一同作为储备资产。由于作为布雷顿森林体系的支柱之一，美国应随时以每盎司 35 美元价格兑换黄金，对各国来说持有黄金与持有美元是完全可以相互替代的，这样通过在外汇市场上买卖美元，各国在实现与美元汇率稳定的同时获得了具有足够弹性的储备资产，这就可以免受黄金数量限制的流动性不足威胁。

（二）布雷顿森林体系的不稳定性

尽管布雷顿森林体系对"二战"后的国际金融秩序重建和经济恢复发挥了重要作用，但是这种以黄金为基础、以美元作为国际储备货币的金汇兑本位制，并没有从根本上解决金（汇兑）本位制的内在矛盾，布雷顿森林体系的弊端也很快就显现出来。正如复本位制需要政府频繁干预才能有效运转，因而相较于严格的金本位制（及严格的英镑—黄金本位的金汇兑本位制）而言并不占有优势一样，美元—黄金本位制实际上也需要政府间的密切协调。事实上，布雷顿森林体系本身对于贸易顺差国和逆差国的汇率调整机制并不是对称的。虽然布雷顿森林协议中规定了汇率调整机制，但经济"根本性失衡"的概念并没有明确的定义并导致了很多争议。特别是，作为贸易顺差国可以通过干预外汇市场阻止本币升值（毕竟储备数量没有上限的规定）。但是，如果一国贸易逆差但却无法得到融资，一旦国际收支赤字国家无法得到融资，那就将面临耗尽储备的危险。而且，随着国际投机的加剧，储备流失速度将迫使一国在国内经济稳定与汇率稳定之间做出选择。尽管这种压力可以随着美元的贬值而被抵消，但这反而面临另一个更为严重的问题。

随着世界经济的发展，对流动性储备货币的需求日益扩大，但这与储备货币币值稳定性之间存在着几乎不可调和的矛盾，也就是为满足国际贸易需要的美元数量与对美元信心处于两难境地的所谓"特里芬难题"（Triffin Dilemma，Triffin，1960）。事实上，"一战"前及之后的"英镑—黄金"金汇兑本位制之所以能够有效运行，很大程度上是由于英国不得不通过国内经济紧缩以确保英镑币值的稳定和黄金的可兑换性。也正因如此，在"二战"后国际金融秩序构建方案中，Keynes 才担忧未来美国经济可能陷入衰退（Kenen，1992），并会使各国面临储备资产数量的约束。如果美国不通过国内经济收缩而是汇率调整实现国际收支平衡，那必将损害储备货币的地位，各国将不再愿意持有美元并最终威胁整个货币体系。因此，20 世纪 60 年代之前各国的汇率很少调整，各国都只是将贸易顺差获得的美元换成美国国债并作为外汇储备以维护汇率稳定。由于各国相信美元与黄金的可兑换性，而且尽管存在贸易逆差但美国的黄金储备也能够支持黄金的可兑换，因而外汇储备在各国储备资产中的比重仍稳步上升（见图 2-3）。

但是，在布雷顿森林体系下，由于美国的经济规模和与其他国家地位的不平等性，美国获得了新的全球货币发行特权，即可以利用美元国际储备货币的地位为其贸易逆差融资。虽然这在很大程度上缓解了"二战"后各国黄金储备不足和"美元荒"，但也埋下了美元币值不稳定的隐患。毕竟，只要各国继续持有美元并通过干预外汇市场稳定汇率，美国的贸易逆差并不需要承受黄金的实际损失，而其他国家则不得不面临储备资产贬值和由美国输入的过多流动性和通货膨胀的风险。特别是，在"二战"后传统凯恩斯主义思想指导之下，美国的货币政策并不考虑其国际收支状况而是以国内目标为主，更多关注的是国内就业和经济增长，货币市场利率稳定且保持较低水平成为当时决策考虑的主要目标，在相机抉择政策指导下，货币政策时间不一致性

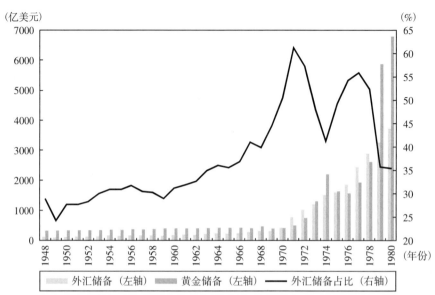

图 2-3　布雷顿森林体系期间及其瓦解阶段全球黄金和外汇储备及外汇储备占比

资料来源：国际货币基金组织（IMF）国际金融统计（IFS）数据库，货币黄金规模根据国际市场黄金价格计算。

问题日益突出（Kydland 和 Prescott，1977）。尼克松总统时期的财政部长 John Connally 那句"美元是我们的货币，但是你们的麻烦"（Our currency, but your problem）的名言①，正是美国经济金融政策最生动的写照。最终，随着美国在 20 世纪 60 年代后期开始陷入"滞胀"以及贸易逆差进一步扩大，美元币值稳定性的压力最终彻底暴露出来。20 世纪 60 年代末，出于削弱美元地位的考虑，法国将美元兑换成黄金以及德国马克被迫升值等一系列事件最终导致 1971 年 9 月美国不得不放弃了黄金可兑换（Bordo，Simard 和 White，1994；Bordo 和 Eichengreen，1998）。之后，虽然各国努力通过外汇干预保持汇率的稳定，但仍然不堪重负并在 1973 年随着德国与美元的汇率浮动而彻底瓦解。最终，1976 年 IMF 协议的"第二修正案"在法律上承认了浮动汇率制

---

① http://en.wikipedia.org/wiki/John_Connally#cite_note-19.

度，各国可自由选择固定黄金价格之外的任何汇率安排，并要求 IMF 对各国
汇率制度进行严格的监督（即国际货币的所谓牙买加体系）。

(三) 有关外汇支付手段与价值储藏功能的讨论

正是由于美元贬值并不再与黄金可兑换和布雷顿森林体系的彻底瓦解，
外汇储备（主要是美元储备）在 1970 年首次超过黄金占比后，又随着美元的
崩溃和各国增持黄金储备而迅速下降。20 世纪 70 年代末，外汇储备占比几
乎回落到 60 年代初期的水平，这与 1931 年英镑贬值并脱离金本位制后的情
形非常相似。由此可见，在作为对外支付手段的同时，价值的稳定性对于一
国积累储备资产（或外汇储备）至关重要。特里芬难题本身实际上就是在金
汇兑本位制下，作为储备货币的美元自身币值的稳定性（相对于黄金或其他
货币）与作为国际贸易支付手段之间的矛盾（为了满足国际贸易的流动性需
求，美国只能通过贸易逆差提供美元流动性，但美国国际收支逆差又直接威
胁美元的价值稳定和黄金可兑换性）。正是在布雷顿森林体系运行初期，出于
国际支付的需要和对美元黄金可兑换的信心，外汇储备（主要是美元储备）
占比才逐步上升，而美国扩大的贸易收支逆差在提供充足国际流动性的同时，
也导致了美元内在价值的不稳定并最终削弱了美元的国际货币地位，外汇储
备占比在 20 世纪 70 年代出现了明显的反复。因而，虽然外汇储备主要是作
为对外支付，但外国货币币值的稳定性和价值储藏功能至少与交易支付手段
功能同样重要，特别是在面对外部经济冲击时，在保证国内政策自主的前提
下，价值稳定的外汇储备对维护外部经济均衡和国际收支平衡至关重要。

另外，为了解决特里芬难题并挽救布雷顿森林体系，与 Keynes 计划非常
接近并作为补充美元和黄金储备的特别提款权（SDRs）的建议在 20 世纪 60
年代初被正式提出，以促使国际储备由单一的美元储备转向由国际货币基金

组织创造的储备，以弥补美元清偿能力的不足并减轻美元与黄金可兑换的压力（Furstenberg，1992）。但是，一方面，美国政府担心特别提款权将削弱美元作为世界储备货币的地位（Bordo 和 Eichengreen，1998）；另一方面，在美国意识到 SDRs 可以挽救金汇兑本位制后，法国则试图恢复传统的金本位制以削弱美国的货币发行特权，并在 SDRs 设立过程中极尽杯葛（Bordo、Simard 和 White，1994），因而当 1967 年为改革国际货币体系而正式提议的 SDRs 在 1969 年 IMF 协议"第一修正案"获得通过得以创立时，布雷顿森林体系已风雨飘摇而再无回天之力（Bordo 和 Eichengreen，1998）。同时，虽然 SDRs 价值随着组成货币的汇率变化而更具有价值稳定性和吸引力，但作为一种由国际组织负责协调而无主权国家支撑的储备资产，在日常的国际贸易和投资交易中使用并不广泛，因而更接近于一种核算单位而非用于支付和交易媒介的货币，其在全球储备资产中的份额从未超过 5%，甚至在某种程度上还不如几乎丧失货币功能的黄金的地位。而且，如果以创立的货币单位完全取代储备货币，必将引发主要储备货币（即美元）的贬值，这又会反过来导致 SDRs 价值的不稳定，从而无法实现其成为主要储备资产的初衷。因而，作为一国持有的外国货币，其便捷的支付手段和稳定的价值储藏功能，对于理解储备货币和在储备资产中的重要性，具有至关重要的意义。

四、后布雷顿森林体系下的外汇储备

（一）货币中性与信用货币体系

在传统的金本位制下，国际收支自动平衡机制意味着各国不得不面临货币数量约束而无法主动调节国内经济,而且由于黄金数量限制意味着货币数量在物价和产出的均衡关系中(至少在短期)并不是中性的,通货紧缩使经济周期性波动的压力进一步扩大。为了节约黄金而改良的金汇兑本位制的实践效果也不理想,由于储备货币的信心问题,由供给缺乏弹性的贵金属和供给具有充分弹性的外汇储备所组成的货币体系,在满足世界经济不断增长的储备资产需求方面是非常脆弱的,各国汇率政策协调的复杂性进一步加剧了金汇兑本位制的不稳定性。因此,实物货币体系已经不能满足现代经济的需求,在布雷顿森林体系解体之后,人类社会才完全正式地进入了信用货币时代。事实上,金汇兑本位制下货币的黄金可兑换性仅限于政府和中央银行之间,在日常的交易中已经完全与实物货币无关,而正是出于经济目的而需要控制实物所支持的货币数量的做法,使货币逐渐脱离了实物属性(Redish,1993),各国也由此获得了更多的货币政策自主权(及由此潜藏的金汇兑本位制的不稳定性)。不过也应当看到,从人类第一张纸币诞生之日起,从实物货币体系到信用货币体系的变迁是一个相当漫长的过程,其关键就在于政府或货币当局如何在控制货币数量与经济目标之间做好平衡,而这在理论上又回到了古典两分法和货币中性的讨论。

虽然两分法和货币数量论认为货币作为交易手段只会对一般价格(或货币价格)产生影响,而与实体经济无关,但其分析实际上是简单地认为货币的增加将使物价同比例变化,这属于静态分析而难以解释价格的动态变化过程。正如传统微观经济学的产出函数通常将企业视为"黑箱"一样,经济学家们通常将货币对价格和实体经济变化的中间过程视为理论的"黑箱"(Bernanke 和 Gertler,1995),而忽视了货币变化对经济具体影响过程的分析,直到 20 世纪 70 年代有关货币政策传导机制的理论才逐渐成为研究的重点(Mishkin,1995,1996)。显然,货币数量所导致的物价同比例变化只是巧合，现实中需要一定的传导过程才会使货币扩张作用于整个经济，因而货币对经济各部门的短期影响是不同的。尽管 Hume（1752）已经提出过这个问题，Thornton（1802）等古典经济学家也意识到预期的作用以及货币流通速度不稳定对货币中性的影响，只是 Ricardo（1821）和 Mill（1848）基于对萨伊定律的信念和出于维护货币数量论而有意无意地回避了这一问题（Schumpeter，1954），古典和早期新古典经济学家们普遍忽视对这一问题的讨论（Humphrey，1993），直到 Wicksell（1898）的创造性工作及在其工作基础上 Keynes 和 Hayek 在 20 世纪 30 年代有关货币问题的著名论战，经济学家们才重新开始讨论货币中性与否的问题（韦森，2014）。由此，在两分法和货币数量论的影响下，尽管受到数量限制和通货紧缩的影响，金本位制还是获得了几乎所有古典和新古典经济学家的支持。

在漫长的实物货币时代，黄金最终在众多实物和贵金属中脱颖而出，并演变为黄金本位的货币体制。黄金作为交易媒介而与实物经济相分离，主要就是由于其作为交换手段的价值或购买力（也就是一般价格，货币的价格）的稳定性上。无论是货币数量论的支持者还是反对者（真实票据说的支持者），都认同将供求分析应用于货币的讨论，以解释货币的交换价值，其分歧大多只是对因果关系认识上的不同（Shumpeter，1954；Tobin，1992）。而且，如果能够确保一般物价稳定和货币中性，那么信用货币就与实物货币一样能够成为理想的货币体系。事实上，正是出于对金本位及其后金汇兑本位制由于数量限制和通缩后果的怀疑，Keynes（1930，1936）才逐渐摆脱了传统货币数量论的影响，并开启了宏观经济分析。尽管在研究方法上受到了 20 世纪 70 年代以 Lucas（1976）为代表的理性预期学派的挑战，而且在实践中由于美、英等国在 60 年代末陷入滞胀和布雷顿森林体系的解体而被抛弃，但货币中性与否的问题确实是货币理论和政策始终面临的核心问题（Lucas，1996）。

有关货币政策传导机制的理论分析和大量经验研究表明，货币干扰在短期内仍然会对产出等实际变量产生重要影响（Christiano，Eichenbaum 和 Evans，1999），基于理性预期的货币理论也都承认了货币的短期非中性（Lucas，1972a）。因此，各国完全能够根据物价和产出的变化调整货币政策以实现经济的平稳增长，货币制度也应当摆脱实物数量的束缚并转向由中央银行控制的信用货币体系。

实物货币（最著名的就是"金本位制"）及 20 世纪 70 年代的货币数量目标制相当于为中央银行提供一个名义锚（即货币政策所依据的名义变量，Nominal Anchors，Flood 和 Mussa，1994），根据货币长期中性和货币与物价水平的长期稳定关系而确定的货币数量，这相当于一个可置信的货币规则（Bordo 和 Kydland，1995）。随着货币短期非中性和内生货币（即货币相当于经济内生变量而由经济行为和中央银行共同决定）观点逐渐被广泛接受（Desai，1987；Moore，1988），为保持货币与物价和经济的长期均衡关系，经济系统长期均衡稳定，货币政策规则就相当于一种名义锚，根据货币与物价和经济的密切关系开展规则性操作（刘斌，2007），这也是 20 世纪 70 年代以来各国中央银行由相机抉择转向规则操作的重要原因（Kydland 和 Prescott，1977），通胀目标制和泰勒规则就是信用货币体系下最著名的目标规则和工具规则（Taylor，1993；Taylor 和 Williams，2010；Svensson，2010）。

（二）汇率制度选择与外汇储备

1976 年牙买加体系建立之后，IMF 赋予了各成员国汇率制度选择更大的自主权，人类社会正式摆脱了实物（黄金）的束缚，进入完全由中央银行控制的信用货币时代。在与美元脱钩之后，国际市场黄金价格波动剧烈，价值稳定性越来越差。1952~2016 年，按照年末市场价格计算的历年持有黄金收益率标准差高达 24.38，而持有 10 年期美国国债的历年收益率标准差仅为 2.82；黄金与美元脱钩以后，1971~2016 年，黄金收益率波动更大，标准差为 28.07，而同期 10 年期美元国债收益率标准差仅为 2.99。而且，从长期投资收益来看，若 1952 年开始持有黄金，则其复合收益率在大部分时期都不如持有 10 年期美元国债，而且 2013 年以来随着黄金市场价格的下跌，持有 10 年期美元国债复合收益率还要高于黄金。尽管从 1971 年开始计算，大部分时期持有黄金的复合收益率较持有 10 年期美元国债更高，但考虑波动以后投资黄金的长期收益并不理想①。特别是对于以流动性和安全性为主要目标的中央银行而言，持有黄金（并放弃持有其他国家货币债券的收益）并不是理想的投资选择，因而黄金的货币功能日益丧失。中央银行主要是基于历史上黄金代表经济实力（主要是对很多储备货币国家而言）的原因而被动地持有黄金储备，其持有黄金的数量与黄金的市场实际价格几乎完全不相关（Aizenman 和 Inoue，2013）。2016 年，全球各国黄金储备仅为 10.7 亿盎司，较最高峰的 20 世纪 60 年代中期减少了约两亿盎司。特别是发达经济体大量抛弃黄金储备，黄金储备由 1965 年最高峰的 11 亿余盎司降至 2016 年的 7.07 亿盎司，只是由于新兴和发展中经济体 2008 年以来受全球金融危机和美元大幅贬值的影响，大量增加黄金储备（2016 年末，新兴和发展中经济体黄金储备高达 2.55 亿盎司，较 2008 年增加了 1.07 亿盎司），全球储备黄金数量才基本保持稳定（见图 2-4）。

理论上，如果一国出现国际收支失衡，通过汇率的调整就可以缓冲外部冲击并实现外部均衡。但是，汇率超调一直是困扰浮动汇率制的顽疾

---

① 例如，比较持有黄金和美国国债的夏普比（Sharpe Ratio，Sharpe，1964），如果以年均联邦基金利率作为无风险收益率，那么 1952~2016 年、1971~2016 年，仅持有黄金的夏普比分别为 0.111 和 0.176，而投资于 10 年期美国国债的夏普比则均为 0.269，外汇储备风险投资收益明显优于黄金。

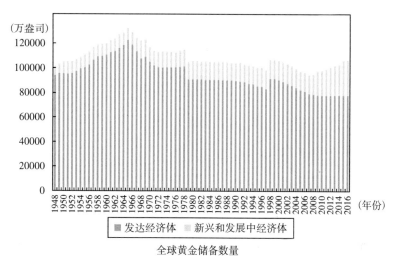

全球黄金储备数量

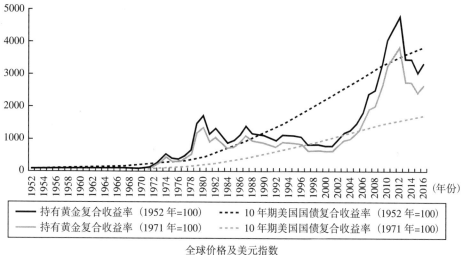

全球价格及美元指数

图 2-4　全球黄金储备数量、黄金国际市场价格和持有黄金、10 年期美国
国债复合收益率

资料来源：黄金储备数量和价格来自国际货币基金组织（IMF）国际金融统计（IFS）数据库，10
年期美元国债收益率数据来自 CEIC。

（Mundell，2012）。汇率实际上是一国货币的对外价格，直接影响一国与其他
国家的经济联系方式。汇率的变化意味着一国与其他国家相对价格的改变，
而这必将影响实体经济和产出，并可能影响一国的一般价格水平。如果一国

经济和国际收支处于基本平衡状态，那么汇率的过度频繁变化将不可避免地给贸易和产出带来冲击，加大价格波动并干扰货币中性。尽管汇率大幅度贬值有利于出口和贸易平衡，但出口价格下降的同时进口价格也将随之上升，这将推升国内物价水平并影响经济稳定。反之，在贸易顺差条件下，可以通过冲销干预缓解汇率升值压力并保持国内物价稳定。Frankel（1999）、易纲和汤弦（2001）在理论上都说明了汇率稳定、资本自由流动和独立的货币政策三者之间存在着中间安排，没有哪种汇率制度对所有国家而言都是最佳选择，即使是对于同一国家而言也没有一种适用于所有情况的汇率制度（Frankel，2003）。大量经验研究也表明，稳定的汇率安排有利于价格稳定，采取钉住汇率制等汇率波动较小的经济体，其通胀率也相对较低，反而那些高通胀国家由于需要经常调整汇率水平，往往倾向于采取浮动汇率制度（Husain、Mody和Rogoff，2005；黄薇、任若恩，2010）。因而，与主要贸易往来国家货币保持相对稳定的汇率水平，对很多国家来说仍然是一种理想的政策选择。特别是随着国际资本流动和对汇率投机冲击日益加大，对那些对外开放程度较高的国家（尤其是经济规模较小的国家），汇率的相对稳定在稳定贸易和产出方面具有非常重要的意义。

为确保国内经济免受汇率剧烈波动冲击并保持内外经济稳定，同时由于制度演进本身具有一定的稳定性（North，1996），在布雷顿森林体系解体之后，具有一定弹性并相对稳定的汇率水平，仍然是各国货币政策当局重要的政策目标，很多发展中国家甚至将汇率作为货币政策名义锚（Edwards，1992），各国汇率制度的选择也充分说明了这一点。根据IMF公布的各经济体事实汇率制度分类，大多数国家仍采取了硬钉住和软钉住的汇率制度安排，采取完全浮动的汇率制度安排国家占比在全球金融危机之后反而有所缩小，而且无法定货币类型的国家占比还有所上升，占全部类型国家的比重由1996年的2.7%提高至2016年的7.3%，翻了一倍多（见表2-1）。

单位：%

表 2-1 IMF 事实汇率制度占比

年份	1996	1999	2001	2003	2005	2007	2008	2009	2010	2011	2012	2013	2014	2015	2016
硬钉住汇率制度	9.2	10.8	11.3	11.8	11.8	12.2	12.2	12.2	13.2	13.2	13.2	13.1	13.1	12.6	13.0
无法定货币	2.7	3.2	3.8	4.8	4.8	5.3	5.3	5.3	6.3	6.8	6.8	6.8	6.8	6.8	7.3
货币局	6.5	7.6	7.5	7	7	6.9	6.9	6.9	6.9	6.3	6.3	6.3	6.3	5.8	5.7
软钉住汇率制度	58.2	43.8	39.3	38	34.8	43.6	39.9	34.6	39.7	43.2	39.5	42.9	43.5	47.1	39.6
传统钉住	34.2	31.4	31.2	29.9	28.9	37.2	22.3	22.3	23.3	22.6	22.6	23.6	23	23.0	22.9
稳定安排	n.a.	n.a.	n.a.	n.a.	n.a.	n.a.	12.8	6.9	12.7	12.1	8.4	9.9	11	11.5	9.4
爬行钉住	9.8	3.2	2.2	2.7	2.7	3.2	2.7	2.7	1.6	1.6	1.6	1	1	1.6	1.6
类爬行钉住	7.6	4.9	2.7	2.7	0.5	0.5	1.1	0.5	1.1	6.3	6.3	7.9	7.9	10.5	5.2
水平内钉住	6.5	4.3	3.2	2.7	2.7	2.7	1.1	2.1	1.1	0.5	0.5	0.5	0.5	0.5	0.5
浮动汇率制度	32.6	45.4	49.4	50.3	53.5	44.1	39.9	42	36	34.7	34.7	34	34	35.1	37
浮动安排	20.1	13.5	17.7	24.6	28.9	25.5	20.2	24.5	20.1	18.9	18.4	18.3	18.8	19.4	20.8
自由浮动	12.5	31.9	31.7	25.7	24.6	18.6	19.7	17.6	15.9	15.8	16.3	15.7	15.2	15.7	16.1
其他汇率制度	n.a.	n.a.	n.a.	n.a.	n.a.	n.a.	8	11.2	11.1	8.9	12.6	9.9	9.4	5.2	10.4

资料来源：IMF, Annual Report on Exchange Arrangements and Exchange Restrictions，各期整理而得，各期编制方法、分类和样本国家并不完全一致，表中数据尽可能反映最新情况。

出于稳定汇率的需要，中央银行往往要对预外汇市场进行一定的干预，外汇储备也因而得以进一步积累，这又增强了中央银行干预外汇市场的能力。事实上，正是由于对20世纪30年代汇率剧烈波动和货币竞争性贬值的教训，主要欧洲国家在布雷顿森林体系解体后采取了相互钉住并在一定范围内波动的"蛇行浮动"汇率安排（Giovannini，1992a,b）。虽然英镑由于币值高估在国际投机资本冲击下退出了欧洲货币体系，但德国等主要顺差国在维护与美元及欧洲货币体系其他国家汇率稳定过程中积累了大量的外汇储备。正是对稳定汇率的追求最终促成了欧元这一超主权信用货币的伟大实践。同时，由于经济贸易往来密切，很多未引入欧元的国家（如瑞士及瑞典等北欧国家）在货币政策操作中非常重视本币与欧元的汇率稳定目标，外汇市场回购业务是其重要的公开市场操作手段（BIS，2009），因而这些国家也积累了一定数量的外汇储备。类似地，出口导向的日本长期存在着干预外汇市场的传统，即使是在广场协议之后的日元完全浮动时期，日本银行也会出于各种需要干预外汇市场，以压低日元来促进出口。另外，随着国际资本流动规模的日益扩大和频率的日渐加快，国际金融市场投机和不稳定性上升，各国也有动机利用外汇储备稳定市场秩序。因此，即使是在浮动汇率时代，虽然总体规模和频率大大下降，但主要发达经济体仍然会干预外汇市场，外汇储备数量也因而持续上升（Goldberg、Hull和Stein，2013）。

对于众多新兴和发展中经济体，早在金本位制时期，很多殖民地区就被迫实行与宗主国货币强制挂钩的货币制度，并演化出货币局制度这一典型的固定汇率安排。最早的货币局制度可以追溯至1849年毛里求斯采取的货币制度（Williamson，1995），印度、南非等国家在1900年前后则采取了钉住英镑的金汇兑本位制。由于货币当局为维护货币局制度必须实行纪律严格的货币政策，无法为财政赤字提供融资便利，汇率制度公开透明，有助于加强与锚定货币国家之间的联系并消除汇率波动带来的不确定性，因而货币局制度对于很多发展中经济体（特别是曾饱受通货膨胀之苦的国家），具有非常强的吸引力。因此，即使是在各国独立和布雷顿森林体系解体之后，仍有很多经济体采用货币局制度。例如，香港地区在布雷顿森林体系解体与英镑脱钩并自由浮动后，由于汇率大幅波动并急剧贬值，于1983年重新采取钉住美元的联系汇率制度。爱沙尼亚自1991年独立后，出于加入欧盟的考虑在独立之初就采取了锚定德国马克的货币局制度，并在1999年转为锚定欧元的货币局安排，2011年更进一步直接加入欧元区。为了应对通货膨胀和本币贬值，拉美很多国家在20世纪中后期也曾大量引入类似于货币局的制度安排，美元替代本币在经济中发挥了更为重要的作用（即所谓的"美元化"，Alesina和Barro，2001）。在货币局制度下，一国货币发行必须依赖于其外汇储备数量，而且外汇储备和货币发行随着国际收支顺差的扩大而增加。同时，很多发展中国家（特别是东亚新兴经济体）在经济起飞阶段之初都采取了出口导向的经济政策，国际支付手段与汇率水平的稳定性非常重要。同时，国际资本流动规模日益扩张，资本流动速度和频率不断加快，这给各国金融市场稳定带来了严峻的挑战。出于吸引国外直接投资（FDI）的需要，各国外汇储备并不仅仅为了满足贸易需求和短期资本流动、维护稳定的对外经济环境，各国都加大了外汇储备积累，以增强本国在国际市场上的声誉和吸引外资。特别是在20世纪80年代拉美金融危机和90年代东亚金融危机冲击下，新兴和发展中国家更加重视汇率和金融市场稳定，以至于被称为患有汇率的"浮动恐惧症"（Fear of Floating，Calvo和Reinhart，2002）。因而，新兴和发展中经济体中央银行更倾向于干预外汇市场并积累大量的外汇储备。

布雷顿森林体系解体后，在黄金作为储备资产的地位大大下降的同时，无论发达经济体还是新兴和发展中经济体，在保持货币对内和对外价格同时稳定的货币中性目标下，在通过汇率手段调节国际收支平衡的同时，各国中央银行仍有必要干预外汇市场并积累外汇储备。由此，20世纪80年代以来，外汇储备成为最主要的外部流动性，在各国储备资产中的占比持续上升。如图2-5所示，自20世纪80年代中期以后，外汇储备超过黄金储备成为各国最重要的储备资产，在信用货币体系下，外汇基本上完全取代了黄金，成为一国对外支付和价值储藏的最主要手段。

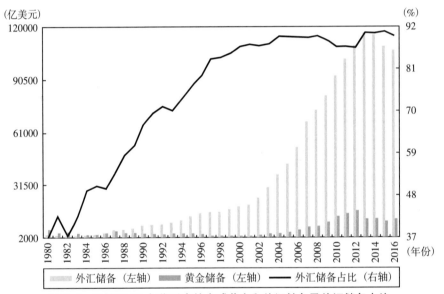

图2-5　20世纪80年代以来的全球黄金和外汇储备及外汇储备占比

资料来源：国际货币基金组织（IMF）国际金融统计（IFS）数据库，货币黄金规模根据国际市场黄金价格计算。

（三）出于支付和预防性的外汇储备需求

正如前文所述，一国持有国际储备最初的主要目的是满足在国际收支中的对外支付需求。由于在金本位制和布雷顿森林体系下，各国普遍面临着黄金数量约束和"美元荒"，因而在"二战"后的很长一段时间里，用于对外支付的储备资产积累成为各国重要的政策目标，并在一定程度上对外汇和资本流动进行管制（Kenen，1992）。特别是对于广大发展中国家来说，由于黄金储备主要被发达经济体所持有，外汇储备的积累就更为重要，外汇储备是否充足一直是很多发展中国家关心的主要问题。如图2-6所示，新兴和发展中经济体外汇储备占黄金和外汇储备的比重始终高于发达经济体，而且由于黄金储备不足和在国际货币体系中始终处于英镑、美元等主要储备货币国家的外围从属地位，外汇储备一直是这些国家最重要的储备资产。在"二战"结束之初，新兴和发展中国家的储备资产中将近80%由外汇储备构成，并始终远高于各时期发达经济体的外汇储备占比。不过，尽管国际储备主要由外汇组成，但长期以来外汇储备短缺一直困扰着发展中国家。特别是很多实行进口导向战略的拉美国家长期受到贸易收支逆差和外汇短缺的困扰，以至于很多发展中国家在布雷顿森林体系时期为了平衡国际收支不得不频繁调节汇率或不得不采取更为弹性的汇率安排。如图2-6所示，除了"二战"结束后初期的个别年份外，直至2004年，发达经济体（主要是欧洲国家）占有了大部分全球外汇储备，新兴和发展中国家外汇储备占全球外汇储备的比重始终低于50%。

但是，20世纪80年代爆发的拉美债务危机使人们意识到，仅出于贸易平衡目的的国际储备并不足以支撑一国对外支付的需要，资本流动对一国外部经济平衡至关重要。在国际资本流动日趋活跃的当下，国际储备应更多地应对外部冲击和金融市场波动，这就需要各国积累更大规模的预防性外汇储备，20世纪90年代爆发的一系列金融危机充分说明了这一点。尽管英国1992年退出欧洲货币体系以及在布雷迪计划下本已稳定的拉美各国在20世纪90年代中期和末期的金融危机（1994年的墨西哥金融危机及20世纪90年代末阿根廷、巴西金融危机，阿根廷不得不退出锚定美元的货币局制度）很大程度上是由于汇率缺乏必要的弹性，但正是在国际资本投机的冲击下，

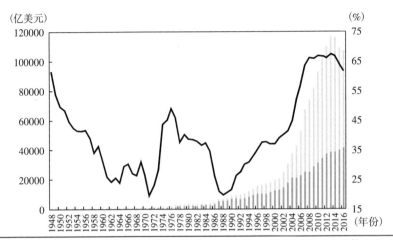

新兴和发展中经济体（左轴）　发达经济体（左轴）　新兴和发展中经济体占比（右轴）

外汇储备规模

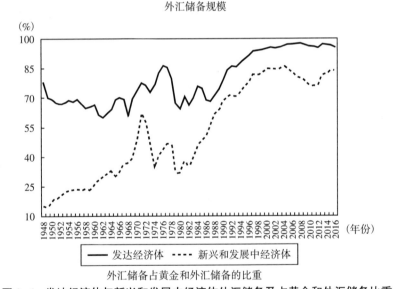

发达经济体　　新兴和发展中经济体

外汇储备占黄金和外汇储备的比重

图 2-6　发达经济体与新兴和发展中经济体外汇储备及占黄金和外汇储备比重

资料来源：国际货币基金组织（IMF）国际金融统计（IFS）数据库，货币黄金规模根据国际市场黄金价格计算。

外汇储备的迅速下降才导致危机的爆发和蔓延。这个教训在 1997 年的东亚金融危机中更加明显。正是在国际资本投机压力下，危机前后短期国际资本流动方向迅速逆转，试图稳定汇率的政策在规模巨大的资本流动冲击下最终导致很多国家外汇储备枯竭。因而，为了避免经济再次遭受掠夺性投机的冲击，很多国家都加大了预防性外汇储备的积累，以提高抵御金融危机的能力（Aizenman，2008；周小川，2009a）。正是在充足的外汇储备保障下，为避免竞争性贬值和危机的扩大，中国才有可能采取稳定汇率的负责任政策，在稳定东亚经济危机过程中发挥了重要作用，而且中国的外汇储备也并未由于没有贬值而下降，反而在双顺差作用下迅速增加，并进一步增强了抵御国际资本流动冲击的能力。类似地，2008年全球金融危机爆发后，正是由于规模巨大的外汇储备保障，很多亚洲国家顺利地渡过了危机，预防性的外汇储备发挥了重要的作用。正是在国际金融危机的冲击下，20世纪90年代以来用于预防性的外汇储备迅速积累，其中主要是东亚（特别是中国）新兴和发展中经济体的外汇储备。

预防性外汇储备需求得到了大量经验研究的支持。Dominguez、Hashimoto和Ito（2012），Aizenman和Hutchison（2012），Bussiere、Cheng、Chinn和Lisack（2015）等的跨国数据分析表明，危机前拥有更高储备的国家与危机后的经济增长率有正相关关系，而且外汇储备数量相关越多，在危机中所遭受的损失越小，部分新兴市场国家通过减持或损失外汇储备的方式应对冲击，但很多在危机中消耗了外汇储备的国家在危机之后又迅速地恢复了外汇储备积累。如图2-7所示，在布雷顿森林体系运行良好的20世纪60年代，全球外汇储备占GDP的比重基本稳定在1.3%左右。随着布雷顿森林体系的解体和汇率波动的加剧，外汇储备占GDP的比重在20世纪70~80年代出现一定的上升，但也基本稳定在3%左右，最高也未超过4%。但是，进入90年代，正是在国际金融危机冲击下，全球外汇储备占GDP的比重呈现持续上升的趋势，2013年全球外汇储备占GDP的比重最高达15.4%，这也说明目前外汇储备已远远超过用于正常国际经济往来的支付性需求，预防性外汇储备成为储备需求的决定性因素。

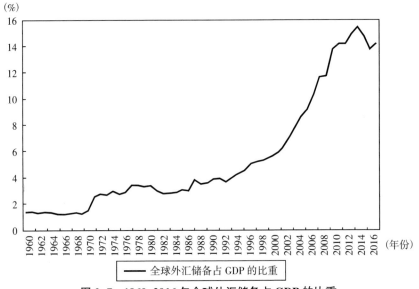

图 2-7　1960~2016 年全球外汇储备占 GDP 的比重

资料来源：外汇储备数据来自国际货币基金组织（IMF）国际金融统计（IFS）数据库，全球 GDP 数据来自世界银行 WDI 数据库和 IMF 的 WEO 数据库。

　　由此可见，外汇储备作为一国所持有的外国货币，主要是为了对外的流动性支付，防范外部冲击和金融危机风险，这样 Keynes（1936）的货币需求理论可以作为理解外汇需求的重要视角。毕竟，外汇储备本质上仍是同时具有支付手段与价值储藏的外国货币，而货币功能则是理解货币需求的重要视角。作为国际交易媒介及保证交易功能所必需的稳定的价值储藏功能的目的，恰好与用于支付和预防性的外汇需求相契合，这又与 Keynes（1936）有关货币需求的交易动机和预防性动机相吻合。外汇储备也是一国持有的外币资产，因而盈利动机的重商主义观点（Mercantilism，Calvo 和 Reinhart，2002；Dooley，Folkerts-Landau 和 Garber，2003）实际上也与 Keynes（1936）货币需求的投机性动机一致。不过，正如第一章中指出的，流动性与审慎预防性动机是外汇储备的最主要目的，外汇储备必须在流动性、安全性和盈利性三方面进行权衡。交易动机需要外汇储备具有很高的流动性，而持有预防性外汇储备的目的是在必要时随时进行市场干预，而非资产回报，因而预防性动机实际上也要求外汇储备具有较高的流动性和安全性。这样，在某种程度上流动性与盈利性实际上是相互矛盾的。而且，外汇资产的盈利目标本质上与其他部门的盈利性没有本质区别，而外汇积累本身则是一国经济发展的结果，因而投机性动机和盈利目标对外汇储备需求的作用并不大，这也可以解释为什么很多经验研究都并不支持外汇储备的重商主义观点（Aizenman 和 Lee，2007；Cruz，2014；Ghosh、Ostry 和 Tsangarides，2014；Schroder，2015），认为其只是在作为资产的机会成本分析方面具有一定的意义。

不过，需要指出的是，虽然一国金融体系的稳定与储备数量有关，但经济开放程度和金融发展深度对抵御风险能力更为重要。如果一国经济缺乏必要的弹性并过分强调风险而抵触任何市场波动，即使经济发展并未出现大的问题，但任何波动和冲击都将无限扩大市场的风险，再多的外汇储备也无法有效抵御外部冲击，1997 年爆发的东亚金融危机充分说明了这一点。正是由于在危机之后积极进行政策调整，韩国迅速摆脱了金融危机的阴影，取得了良好的经济绩效。在受亚洲金融危机影响比较大的经济体中，韩国 1998 年 GDP 仅下降 5.5%（明显好于香港地区的 5.9%、印度尼西亚的 13.1%、马来西亚的 7.4% 和泰国的 10.5%），且在 1999 年韩国 GDP 就取得了 11.3% 的正增长，1998 年到全球危机爆发之前的 2007 年的十年，韩国 GDP 几何年均增长率高达 4.8%，是这些国家和地区中最高的。除了增加外汇储备进行自我保险以强抵御外部冲击外，改进经济发展模式、加强外债管理和制度建设才是预防外部冲击的长期根本性措施（周小川，2009a）。而且，如果一国经济体系发展健康，具有足够的弹性，能够更好地吸收外部经济冲击，那也就并不需要过多的审慎预防性外汇储备。很多采用更为灵活汇率安排的国家（主要是发达经济体），其预防性外汇储备需求就相应较低，而很多经济弹性较差的国家，预防性储备需求就较大。

（四）具有充足流动性和价值可靠的储备货币供给

与外汇需求相关的问题是作为外汇储备的储备货币供给。事实上，自金本位起，直到美元—金本位的布雷顿森林体系，国际流动性供给与储备价值的稳定性之间的关系一直是困扰各国的重要问题。在布雷顿森林体系解体、人类社会进入信用货币时代后，虽然积累外汇储备很大程度上解决了国际流动性不足的问题，但储备货币价值的稳定性问题仍未得到解决，全球金融体系持续受到各种金融危机的冲击。各方一直存在着改革国际货币体系的呼声，这在 2008 年的全球金融危机之后更显迫切。虽然美元不再与黄金挂钩并大幅贬值，但美元仍然是当前最主要的储备货币。长期以来，IMF 并未公布各国外汇储备的币种构成情况[①]，这给相关研究带来了一定的困难，只有为数不多的学者根据 IMF 或 BIS 的资料对各国外汇储备的币种构成及其决定因素进行了分析（如 Horri，1986；Dooley、Lizondo 和 Mathieson，1989；Eichengreen 和 Mathieson，2000；Chinn 和 Frankel，2007，2008；Eichengreen，Chitu 和 Mehl，2014）。尽管不同研究所报告的外汇储备币种结构分类数据存在一定差异，但所有的研究都表明，国际储备货币的币种结构变化是相当缓慢的过程，即使在布雷顿森林体系解体之后由于经济实力的相对下降面临其他货币的挑战，但美元始终是最主要的储备货币，"二战"后以美元为支柱的国际货币体

[①] 目前，IMF 对各国的外汇储备币种构成的 COFER 数据仍然保密，只是公布了全球及发达经济体、新兴和发展中经济体外汇储备币总构成的总量数据。

系是非常稳定的（见表2-2）。

表2-2　全球外汇储备货币币种构成

单位：%

年份	美元	英镑	德国马克	法国法郎	瑞士法郎	荷兰盾	日元	欧洲货币单位	不明货币
1964	54.4	17.9	0	0.8	0	0	0	—	26.9
1965	56.2	19.9	0.1	0.9	0	0	0	—	22.9
1966	56.9	19.1	0.2	1	0	0	0	—	22.9
1967	58.4	16.9	0.3	1.1	0	0	0	—	23.3
1968	55.6	18.7	0.4	0.8	0.3	0	0	—	24.3
1969	54.6	17.7	0.5	0.6	0.4	0	0	—	26.1
1970	71.5	9.5	1.6	0.6	0.5	0.1	0	—	16.2
1971	64.6	7.4	2.5	0.4	0.9	0.1	0	—	24.1
1972	68.2	5.4	3.8	0.6	0.8	0.3	0.1	—	20.8
1973	64.6	4.2	5.5	0.7	1.1	0.5	0.1	—	23.5
1974	69.9	4.3	4.9	0.8	1.1	0.3	0.1	—	18.7
1975	78.7	2.8	8.5	1.5	2.1	0.8	1.8	—	3.8
1976	77.8	1.7	9	1.2	2	0.7	2.2	—	5.2
1977	79	1.6	8.9	1.1	1.9	0.7	2.1	—	4.8
1978	76.4	1.4	10.5	0.9	1.8	0.7	3	—	5.2
1979	73.6	1.8	11.8	0.9	2.4	0.9	3.5	—	5.2
1980	69.2	2.9	15	1.7	3.2	1.3	4.4	—	2.3
1981	71.4	2.1	12.7	1.3	2.7	1.1	4.2	—	4.4
1982	70.5	2.3	12.3	1	2.7	1.1	4.7	—	5.4
1983	71.4	2.5	11.8	0.8	2.4	0.8	5	—	5.3
1984	70.1	2.9	12.6	0.8	2	0.7	5.8	—	5.1
1985	65	3	15.2	0.9	2.3	1	8	—	4.6
1986	67.1	2.6	14.6	0.8	2	1.1	7.9	—	3.9
1987	67.9	2.4	14.5	0.8	2	1.2	7.5	—	3.8
1988	64.7	2.8	15.7	1	1.9	1.1	7.7	—	5.1

续表

年份	美元	英镑	德国马克	法国法郎	瑞士法郎	荷兰盾	日元	欧洲货币单位	不明货币
1989	51.3	2.3	17.8	1.4	1.4	1.1	7.2	10.8	6.7
1990	47.8	2.8	16.5	2.2	1.2	1	7.7	9.7	11.1
1991	48.3	3.1	15.1	2.7	1.1	1	8.3	10.2	10.2
1992	51.9	2.9	13	2.4	1	0.6	7.3	9.7	11.3
1993	53	2.8	13.4	2.1	1.1	0.6	7.3	8.2	11.6
1994	53	3.1	13.8	2.3	0.9	0.5	7.5	7.7	11.3

	已报告储备									未报告储备	
	总量	美元	英镑	德国马克	法国法郎	瑞士法郎	荷兰盾	日元	欧洲货币单位	其他货币	总量	中国
1995	74.5	59.0	2.1	15.8	2.4	0.3	0.3	6.8	8.5	4.9	25.5	20.8
1996	78.3	62.0	2.7	14.7	1.8	0.3	0.2	6.7	7.1	4.5	21.7	30.9
1997	78.8	65.1	2.6	14.5	1.4	0.3	0.4	5.8	6.1	3.9	21.2	40.8
1998	78.0	69.3	2.7	13.8	1.6	0.3	0.3	6.2	1.3	4.5	22.0	40.2

	已报告储备									未报告储备	
	总量	美元	英镑	日元	瑞士法郎	加拿大元	澳元	欧元	人民币	其他货币	总量	中国
1999	77.4	71.0	2.9	6.4	0.2	—	—	17.9	—	1.6	22.6	38.5
2000	78.4	71.1	2.8	6.1	0.3	—	—	18.3	—	1.5	21.6	39.6
2001	76.6	71.5	2.7	5.0	0.2	—	—	19.2	—	1.3	23.4	44.2
2002	74.6	66.5	2.9	4.9	0.4	—	—	23.7	—	1.6	25.4	46.8
2003	73.5	65.4	2.9	4.4	0.2	—	—	25.0	—	2.0	26.5	50.3
2004	70.8	65.5	3.5	4.3	0.2	—	—	24.7	—	1.9	29.2	55.8
2005	65.8	66.5	3.7	4.0	0.1	—	—	23.9	—	1.7	34.2	55.5
2006	63.1	65.1	4.5	3.5	0.2	—	—	25.0	—	1.8	36.9	55.0
2007	61.4	63.9	4.8	3.2	0.2	—	—	26.1	—	1.8	38.6	59.1
2008	57.3	63.8	4.2	3.5	0.1	—	—	26.2	—	2.2	42.7	62.1
2009	56.2	62.0	4.2	2.9	0.1	—	—	27.7	—	3.0	43.8	67.1
2010	55.7	61.8	3.9	3.7	0.1	—	—	26.0	—	4.4	44.3	69.4

续表

	已报告储备									未报告储备	
	总量	美元	英镑	日元	瑞士法郎	加拿大元	澳元	欧元	人民币	其他货币	总量	中国
2011	55.4	62.3	3.8	3.6	0.1	—	—	24.7	—	5.5	44.6	69.9
2012	55.6	61.3	4.0	4.1	0.2	1.4	1.5	24.2	—	3.3	44.4	68.1
2013	53.3	61.0	4.0	3.8	0.3	1.8	1.8	24.4	—	2.9	46.7	70.0
2014	52.5	62.9	3.8	4.0	0.3	1.9	1.8	22.2	1.1	3.1	47.5	69.7
2015	62.3	64.1	4.9	4.1	0.3	1.88	1.9	19.9	1.2	2.99	37.7	
2016	73.2	64.0	4.4	4.2	0.2	2.0	1.8	19.7	1.1	2.5	26.8	—

注：1974 年之前其他货币中包含较大比重无法明确识别储备货币币种的外汇储备，因而与 1975~1988 年的数据不可比，而如果粗略进行调整，美元在全部外汇储备的比重在 1977 年之前一直约为 80%；2005 年开始，IMF 年度报告对外汇储备币种结构分类进行调整，将原不明货币（Unspecified Currencies）分解为其他货币（Other Currencies）和未报告货币（Unallocated Reserves），COFER 数据库也进行了相应调整，但 COFER 数据库只公布了 1995 年以来的总量数据，因而表中不同数据来源数据并不可比；由于中国未报告外汇储备货币币种构成，因而未报告储备占比随着中国外汇储备增加而上升。中国于 2015 年 10 月开始正式采纳 IMF 数据公布特殊标准（SDDS）报告外汇储备部分详细信息，并计划于未来两至三年完全披露外汇储备相关信息，因而 2015 年末全球已报告外汇储备构成占比较上年显著上升，由于并未披露中国已报告外汇储备的具体情况，故无法计算 2015 年之后中国外汇储备在未报告储备占比数据。IMF 一直将人民币外汇储备列为其他货币进行统计，直至 2016 年第四季度首次正式披露以人民币计价的外汇储备数据。另外，根据 2015 年 11 月 IMF 发布的 "Review of the Method of Valuation of the SDR" 和《人民币国际化报告（2016 年)》，2014 年和 2015 年末人民币占全球外汇储备占比分别为 1.1% 和 1.2%。

资料来源：1964~1988 年数据来自 Polak（1992）；1989~1994 年数据来自 Eichengreen and Mathieson（2000）；1995~2014 年数据来自 IMF 的 Currency Composition of Official Foreign Exchange Reserves（COFER）数据库。

确实，正如人类走向完全信用货币体系并非一蹴而就（Redish，1993），从传统的金本位制开始松动（1900 年左右形成的金汇兑本位制）到完全信用货币时代（牙买加货币体系）经历了将近八十年的时间。事实上，美元取代英镑成为世界货币也经过了漫长的过程。根据 Maddison（2010）的观点，早在 1872 年，美国的经济总量就已经超过英国成为全球最大的经济体，美国人均 GDP 也在 1903 年首次超过英国，但大多数观点认为，直到布雷顿森林体系正式运行后的 20 世纪 50 年代初，美元才超过英镑成为全球最主要的储备货币（Eichengreen、Chitu 和 Mehl，2014）。即使是按照 Eichengreen 和 Flandreau（2009），Chitu、Eichengreen 和 Mehl（2014）的观点，早在 1929 年 "大萧条"之前，美元已取代英镑成为全球最主要的储备货币，但这与美国经济总量超过英国相比，也晚了将近半个世纪。

　　储备货币必须满足外汇需求，因而一国货币要被各国广泛接受并成为储备货币必须具有足够的流动性和稳定的价值，也就是满足外汇储备的交易支付和审慎预防性需求。当然，如果一国经济具备一定的规模，同时也是世界贸易的主要参与国和世界资金的主要来源国[①]，其他国家持有该国货币将更加便利经济往来，那么这个国家就不可避免地面临货币国际化。尽管作为储备货币中心和世界货币能够获得"铸币税"的好处（对于信用货币体系下的世界货币，也就是美元而言，相当于完全自主的货币政策和向全球无成本负债发行货币），但这需要本国强大的经济实力作为支撑并对一国货币决策提出了更高的要求（毕竟，国外货币持有者的货币需求更加不确定，货币决策者必须更好地平衡国内外经济），英镑的衰落就是非常有力的证明。因此，货币国际化在促进一国经济的同时，也意味着更大的对外风险敞口和经济责任。事实上，随着经济增长而新兴的储备货币国家（如瑞士、德国、日本、新加坡）无一例外地都对本币国际化进行全面的利弊权衡并保持小心谨慎的态度（Polak，1992；易纲，2015）。因此，美元作为世界货币的地位具有非常大的在位竞争优势（Incumbent Advantages，Eichengreen，1998），这类似于路径依赖的国际货币惯性效应（Inertia Effect，Eichengreen，1998）。由于汇率及与储备货币国家的经济往来并不会发生大的迅速变化，因而储备货币资产的选

[①] 这一点非常重要，例如，虽然具备一定的经济规模，但目前俄罗斯在国际经济中的地位不足以支撑卢布成为储备货币。

择和变化也将是一个渐进缓慢的过程。

与惯性效应和在位优势相关的是网络外部性效应（Network Externality, Eichengreen，1998），这相当于货币使用的规模经济和范围经济（Economies of Scale and Scope，Chinn 和 Frankel，2007，2008）。美元主导的货币体系很大程度上得益于美国强大的金融市场和国际金融中心的地位[①]。作为领先的世界关键货币，美元在国际金融和贸易交易中被广泛应用，美元金融市场交易的广度和深度都是其他货币无法比拟的，美元具有很强的市场流动性和稳定性。因而，对于各国中央银行来说，即使与美国贸易往来并不密切，但持有被国际市场广泛使用的美元作为外汇储备仍然是有利的，因为美元储备具有很强的流动性并作为支付手段进行国际贸易。对于很多新兴的储备货币而言，由于在国际金融市场上缺乏必要的广度和深度，影响了其在国际货币体系中的地位。

在具备充足流动性的同时，稳定可靠的价值对于储备货币而言至关重要。事实上，英镑之所以丧失世界货币的地位，与其 1931 年、1949 年、1967 年的主动大幅贬值及 1992 年被迫退出欧洲货币体系密不可分。尽管布雷顿森林体系解体过程中美元也经历了大幅贬值，其作为储备货币的地位有所下降（美元占储备货币比重的下降很大程度上是美元贬值造成的，Dooley、Lizondo 和 Mathieson，1989；Polak，1992；Eichengreen、Chitu 和 Mehl，2014）。如图 2-8 所示，美元占外汇储备的比重与美元指数显著正相关。新兴的欧元、日元随着经济的崛起在国际储备货币的份额中一度有所上升，但由于近年来经济表现不佳，公共债务负担较高，币值并不稳定，再加上金融市场发育程

[①] 类似地，虽然英国在实行传统的金本位后也曾面临危机冲击，但英国始终坚持并未放弃金本位制主要是其利用国际金融中心和全球金银交易中的地位，在与复本位制国家（主要是法国）交易中处于优势，从而进一步巩固并强化了金本位制和英镑的国际地位（Cecco，1987）。

度与美国存在较大差距，因而还很难挑战美元在国际货币体系中的地位
（Prasad，2014）。全球金融危机之后，很多新兴和发展中国家的投资者反而
增加了美元资产[1]，美元在全球储备货币的份额并未出现明显下降，这再次表
明了当前国际货币体系的稳定性。

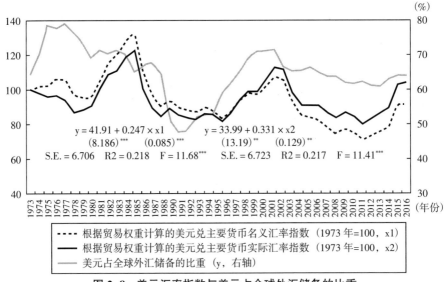

图 2-8　美元汇率指数与美元占全球外汇储备的比重

注：括号内数字为 Newey-West 标准差（HAC）。***、** 代表显著性水平 1%、5%，经检验三个
序列均为 I（1）且存在协整关系。
资料来源：美元汇率指数数据来自美联储，美元占全球外汇储备的比重数据来自表 2-2。

另外，还有学者从资产收益的角度利用投资组合方法研究外汇储备构成，
如 Papaioannou、Portes 和 Siourounis（2006），Borio、Ebbesen、Galati 和
Heath（2008）等基于 Markowitz（1952）的均值—方差分析法（MV）从收益
的角度分析外汇储备的构成情况；Chiou、Hung 和 Hseu（2008）则利用风险
在值法（VaR）从风险的角度分析外汇储备的构成。不过，这些研究大多侧

---

[1] 根据 IMF 的 COFER 数据库，新兴和发展中经济体持有的美元占全部外汇储备的比重由 2009 年的
58.7%上升至 2014 年的 62.2%。

重于个别国家的外汇储备资产构成情况，而且正如前文指出的，一国外汇储备需求主要是出于交易和预防性动机，盈利性并非是中央银行外汇管理的首要目标，因而这类研究与外汇储备的重商主义观点类似，难以很好地说明外汇储备的供求，这类方法也表明，各国外汇储备的实际构成很难满足模型所揭示的最优资产结构（Dooley、Lizondo 和 Mathieson，1989）。另外，由于很难准确刻画中央银行的风险偏好和风险承担程度，再加上汇率市场变化频繁，出于盈利和风险考虑的最优外汇储备构成结果非常不稳健，反而说明各国外汇储备构成具有很强的惯性和稳定性（Papaioannou、Portes 和 Siourounis，2006）。甚至，采用 MV 方法的研究也表明，在考虑到国际资本流动骤停等极端因素后，持有美元或欧元等具有"安全货币港"功能的储备货币的需求将进一步上升，这再次说明了流动性和稳定价值对于储备货币的重要性（Beck 和 Rahbari，2011；Beck 和 Weber，2011）。

五、纳入 SDR 后的人民币国际化与国际货币体系改革

（一）当前国际货币体系的内在不稳定性

如前文所述，所有的储备货币发行国都无法回避"特里芬难题"，一国必须更好地协调货币政策的内外目标，在具有充足国际流动性与稳定的货币价值间进行平衡，而这恰是当前国际货币体系不稳定的内在根源。稳定的国际货币体系将有利于促进国际经济的发展，这也是两次世界大战后各国共同努力恢复金（汇兑）本位制的初衷。在金本位制下，黄金为国际货币体系提供了一个天然外生的稳定货币锚；在英镑金汇兑本位制和布雷顿森林体系下，

黄金在维系各国汇率稳定中依然发挥了不可或缺的货币锚作用。但是，在美元与黄金脱钩的完全信用货币体系下，国际货币体系的稳定要求储备货币必须根据世界经济的变化有序协调，以避免储备货币供给不足或过剩而引发全球流动性不足或通货膨胀，这就要求主要储备货币的供给必须具备良好的调整机制，避免储备货币发行国的国内政策过度外溢到其他国家，从而为国际经济提供稳定的货币金融条件。

然而，频繁爆发的货币金融危机、持续的经常账户失衡、汇率的大幅失调、资本的剧烈波动以及前所未有的外汇储备积累，诸多症状表明后布雷顿森林体系的国际货币体系越来越不稳定[1]。在信用货币体系下，国际货币体系的稳定更加依赖于储备货币发行国的货币政策。很多发展中国家采取锚定美元或货币局的政策安排，主要就是出于对美联储货币政策的信赖。不过，如果根据世界经济的需要供给美元，这虽然有利于全球经济的增长，但很可能将恶化美国的国际收支，引发国内通货膨胀和资产泡沫，最终导致美元贬值；如果美国以通货膨胀为首要目标，这必然要求美联储控制美元供给，从而引发全球储备资产不足和通货紧缩。储备货币发行国无法真正解决货币政策国内目标与国外目标的内在冲突。作为美国中央银行的美联储，在国内目标和国际责任冲突时，无疑将优先考虑其国内目标，从而引发国际货币体系的持续动荡。

正是由于金融市场监管和资本流动管制的放松，汇率超调和波动更为频繁，短期套利行为的国际资本流动更为剧烈，各国金融体系不得不面临更大的资本流动冲击和金融危机的风险，被迫通过更多的外汇积累实现经济的平稳发展。在东亚金融危机时，正是由于 IMF 等国际金融组织最后贷款人功能

---

① IMF, "Strengthening the International Monetary System", IMF Policy Paper, March, 2011.

的缺失，新兴国家才积累了大量预防性外汇储备。外汇储备的积累带来了巨额外汇资产的有效管理及在不同储备货币之间进行平衡等难题，这进一步加强了货币发行国与货币储备国间在国际经济金融中地位的不对称性。正是主要储备货币发行国（特别是美国）为了国内经济目标，2001 年以来采取宽松的低利率政策和宽松的金融监管标准，最终导致泡沫的积聚和全球金融体系陷入自"大萧条"以来最大的动荡之中（Taylor，2007；Hoenig，2010；Powell，2015）。正是由于主要发达国家出于本国经济复苏的需要，纷纷采取量化宽松的非传统的超低零利率货币政策，导致当前国际流动性泛滥和风险定价消失，金融与经济基本面明显脱节，主要国家中央银行反而被金融市场稳定束缚了手脚，货币政策正常化和经济复苏举步维艰（BIS，2014；Taylor，2014，2017）。

（二）国际货币体系演进变革的长期性

后布雷顿森林体系信用货币条件下，如何协调储备货币作为交易支付与稳定的价值储藏这两大储备货币功能的内在矛盾，对于国际货币体系的稳定至关重要。国内很多学者有关储备货币发行国偿付能力和经济增速对国际货币体系稳定性的研究，主要就是强调了储备货币的价值储藏功能（陈建奇，2014；范小云、陈雷、王道平，2014）。尽管信用货币体系下，国际货币体系不可避免地受到储备货币流动性与价值稳定性的困扰，但显然一个足够多元且相互竞争的储备货币结构，储备货币之间的替代弹性将明显增加，这将对储备货币发行国形成更强有力的约束，促使储备货币发行国采取更加负责任的货币政策，有利于各国经济政策的协调和国际货币体系的稳定。不过，无论是日元的国际化还是欧元的实践，都没有真正打破美元的主导地位。对国际货币体系的讨论还是无法回避国际流动性供给与储备价值的稳定性间的根本性矛盾。主要储备货币国家国内目标与可靠国际公共品之间存在内在冲突，这对外汇储备需求和供给及当前的国际货币体系改革，都具有非常重要的意义。

不过，正如大量有关外汇储备构成影响因素的经验研究都表明的（如 Eichengreen，1998；Eichengreen 和 Mathieson，2000；Eichengreen、Chitu 和 Mehl，2014），历史惯性、网络外部性及价值稳定性与储备货币份额显著相关，当前美元主导的国际货币体系具有某种合理性。虽然布雷顿森林体系解体后，在主流的自由主义和华盛顿共识思想的指导下（威廉姆森，2004），浮动汇率和资本自由流动一度被 IMF 及各国政府奉为圭臬，但各国经济发展阶段、市场发育程度和经济管理水平一直存在巨大差异，很难存在完全适用各国的政策。频繁爆发的金融危机使得 IMF 也不得不承认某些情况下有管理的汇率浮动和资本流动的必要性。甚至，在 2008 年全球金融危机之后，很多发达经济体也不得不加强跨境资本流动的管理和监测。显然，在汇率制度选择和资本流动管理不大可能出现统一标准的情况下，如何根据自身经济金融发展状况寻求合适的制度安排才是合理的政策选择（钟红，2006）。尽管改革国际货币体系的呼声一直很高，但由于国际货币体系的稳定性，目前尚未出现完美的替代美元主导的现行国际货币体系的方案（管涛、赵玉超、高铮，2014）。

虽然每次国际金融危机之后，都会出现以超主权货币为中心的国际货币体系改革方案。例如，周小川（2009b）就指出，全球金融危机使我们再次面临古老且悬而未决的问题，即何种国际储备货币才能够保持全球金融稳定并促进世界经济发展，并主张应发展超主权的储备货币体系，充分发挥 SDRs 的作用。以 Stiglitz（2010）为首的联合国金融改革委员会也主张加强 SDR 的地位。甚至有学者提出恢复金本位、发行纸黄金或成立全球中央银行发行全球货币等极端政策主张（林毅夫，2013；李永宁、郑润祥、黄明皓，2010）。
但是，正如已经多次指出的，政策协调难题及如何处理好流动性与价值稳定
性成为超主权信用货币体系良好运行不可逾越的障碍，超主权货币不可避免
地受到主要国家中央银行及其政策协调影响（中国人民银行研究局课题组，
2010），目前欧元区面临的问题恰是超主权货币方案的缩影。事实上，SDRs
本身只是国际储备货币的衍生品，由于路径依赖和网络效应，再加上政治阻
力和技术制度上的障碍，私人部门难以迅速接受新的货币（Aiyar，2009；
Williamson，2009；董彦玲、陈琳、孙晓丹、王菲菲，2010）。而且，随着各
国（特别是美国）在金融危机中逐渐恢复，改革国际货币体系的动力再度减
弱，经济实力的对比也使国际货币体系改革不可能走得太快（周小川，
2012）。显然，在无法彻底改变国际货币体系现状的情况下，对国际货币体系
的改革就非常重要，如何加强各国（特别是主要货币发行国）之间的政策协
调，加快包括 IMF 在内的国际经济金融组织的改革进程（特别是 IMF 的各国
份额、决策机制及对成员国救助等方面的改革），充分利用 G20 等各种国际
合作框架，致力于具有负责任的全球治理模式的完善，成为各国面临的共同
问题。

（三）对人民币国际化和国际货币体系改革的启示

2015 年 11 月 30 日，国际货币基金组织（IMF）执董会决定将人民币纳
入特别提款权（SDR）货币篮子，这是历史上第一次增加 SDR 篮子货币。在
经过必要的会计和交易准备工作之后，2016 年 10 月 1 日，新的 SDR 货币篮
子正式生效，这是国际社会对中国经济发展和改革开放成果的肯定。人民币
也是后布雷顿森林体系时代第一个真正新增的、第一个按可自由使用标准纳
入的、第一个来自发展中国家的 SDR 篮子货币，这将极大提高人民币的国际

储备货币地位，是 2009 年正式启动的人民币国际化重要的里程碑。人民币加入 SDR 货币篮子对于改变以往单纯以发达经济体货币作为储备货币的格局，促进国际货币体系的多元化，增强 SDR 本身的代表性、稳定性和吸引力，改进全球风险的分散化和便于更有效的管理，塑造更加稳定多元的国际货币体系，巩固国际货币体系的稳定性和提高韧性，促进全球经济金融健康发展，具有重要的意义和深远的影响。

应当看到，当前美元主导的国际货币体系主要还是建立在"二战"结束后美国作为全球最大净债权国情形下有于美国和主要发达经济体的制度安排。新兴储备货币的竞争对国际货币体系改革具有重要的促进作用，储备货币的竞争必将增强货币发行国的约束。中国加快推进汇率形成机制改革、资本账户的有管理开放、人民币的国际化并通过新设立的国际金融组织积极参与国际经济金融事务，这对于补充完善现有全球治理体系具有非常重要的意义（李克强，2015）。一国货币能否顺利实现国际化、在国际经济交往中被广泛使用并成为储备货币，与其货币被广泛使用的程度（流动性）和稳定的价值密切相关，而这主要是与出于交易和审慎预防性的外汇需求密切相关。虽然 Eichengreen（2005）指出，由于网络外部性和规模经济，理论上世界应仅存在一种国际储备货币，但由于国际经济往来和多样化需求的需要，外汇储备并不会仅由一种货币构成。而且，Eichengreen、Chitu 和 Mehl（2014）也发现，由于外汇市场和交易技术的发展，储备货币的网络外部性效应有所下降，惯性效应和可靠的政策对于储备货币份额的作用进一步加强。事实上，经济规模和开放程度本身就意味着货币的外部接受程度，而储备货币必须具有国际流动性和价值稳定性。因而，2009 年中国正式开启人民币国际化改革，在币值稳定和负责任对外开放政策下，人民币在国际经济中的广泛使用和在储备货币中地位的提高，将成为推动国际货币体系改革和完善的重要力量。

不过，更要认识到，作为国际储备货币，就不可避免地面临流动性与币值稳定的双重责任，这也人民币国际化中必须重视的问题。毕竟，当前的国际货币体系仍具有很强的稳定性，美元取代英镑的历史更值得借鉴。正如 Eichengreen、Chitu 和 Mehl（2014）指出的，具有一定广度、深度和国际影响力的发达的金融市场对于货币流动性非常重要，资本账户开放和货币的自由使用则是货币被广泛接受的必要前提，而负责任的宏观经济政策和稳定的宏观经济环境能够增强货币的信心。反之，英国、欧元、日元等货币国际化的经验表明，很多抑制货币国际化的政策（如贬值的汇率政策）很容易阻碍货币国际化的进程，甚至会使货币在国际货币体系中的作用出现倒退，这对于已是全球第二大经济体的中国而言，具有非常重要的启示性意义。

自 2009 年跨境贸易人民币结算试点以来，跨境人民币业务由无到有，从小到大，人民币国际化取得了重大进展，人民币顺利纳入 SDR 货币篮子就是对人民币国际化成果的认可，但从 SDR 审议的"可自由使用"标准来看，无论是国际经济交易还是国际外汇市场交易的广泛使用方面，人民币国际化水平与主要国家货币仍存在一定的差距。根据 2015 年 11 月 13 日 IMF 发布的《SDR 估值方法审议政策报告》①，在国际经济交易广泛使用的三个主要指标中，2014 年末，人民币在全球官方外汇中储备中的占比为 1.1%，位列第七；以人民币计价的国际银行存款占比为 1.9%，位列第五；2015 年第一季度末，未清偿人民币国际债券占比为 0.6%，位列第八；在不同时期新发行国际债券、SWIFT 跨境结算和贸易融资三个辅助指标中的占比分别为 1.4%、1% 和 3.8%，分别位列第六、第八和第三；在外汇市场交易中的交易量在 2013 年占全球的 1.1%，位列第九，很多指标甚至低于非 SDR 篮子货币的加拿大元、

---

① "Review of the Method of Valuation of the SDR", IMF Policy Paper, November, 2015.

澳元等国际储备货币。正如中国人民银行副行长易纲指出的①，加入 SDR 并非一劳永逸，SDR 每五年要做一次审查，一种货币在符合条件的时候可以加入 SDR，当它不符合条件的时候也可以退出 SDR。作为国际储备货币意味着一国在国际流动性和价值稳定性上肩负更大的责任，纳入 SDR 后国际资本流动和汇率波动将更为频繁，这对一国政策和金融体制提出了更高的要求。如果应对不当，人民币国际化和在国际货币体系中的地位将很可能出现反复波折。

可见，纳入 SDR 对中国的金融改革开放提出了更高的要求，也是人民币国际化新的起点。一方面，中国要继续深化利率汇率市场化、资本账户开放和人民币国际化等各方面深层次改革，全面落实好供给侧结构性改革各项工作任务，特别是以开放促进国内各项经济改革，为人民币国际化和全面对外开放提供强有力支撑，加强中国作为新兴经济体的重要代表在全球治理中的话语权。另一方面，也要在国际责任与能力权益相匹配的原则下，积极稳妥地推动人民币跨境使用和国际化进程，牢牢抓住人民币纳入 SDR 的契机，积极推动 IMF 份额和决策机制改革，充分利用 G20 等各种国际合作框架，有效发挥包括亚投行和金砖国家银行在内的新型国际金融组织作用，通过金融双向开放积极促进国际货币体系改革和全球治理体系的完善。

---

① "中国人民银行举行人民币加入特别提款权（SDR）有关情况吹风会"，www.pbc.gov.cn，2015 年 12 月 1 日。

第三章

最优外汇储备规模估算方法
简要述评及对中国的初步测算

　　外汇储备作为对外支付和流动性缓冲的主要手段，在一国参与国际经济和防止外部危机冲击方面发挥了重要的作用。长期以来，在金本位制和布雷顿森林体系下，国际流动性和外汇储备不足一直是困扰各国（特别是发展中国家）的难题，因而 20 世纪 90 年代之前，有关外汇储备规模的研究主要侧重于外汇储备数量是否充足。21 世纪以来，以亚洲国家为代表的新兴经济体吸取了金融危机的经验教训，出于预防性考虑积累了大量外汇储备以应对危机冲击，边际收益递减和机会成本使得外汇储备随着规模的积累而变得日益昂贵，外汇储备和国际支付手段是否充足的重要性逐渐转向合适的外汇储备数量（Bird 和 Rajan，2003）。因此，如何确定外汇储备数量是否充足，在有效满足国际交易支付需要、防范金融危机发生的同时，准确衡量系统性风险条件下外汇储备的"过剩"程度和最优规模，对各国而言都是重要的现实问题。不过，由于考虑问题的角度不同、出发点各异，外汇储备规模估算方法众多，得到的结论也不完全一致，因而在对中国外汇储备最优规模进行估算之前，有必要对各种估算方法进行简要的述评。大致而言，有关最优外汇储备规模的研究主要可以分为经验比例法、成本收益法和回归分析方法。

一、外汇储备规模的经验比例法

(一) 外汇储备与进口额之比

一国持有外汇储备主要是为了在国际贸易和金融活动中进行国际支付,因而根据对外经济敞口确定所需外汇储备数量,成为估算最优外汇储备数量的重要方法。经验比例法主要是利用若干基本经济指标来判断外汇储备的充足度,是在国际流动性普遍不足的背景下针对一国外汇储备所必须持有的最低安全数量。这种估算方法的思想起源于布雷顿森林体系之初的"美元荒"时期 (Triffin, 1946),很多国家对外汇使用和资本流动进行管制,以便政府集中外汇资源并用于国际支付,外汇的用途和可得性至关重要,而且外汇储备是否充足还关系到外汇管制的程度和具体措施。因此,可以根据一国对外经济相关指标对外汇储备的充足程度进行估算。

由于国际资本流动规模较小,最初的经验比例法主要考虑贸易情形,对各国最有影响力的是外汇储备应至少满足三个月进口额的经验比例指标。Triffin (1946) 提出了这一思想,认为在不考虑短期或随机性资本流动的情况下,一国外汇储备应与其贸易进口额保持一定的比例关系,而根据经验这一比例应在 30%,也就是一国国际收支发生赤字不超过进口金额的 30%时,持有这一数量的外汇储备不会影响该国外汇市场的稳定,中央银行可以有足够的时间改善国际收支。Triffin (1960) 进一步指出,由于外汇储备的充足性涉及很多因素,没有一个指标能够适合所有国家,但外汇储备与进口金额之比很容易理解,因而是判断一国外汇储备是否充足的重要标准。根据各国的经验分析发现，如果外汇储备与进口额之比低于 20%，那么该国国际收支将非常糟糕，平均来说 35%的比例接近于最低安全数量，而 25%和 40%则分别是比较适当的下限和上限；如果按月来计算，外汇储备的上下限分别为 5 个月和 2.5 个月的进口额，因而各国外汇储备数量应大体相当于其 3 个月的进口额水平。

（二）考虑外债、国内货币和经济等其他因素经验比例指标

显然，Triffin（1946，1960）仅认为进口决定外汇储备需求，并没有考虑贸易之外的其他因素，这比较符合布雷顿森林体系运行之初各国对资本流动仍实现较严格的管制，资本的国际流动规模和速度都相对较小的情形。但是，随着"二战"后国际经济秩序的重建和德国、英国等主要发达经济体在 20 世纪 60 年代前后放开外汇和资本账户管制并允许私人部门开展黄金贸易，国际资本流动成为影响各国国际收支的重要因素。而且，即使是进口和国际贸易也存在着季节性和随机波动，这也影响了外汇与进口数量比例指标的可靠性。更主要的是，随着 20 世纪 60 年代后期布雷顿森林体系逐步瓦解，汇率波动越来越大，而随着汇率弹性的增强和自由浮动，经常账户赤字可以通过汇率贬值等手段得以化解，甚至很多国家的政策至少在理论上可以不考虑贸易赤字因素，因而外汇储备作为国际支付手段的作用和纠正外部经济失衡的功能进一步下降。正是在这样的背景下，资本账户和国际资本流动对国际收支和外汇储备的影响越来越重要，外汇储备并不仅仅用于国际贸易支付，还要考虑预防性需求等其他目标。特别是，在 20 世纪 80 年代拉美金融危机和 90 年代东亚金融危机的影响下，考虑外债支付因素、国内货币条件和经济发展情况等的外汇储备充足度指标逐渐涌现出来。

1. 外汇储备与短期外债之比

这个比例指标又被称为"Guidotti-Greenspan Rule"，是由阿根廷财政部

副部长 Guidotti（1999）在三十三国会议中首次提出的，并随后由 Greenspan（1999）在世界银行的演讲中又做了进一步修正。这一指标的主导思想认为，对于新兴和发展中经济体来说，外汇储备数量必须能够满足支付一年内要到期的外债规模，能够有效抵押外资突然撤出的风险（Guidotti，Sturzenegger 和 Villar，2004）。Guidotti-Greenspan 规则强调了新兴经济体面临的资本账户脆弱性问题，作为一种便于操作的数量指标，对衡量外汇储备充足度和预防货币危机冲击具有重要的指导意义，并获得了大量经验研究的支持（如 Garcia 和 Soto，2004；Jeanne 和 Ranciere，2011）。IMF（2000）也将 Guidotti-Greenspan 规则纳入为各国防范金融危机和衡量外部经济脆弱性所建议的金融危机早期预警系统重要指标，外汇储备与短期外债之比成为继外汇储备与进口额之比后，被各国广泛认可并在政策实践中具有广泛影响力的衡量外汇储备充足度的指标。

2. 外汇储备与广义货币之比

外汇储备与广义货币之比的思想源于以 Johnson（1974）等为代表的货币主义学派，是从货币供给的角度来理解外汇储备的充足度问题，认为国际收支不平衡本质上是一种货币现象，当国内货币供给超过需求时，多余的货币就会流向国外，并导致国内现金余额的减少进而调节国际收支，因而外汇储备规模主要是与国内货币发行有关。基于这一思想，Calvo（1996）首次提出了外汇储备与广义货币（M2）之比作为衡量外汇储备充足度的指标，认为这个指标由于考虑到了本国居民对外国资产的潜在需求和货币供给因素，因而可以作为衡量钉住汇率制国家外汇储备充足度的指标。这个指标相当于从货币的角度分析外汇储备与本国货币的替代问题，对于很多通货膨胀的发展中国家（特别是很多事实上"美元化"的拉美国家）来说具有非常重要的意义。大量经验研究也表明，这一指标在预测金融危机发生概率方面具有显著的效果（如 Reinhart 和 Kaminsky，1999；Demirguc-Kunt 和 Detragiache，2005；Obstfeld、Shambaugh 和 Taylor，2008），因而在 20 世纪 90 年代以来新兴和发展中国家频繁受到货币和资本账户危机冲击的背景下，这一指标经常用于分析一国资本外逃风险。

3. 外汇储备与 GDP 之比

这一比例指标的思想源于传统的货币数量论。与货币数量论的现金余额说（Piguo，1917）类似，货币存量是在一定支付条件和交易习惯下居民以货币形式持有的财富数量，因而 Jeanne 和 Ranciere（2011）、Jeanne（2007）提出，对于很多小型开放经济体而言，外汇储备与一国经济发展水平和对外开放程度密切相关，外汇储备与 GDP 之比可以很好地衡量与经济发展和贸易往来相适应的外汇储备规模，而且 Jeanne 和 Ranciere（2011）认为，当外汇储备与 GDP 之比维持在 9% 左右时，一国所持有的外汇储备基本上达到最优规模，而在危机冲击等特定条件下，一国最优外汇储备数量应与 GDP 的比例达到 23%。应当说，外汇储备与 GDP 之比对于很多小型开放经济体比较适用，但正如 Triffin（1960）与 Guidotti-Greenspan 规则考虑的问题不同，针对贸易和正常情形下的最优比例与资本流动和危机情形下存在很大差异，而且即使是开放经济体，汇率和经济弹性等因素的不同也使得这一指标适用性较差，无法完全衡量一国金融的脆弱性，特别是对于宏观经济稳定和采取不同政策的国家来说，这一指标的指导性意义更不理想（Green 和 Torgerson，2007）。

二、基于成本收益视角的最优外汇储备分析

应当说，无论是仅考虑贸易情形，还是更为全面的资本流动、货币供给

和经济总量的经验比例指标，虽然考虑到了外汇储备作为国际支付手段的性质和预防性需求，但由于主要都是根据很多发生危机国家的实际情形进行的经验总结，往往忽视了个别国家的差异化需求，缺乏必要且坚实的理论基础，充足度的讨论也忽视了不同国家差异化政策的影响，因而在出现新的危机冲击或危机形态时，这类指标的适用性也较差，储备的充足度和最优数量在理论上仍然存在一定的差异（Grubel，1971）。不过，由于经验比例指标法简单直观、易于操作，因而在实际的政策操作中仍然具有政策参考意义。但也正是由于缺乏必要的理论基础，在经验比例指标提出后不久，就出现了以微观理论为基础的成本收益分析估算方法。

与经验比例法针对外汇储备是否充足不同，Heller（1966）首次提出的成本收益模型进一步考虑到外汇储备数量究竟多数规模是最优这一问题。除了贸易因素外，对于货币政策当局而言防范金融危机冲击是重要的政策目标，因而持有外汇储备主要是出于预防性的审慎需求，主要取决于应对外部经济不平衡而进行调节的成本、持有外汇储备本身的机会成本以及经济受到外部金融危机冲击的概率。同时，持有外汇储备所能够调节的国际收支不平衡相当于持有外汇储备的收益，因为如果不通过外汇储备调节，那么一国只能通过国内调节（价格和工资调整）实现国际收支平衡，而外汇储备则可以避免国内经济的调整，因而这相当于持有外汇储备的收益。这样，通过成本与收益的分析，就可以确定一国最优外汇储备数量。

虽然Heller（1966）提出的成本收益模型理论上非常完美，但在具体操作方面存在一定的困难。例如，Heller（1966）认为，一国为纠正对外不平衡所需进行的宏观调节成本（即外汇储备的收益）与一国进口数量成反比，而与外部不平衡赤字成正比，持有外汇储备的机会成本用外汇储备购买国外不同流动性金融资产的收益进行衡量，对于危机发生概率则采用随机游走的概率形式表达，从而得到有关外汇的边际收益和边际成本函数，这些函数设定非常主观，假设条件过强。将外汇储备调节国际收支失衡的功能作为持有外汇储备的收益，相当于排除了其他调节国际收支的手段（如汇率调节），国内利率等政策手段也会对国内物价稳定和国际收支产生重要影响。另外，对于机会成本的认识，除了外汇储备手段外，进口原材料也相当于资金资源的利用，而这对很多需要利用国外资源发展经济的落后国家而言更为重要。为此，在更全面考虑外汇储备的成本收益因素后，Agarwal（1971）将 Heller（1966）的分析进一步扩展至发展中国家，Classen（1975）则考虑了包括利率汇率等手段在内的估算最优外汇储备规模的成本收益模型。

Heller（1966）简单地用随机因素描述影响外汇储备需求的危机冲击，这在模型设定和技术处理上存在一定的困难。为此，Hamada 和 Ueda（1977）在 Miller 和 Orr（1966）存货理论模型的基础上，将国际收支变量、政策时滞和资本流动等因素重新进行刻画，改进了 Heller（1966）模型。在此基础上，Frenkel 和 Jovanovic（1981）认为，最优外汇储备取决于外部经济失衡的宏观调节成本与持有外汇储备的机会成本的平衡，因而将外汇储备主要作为缓冲用以吸收外部经济波动，他们将外汇储备数量与国际收支波动性联系起来，并用 Miller 和 Orr（1966）的存货理论描述国际收支的波动性。这类模型主要是利用存货理论刻画随机冲击因素，因而又被称作最优外汇储备的缓冲存货模型。由于 20 世纪 80 年代以来很多拉美国家纷纷受到债务和货币危机的困扰，因而外汇储备的审慎预防性需求因素成为模型改进的方向。例如，Ben-Bassat 和 Gottlieb（1992）进一步考虑了主权债务违约风险，Jung（1995）则进一步考虑到现金敏感性因素，在缓冲存款模型的框架下对模型进行扩展并估算最优外汇储备数量。与成本收益视角类似的是，很多经济学家采用效用最大化模型分析外汇储备数量问题。成本收益分析主要是关注外汇储备的成本和收益，在模型构建和求解时，往往出于技术上的考虑而假定持有外汇储备的成本和收益具有可比性，没有考虑外汇储备持有者的风险偏好，而且往往简单地认为成本收益函数与社会福利函数是等价的。为此，Clark（1970）、Kelly（1970）等进一步强调了包含外汇储备的社会整体效用函数最优化问题，并且认为外汇储备的积累与消耗对中央银行福利影响不同，因为外汇储备增加意味着波动的下降，但储备下降则意味着经济不稳定性上升。由于考虑的因素更为全面，很多有关外汇储备最优规模的研究都以社会福利函数或效用最大化的思想进行（如 Jeanne，2007；Jeanne 和 Ranciere，2011）。

不过，虽然强调的侧重点不同，但本质上效用函数与成本收益分析的思想是一致的（Badinger，2001）。而且，正如第一章所指出的，由于强调的因素不同，福利函数和边际成本的刻画各异，不同的模型得到的结论往往存在很大的差异。对于中央银行来说，外汇储备积累只是其政策手段的一个选项，是中央银行货币政策工具的一个有机组成部分，很多情形下（特别是在大规模金融危机冲击下），外汇储备更多的是既定利率汇率政策以及国际经济协调后经济运行的客观结果，不同时期中央银行考虑的目标很可能有所侧重，因而现实的外汇储备数量往往与成本收益或效用最大化估算的最优结果存在很大差距，而技术分析上的困难也损害了这类方法的可操作性和政策指导意义。

三、基于储备需求函数的回归分析方法

有关最优外汇储备规模的经验比例法和成本收益模型都强调了影响外汇储备需求的不同因素，其中最主要的仍然是支付和预防性需求，而影响这些需求的因素主要是与一国经济发展的基本宏观经济变量密切相关。因此，

Flanders（1969）、Frenkel（1974）、Iyoha（1976）等直接考虑影响外汇储备需求数量的因素，将外汇储备作为因变量，将影响外汇储备数量的经济规模、进口、外债等作为自变量，直接进行回归计量分析，并以此结果检验外汇储备数量是否充足。在 Engle 和 Granger（1987）的协整理论之后，很多学者从经济变量间是否存在长期均衡关系的角度，对外汇储备数量进行分析，或者利用 Sims（1980）的 VAR 框架，考察外汇储备数量与其他变量的关系。在进行计量经济分析时，还进一步引入了价格水平、金融深度、资本管制等因素，对于资源型国家还引入了哑变量，或者将外汇储备数量的因变量改为外汇储备与 GDP 比重等指标进行回归分析（如 Lane 和 Burke，2001；Aizenman 和 Marion，2004；Narayan 和 Smyth，2006）。

回归分析方法主要是从影响外汇储备的基本经济因素方面来考察最优储备规模，多元回归分析考虑得非常全面。随着新变量的引入和计量技术的完善（如动态分析、自相关和异方差问题的处理、跨国面板及考虑内生性问题的 GMM、面板数据模型），计量分析的准确性和政策含义得以极大提高。但是，与经验比例分析存在的问题类似，这类研究的理论基础非常薄弱，变量间的相关性并不意味着因果性，这也直接影响了回归结果的稳健性。更主要的是，回归分析实际上隐含着一个重要的假设，那就是现实的外汇储备规模至少在统计意义上是符合最优数量规模的，判断外汇储备是否充足或过剩，实际上只是对回归方程残差项的解读，这在计量和统计意义上没有问题，但在经济学含义上效果非常差。特别是，很多解释变量间的政策含义可能是矛盾的，这样政策操作和实际指导性也更差。

另外，还有些研究根据外汇储备需求的性质和实际对外往来数据，对外汇储备规模及币种构成进行分析。这方面的研究可追溯至 Machlup（1965）的所谓"衣柜理论"，外汇储备需求越多越好并存在着多样化的储备需求，因而收益最大化的投资组合方法（如均值—方差分析法，MV，Beck and Rahbari，2011；Beck 和 Weber，2011），成为分析外汇储备结构和规模的重要方法。不过，正如第二章提到的，由于中央银行目标刻画及现实数据可得性等原因，这类分析得到的结论也并不稳健可靠。

四、IMF 外汇储备充足度的风险加权计量法及对中国的初步测算

事实上，回归分析方法引入更多的解释变量并进行更精巧的计量技术，本质上与考虑多种因素的经验比例法是一致的。出于方便操作的考虑，很多经济学家（如 Wijuholds 和 Kapteyn，2001；Lipschitz、Messmacher 和 Mourmouras，2006）通过对发展中国家的经验分析，主张对进（出）口金额、短期外债、广义货币量等经验比例指标进行加权，进而得到一个更全面且可操作的衡量外汇储备适当规模的分析指标，这一思想直接影响了 IMF 的政策思路。在各国刚刚走出全球金融危机不久，鉴于全球经济失衡、资本流动和汇率变化频繁及大规模外汇储备积累的现状，为了确保国际货币体系更好地运转，IMF 针对国际资本流动、储备积累和国际储备充足度问题开展了一系列综合研究，并提出相应的政策建议。早在 2010 年 5 月，IMF 专门考察了储备积累与国际货币体系稳定之间的关系，就如何改革国际货币体系以更好地预防反复发生的金融危机等问题进行了深入讨论（IMF，2010）。虽然 IMF（2010）认为，良好的宏观经济和金融政策，特别是主要储备货币发行国和其他具有系统性影响国家的政策，对国际货币体系的长期稳定而言非常重要，但由于很多国家出于降低系统性风险的预防性需求，全球国际储备积累迅速恢复到全球金融危机之前的水平，因而仍有必要为新兴市场国家和低收入国

家提出用以衡量储备充足度的指标，以更好地分析预防性储备需求并为各国
提供有益的政策建议。尽管可能没有一个放之四海而皆准的评估方法，但仍
可以兼顾各国宏观经济和宏观审慎政策、国家资产负债等各方面特点，设计
一个新的适用性更强的指标。为此，IMF（2011）首次提出了用于分析储备
充足度的分析框架——基于传统的简单透明便于操作的经风险加权的国际储
备充足度计量方法（Risk Weighted Metric）。

IMF（2011）提出的新方法吸收了传统经验比例指标的优点，全面考虑
了更为广泛的影响预防性储备需求的因素，并延续了很多便于操作的传统经
验比例指标。具体而言，IMF（2011）主要区分了发达经济体和新兴发展中
经济体的不同情况，并将商品和劳务出口收入、短期外债、其他证券负债
（包括中长期债务和股权类债务）和国内流动性资产（以广义货币供应量 M2
近似替代）作为当外汇市场出现压力时，影响新兴和发展中经济体外汇储备
损失的主要潜在因素，并根据各因素所对应的外汇损失概率分布，得到不同
汇率安排下的风险加权负债存量（Risk-weighted Liability Stock），并以此作为
各国外汇储备充足度的最低标准。

对于固定汇率国家，最低外汇储备充足度标准：

储备最低充足度（风险加权负债存量）= 30%×STD + 15%×OPL + 10%×
M2 + 10%×X

对于浮动汇率国家，最低外汇储备充足度标准：

储备最低充足度（风险加权负债存量）= 30%×STD + 10%×OPL + 5%×M2 +
5%×X

其中，STD 为短期外债，OPL 为其他证券负债，M2 为广义货币供应量，
X 为商品和劳务出口额。

需要说明的是，传统上 Triffin（1960）主要是以进口额作为反映贸易收

支的变量，但 IMF（2011）认为进口额不足以反映外部需求下降的风险，因为进口对于可用外汇资金而言实际上是一国经济的内生变量，而且在危机期间一国进口额通常会下降，因而进口通常会改善而非恶化贸易收支，而出口由于国外需求下降或贸易条件恶化，将影响一国可用外汇资金并导致潜在的外汇缺口，因而应采用出口收入指标反映贸易收支变化。当然，IMF（2011）也指出，在实际测算上采用出口和进口指标关系并不大，因为两者通常具有稳定的相关关系。对于外汇市场压力的测算，主要是采用外汇市场压力指数衡量，即外汇储备亏损、汇率贬值和利率上升三个指标变化的加权平均，当外汇市场压力指数偏离历史均值的程度超过标准差的 1.5 倍时，即被定义为外汇市场出现重大压力。根据历史金融危机的经验数据，IMF（2011）分别通过对各国发生危机的概率、对消费水平的实际影响以及外汇储备损失程度等进行经验分析，发现实际外汇储备超过外汇储备充足标准国家这三个方面都有着良好的表现，因而 IMF（2011）建议新兴和发展中国家外汇储备充足度应处于最低标准的 100%（下限）~150%（上限）。

显然，IMF（2011）主要还是侧重于传统的外汇储备是否充足而非 2000 年以来数量迅速扩张下的最优或适度规模问题（Bird 和 Rajan，2003）。考虑机会成本因素的成本收益理论分析成为重要的方法，IMF（2011）在 Jeanne 和 Ranciere（2011）的成本—收益模型基础上，对各国的最优外汇储备水平进行了估算，其外汇储备的收益主要是指持有外汇储备而降低危机概率和产量损失所获得的好处，外汇储备的机会成本则为一国在国际资本市场上发行长期外债所支付的利息与外汇储备资产收益之差，而短期外债余额作为资本流入突然中断规模，并假定出现危机时资本突然中断概率为 10%，考虑产出损失为 6.5% 和 10% 两种情况。正如前面指出的，成本—收益模型对机会成本、收益及相关参数（如产出损失概率）非常敏感。不过，如图 3-1 所示，

大部分新兴和发展中经济体根据模型计算的最优外汇储备规模大多处于 IMF
（2011）所提出的外汇储备充足度区间（外汇储备最低充足标准的 100%~
150%），说明其提出的外汇储备充足度框架基本反映了各国的最优外汇储备
规模。

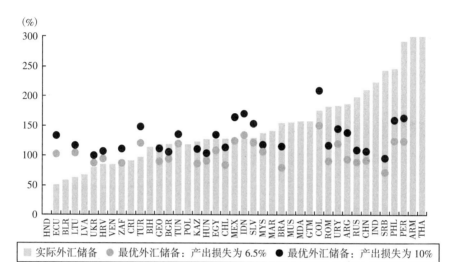

图 3-1   各国实际外汇储备占 IMF（2011）最低充足储备比重及最优外汇储备
资料来源：IMF（2011）。

　　不过，各国在全球金融危机之后迅速恢复了外汇储备积累，并且外汇储
备规模快速攀升，很多国家实际外汇储备规模不仅远高于模型所揭示的最优
水平，也高于 IMF（2011）的外汇储备充足度区间，因而需要进一步考虑各
国特定因素，改进各部分风险加权变量的权重。Mwase（2012）提出，对于
新兴和发展中国家，可以仅考虑出口、广义货币和短期外债三个因素，特别
是要对短期外债赋予更高的权重，对实行货币局制度安排的国家三个因素分
别为 20%、20% 和 80% 的权重，固定汇率经济体的权重分别为 35%、10% 和
95%，而浮动汇率经济体的权重则分别为 10%、30% 和 40%，以此得到的风
险加权计量外汇储备充足度在减少危机概率等方面的效果明显优于其他简单

的经验比例指标及 IMF（2011）的方法。为此，IMF（2013b）进一步对各因素的风险权重进行了改进，特别考虑了出口导向型国家、美元化国家及货币局制度等类型国家的实际情况，并建议增加 OPL（其他证券负债）的风险权重，固定汇率国家和浮动汇率国家 OPL 的权重分别由 15% 和 10% 提高到 20% 和 15%，修订后的风险加权计量方法在消费平滑等方面的表现优于 2011 年所提出的传统计量标准。

IMF（2014c）进一步进行了改进，不再按标准收入分类划分评估储备充足性，而是考虑不同经济发展类型国家并提出评估建议，同时修改了对市场成熟度较低的成员国和低收入国家的储备充足性衡量指标。IMF（2014c）建议根据经济金融体系的弹性和市场化程度对各国进行分类，主要分为成熟市场经济体（Mature Markets）、金融市场深化中经济体（Deepening Financial Markets）和存在信贷约束的经济体（Credit Constrained Economies），其中 IMF（2011，2013b）中的新兴和发展中经济体对应（根据经济体制和市场化程度，但不完全）金融市场深化中和存在信贷约束的经济体，并对不同经济类型外汇储备规模提出了具体的建议。例如，IMF（2014c）认为，持有一定的外汇储备对于成熟市场经济国家缓冲经济冲击仍然是必要的。IMF（2014c）对金融市场深化中经济体的主要建议是区分了资本账户管制类型，建议对实行严格资本账户管制的国家，广义货币的风险权重由原 10%（固定汇率制国家）和 5%（浮动汇率制国家）分别降至 5% 和 2.5%，并根据国家具体情况（如完全美元化和货币局制度的经济体）提出了具体的建议。对于存在信贷约束的最不发达经济体，IMF（2014c）提出了全新的外汇储备评估方法，主要重新考察这类国家持有外汇储备而防止资本流动中断的收益和外汇储备的机会成本的关系，并建议这类国家根据具体情况调整参数。

总体而言，IMF（2011，2013b，2014c）的外汇储备充足度评估框架，提供了一个较传统的经验比例指标更为全面综合化且更接近成本收益最优理论模型的衡量"最优""适度"或"充足"外汇储备规模的估算方法。虽然由于考虑的因素不同，相关研究方法仍在优化完善中，但由于其简便易行，而且较基于成本—收益理论模型校准方法所得到的最优外汇储备结果更为稳健[①]，可以作为估算一国合理外汇规模并进行评判的重要方法。根据 IMF（2014c）的最新方法，我们可以对中国的外汇储备适度区间进行初步的估算。根据 IMF（2014c）对国家类型的分类标准，中国属于金融市场深化中经济体，而且汇率弹性仍然较低，资本账户并未完全开放，因而短期外债余额、其他外债余额（以中长期外债作为替代指标）、广义货币（以 M2 作为替代指标）和出口金额的风险权重分别设为 30%、20%、5% 和 10%，由此得到外汇储备充足标准上下限。

按照 IMF 的风险加权计量法对中国外汇储备充足度的初步估算表明，20 世纪 90 年代中期之前，外汇储备最低下限缺口和上下限缺口均为正值，表明中国实际外汇储备数量不足，因而"出口创汇"很长时期内都是经济发展的重要目标。不过，自从 1996 年以来外汇储备上限缺口开始持续为负并且缺口绝对值越来越大，说明中国的外汇储备积累已超过了预防危机冲击所需的充足规模。特别是 2008 年全球金融危机之后，外汇储备上限缺口绝对值超过 1 万亿美元并且持续扩大，直至 2014 年才开始逐步收敛，说明中国的外汇储备规模是相对过剩水平，与经济发展和对外开放程度以及预防外部冲击需求并不匹配。尽管如表 3-1 所示，对 M2 的权重是按照外汇和资本账户管制的情

[①] IMF（2014）指出，根据 Jeanne 和 Ranciere（2011）的成本—收益模型的基准校准结果，最优外汇储备规模大多处于风险加权计量法计算的 75%~150%，或是在短期外债与贸易赤字之和的 80%~100%，但如果采用不同产出损失假定条件或资本和风险态度突然变化，最优外汇储备规模的变化将非常大，模型估计结果并不稳健。

表 3-1　IMF 风险加权计量法对中国外汇储备充足度的初步测算

单位：亿美元

年份	短期外债 30%	中长期外债 20%	M2 5%	出口 10%	下限	上限	实际外汇储备	外汇储备下限缺口	外汇储备上限缺口	以 10%M2 权重计算的外汇储备下限缺口	以 10%M2 权重计算的外汇储备上限缺口
1985	64.2	94.1	1619.6	273.5	146.4	219.6	26.4	120.0	193.2	200.9	314.6
1986	47.7	167.1	1801.8	309.4	168.8	253.1	20.7	148.0	232.4	238.1	367.6
1987	57.2	244.8	2233.5	394.4	217.2	325.9	29.2	188.0	296.6	299.7	464.1
1988	73.1	326.9	2707.7	475.2	270.2	405.3	33.7	236.5	371.6	371.9	574.7
1989	42.7	370.3	2526.3	525.4	265.7	398.6	55.5	210.2	343.1	336.5	532.6
1990	67.7	457.8	2918.6	620.9	319.9	479.8	110.9	208.9	368.9	354.9	587.8
1991	103.0	502.6	3550.4	719.1	380.9	571.3	217.1	163.7	354.2	341.3	620.5
1992	108.5	584.8	4425.5	849.4	455.7	683.6	194.4	261.3	489.1	482.5	821.0
1993	135.5	700.3	6024.1	917.4	573.6	860.5	212.0	361.6	648.5	662.9	1100.3
1994	104.2	823.9	5553.1	1210.1	594.7	892.0	516.2	78.5	375.8	356.1	792.3
1995	119.2	946.7	7301.7	1487.8	739.0	1108.4	736.0	3.0	372.5	368.1	920.1
1996	141.1	1021.7	9309.0	1510.5	863.2	1294.7	1050.5	−187.3	244.2	278.1	942.4
1997	181.4	1128.2	10945.9	1827.9	1010.1	1515.2	1398.9	−388.8	116.3	158.5	937.3
1998	173.4	1287.0	12620.6	1837.1	1124.2	1686.2	1449.6	−325.4	236.6	305.6	1183.2
1999	151.8	1366.5	14480.4	1949.3	1237.8	1856.7	1546.8	−309.0	309.9	415.1	1396.0
2000	130.8	1326.5	16709.7	2492.0	1389.2	2083.8	1655.7	−266.5	428.1	569.0	1681.3
2001	837.7	1195.3	19118.6	2661.0	1712.4	2568.6	2121.7	−409.3	446.9	546.7	1880.8

续表

年份	短期外债 30%	中长期外债 20%	M2 5%	出口 10%	下限	上限	实际外汇储备	外汇储备下限缺口	外汇储备上限缺口	以 10%M2 权重计算的外汇储备下限缺口	以 10%M2 权重计算的外汇储备上限缺口
2002	870.8	1155.5	22343.8	3256.0	1935.1	2902.7	2864.1	-928.9	38.6	188.3	1714.4
2003	1027.7	1165.9	26717.7	4382.3	2315.6	3473.4	4032.5	-1716.9	-559.1	-381.0	1444.7
2004	1387.1	1242.8	30580.6	5933.3	2787.1	4180.6	6099.3	-3312.3	-1918.7	-1783.2	374.8
2005	1716.4	1249.0	37020.5	7619.5	3377.7	5066.5	8188.3	-4810.6	-3121.8	-2959.6	-345.2
2006	1992.3	1393.6	44248.1	9689.8	4057.8	6086.7	10663.4	-6605.6	-4576.7	-4393.2	-1258.1
2007	2356.8	1535.4	55260.5	12204.6	4997.6	7496.4	15282.5	-10284.9	-7786.1	-7521.9	-3641.6
2008	2262.8	1638.8	69672.5	14306.9	5920.9	8881.4	19460.3	-13539.4	-10578.9	-10055.8	-5353.5
2009	2592.6	1693.9	89344.7	12016.1	6785.4	10178.1	23991.5	-17206.1	-13813.4	-12738.9	-7112.6
2010	3757.0	1732.4	110144.4	15777.5	8558.5	12837.8	28473.4	-19914.8	-15635.6	-14407.6	-7374.7
2011	5009.0	1941.0	135388.1	18983.8	10558.7	15838.0	31811.5	-21252.8	-15973.5	-14483.4	-5819.4
2012	5409.3	1960.6	156364.2	20487.1	11881.8	17822.7	33115.9	-21234.1	-15293.2	-13415.9	-3565.8
2013	6766.3	1865.4	182896.7	22090.0	13756.8	20635.2	38213.2	-24456.4	-17578.0	-15311.5	-3860.7
2014	6211.0	2744.0	198125.0	23422.9	14660.6	21991.0	38430.2	-23769.5	-16439.2	-13863.3	-1579.8
2015	9206.0	4956.0	214526.7	22734.7	16752.8	25129.2	33303.6	-16550.8	-8174.4	-5824.5	7915.1
2016	8709.0	5498.0	223031.2	20974.4	16961.3	25442.0	30105.2	-13143.9	-4663.2	-1992.3	12064.1

资料来源：CEIC，其中 M2 根据期末汇率计算而得。

形计算的，随着我国资本可自由兑换和外汇管制的逐渐放松，相应的风险权重和最低外汇储备充足度也会相应提高，但即使是在资本完全自由流动的情况下以 10%的 M2 权重计算，外汇储备下限缺口 2003 年以来也始终为负，外汇储备已经下降的 2015 年和 2016 年仍是如此。

应当看到，IMF（2011，2013b，2014c）的风险加权计量方法估算的外汇储备规模主要是侧重于预防性动机，为减少一国面临贸易和资本流动冲击风险所需要持有的外汇储备与考虑到机会成本因素的成本收益方法下的最优外汇储备规模存在一定的差异，但两者在最终估算结果上比较接近。不过，正如 IMF 的估算方法本身也在不断完善的过程中，采用经验比例指标方法并不能完全考虑到影响一国外汇需求的全部因素。对中国来说，规模巨大的 FDI 对外汇储备规模有着重要影响，因为 FDI 的部分本金和利润可能有汇出的需要。同时，中国的对外直接投资规模不断扩大，对外经济联系日益密切，作为目前全球第二大经济体在国际经济中的地位和作用日益重要。国内的养老金体制、国有企业、中央地方财税体制等各领域的改革，可能都会对金融稳定和外汇储备有着更高的要求，这些因素都是 IMF 方法无法体现的。当然，以标准的 IMF 外汇充足度方法对中国外汇储备充足度的估算表明，中国的实际外汇储备远超过充足度上限缺口，这表明中国的实际外汇储备数量也大于理论上的最优外汇储备规模，仍然具有一定的政策参考意义，并对今后中国的外汇储备和货币调控框架的改革都提出了新的要求。

第四章

对中国最优外汇储备规模的理论测算

——基于效用最大化模型和具有中国特征 DSGE 模型的估计

　　根据上一章对最优外汇储备估算方法文献的讨论，虽然经验比例法比较
简单直观且易于操作，但由于缺乏必要的理论基础，忽视了不同国家不同发
展阶段特征和差异化政策的具体影响，因而即使是考虑更为全面的、综合性
的经验比例方法得到的结果也并不稳健。IMF（2011，2013b，2014c）基于
经验比例法的测算更多的仍是以经验分析为基础，主要还是为成员国提供具
体的政策指导建议，但由于理论基础仍相对薄弱，因而IMF（2014b）在其年
报中也指出，在评估储备充足性时，具体的判断非常重要，不应机械地运用
任何衡量指标。类似地，回归分析方法虽然综合、全面地考虑了影响外汇储
备的各类宏观因素，但是解释变量的选择主观性强，经济学含义差且不具备
坚实的微观基础，并且隐含着实际外汇储备规模在统计意义与最优数量相符
假设，其理论基础并不可靠，不同变量和回归模型得到的结论并不稳健，这
直接削弱了其对政策的指导意义。

　　与经验比例法和回归方法缺乏必要坚实的理论基础不同，成本—收益法
从基本的微观经济学理论出发，具有完整的理论体系和坚实的理论基础。虽
然对函数成本收益具体形式的刻画和变量选取主观性较强，不同模型方法得
到的估计结论往往存在很大的差异，而且大部分成本—收益模型并没有考虑
外汇储备作为中央银行货币政策工具的属性，很大程度上要受到宏观经济金
融的影响并需要与其他政策工具协调配合，因而现实的外汇储备数量往往与

成本—收益或效用最大化估算的最优结果存在很大差距。不过，由于研究方法理论上的完美性，成本—收益法仍被很多经济学家所认可。特别是，IMF经济学家 Jeanne 和 Ranciere（2006）于 2006 年首次为强调资本流动影响和外汇储备的审慎预防性功能而提出基于效用最大化的最优国际储备分析模型（简称 JR 模型），较早期成本收益模型更符合 20 世纪 80 年代以来新兴和发展中经济体不断遭受金融危机冲击的现状，因而得到了广泛的认可，IMF（2011，2013b，2014c）的外汇储备充足度分析就是 JR 模型作为参照比较，并被广泛应用于针对新兴和发展中经济体外汇储备最优规模的研究（如 Chami 和 McGettigan，2007；Fernndo，2007；Ceh 和 Krznar，2008；Floerkemeier 和 Sumlinski，2008；Drummond 和 Dhasmana，2008；Dehesa、Pineda 和 Samuel，2009；Bernard，2011；Contreras、Jara、Olaberria 和 Saravia，2012；等等）。JR 模型强调外汇储备应对外部冲击和金融市场波动的作用，当资本由于外部金融冲击压力突然出现外流，会造成紧缩性货币贬值和国内产出下降甚至衰退，持有足够多的外汇储备可以通过对国内居民的转移性支出缓解国内产出水平下降对消费者造成的消费波动程度，从而达到降低经济危机冲击的目的，这对仍属于新兴转轨发展中阶段的中国而言，具有非常重要的借鉴意义，因而国内也有学者采用 JR 模型对中国的最优外汇储备规模进行估计（饶晓辉，2012；李嘉，2013）。正是由于成本—收益方法在理论方法上的完美性，本章将在 JR 效用最大化模型基础上，对中国最优外汇储备规模进行理论估计。

不过，正如已经指出的，JR 模型的思想仍源于成本收益模型，这类研究方法的问题同样存在于 JR 模型。而且，JR 模型主要强调外汇储备应对外部冲击和金融市场波动的审慎预防性功能，忽略了外汇储备的对外支付交易功能，而很多经验研究表明，我国外汇储备的交易性功能占有重要的比重，因此 JR 模型只是针对预防性功能的最优外汇储备规模估计，并不全面。同时，JR 模型中的社会福利函数最大化过程中忽略了消费者、厂商、政府等部门之间的效用最大化选择，因此模型没有完整刻画整个经济体的结构，模型估计结果严重依赖于参数的校准，采用不同的校准方法进行参数估计对结果的稳健性有着直接的影响。

近年来，动态随机一般均衡（Dynamic Stochastic General Equilibrium，DSGE）模型逐渐成为一种被广泛使用的主流宏观经济分析方法，它依据一般均衡理论，用动态优化方法对家庭、厂商、政府等经济主体的行为决策进行描述，完整地刻画了经济长期均衡过程和短期动态过程。DSGE 模型具有坚实的微观基础，并可以为政策提供可靠的指导（刘斌，2008，2014）。Christiano、Eichenbaum 和 Evans（2005），Smets 和 Wouters（2007）根据欧洲国家的情况，在新凯恩斯框架下提出了具有价格和工资黏性的开放条件的动态随机一般均衡模型；Clarida、Gali 和 Gertler（2002）则研究了开放条件下的最优货币政策规则问题。Chang、Liu 和 Spiegel（2013，2015）在上述研究的基础上，提出符合中国经济结构的 DSGE 模型，在标准新凯恩斯模型基础上，考虑到资本市场管制、汇率管制和中央银行对冲操作等中国经济特征并构建模型，从而对不同金融改革（资本账户开放、汇率形成机制改革）的具体影响，以及对中国的最优货币政策进行了深入的理论分析和讨论。本章将以 Chang、Liu 和 Spiegel（2013，2015）的研究为基础，利用 DSGE 方法，对不同政策条件下的中国的最优外汇储备规模进行估算，以期为评估中国外汇储备及政策选择提供可靠的参考。

一、基于效用最大化 JR 模型的中国最优外汇储备估计

（一）模型的主要思路

20 世纪 80 年代和 90 年代，在经历大规模金融危机冲击之后，很多新兴和发展中经济体，特别是亚洲新兴经济体出于审慎预防性目的，迅速积累了大量外汇储备（Aizenman，2008；周小川，2009a），以更有效地缓冲国际收支（主要是资本和金融账户）冲击对一国经济的不利影响。外汇储备主要是为了预防资本流动骤停风险，即资本和金融账户流动数量和方向突然发生变化，进而导致国内产出受到严重的负面冲击。如果一国拥有足够的外汇储备来应对资本外流和外债偿付，就会有效减轻资本突然大规模流出对国内经济的不利冲击。正是针对 2000 年以来主要新兴经济体迅速积累外汇储备这一典型性事实，Jeanne 和 Ranciere（2006，2011）在成本收益模型的基础上，提出了考虑资本骤停因素的效用最大化的最优外汇储备估计模型。Jeanne 和 Ranciere（2006，2011）指出，从理论规范的角度来看，Frenkel 和 Jovanovic（1981）等传统缓冲存货成本收益模型主要是考虑贸易失衡对国际收支的影响，并没有考虑资本流动的情形，而且很多决定最优外汇储备规模的外生变量（如储备消耗的固定成本）缺乏必要的微观理论基础，因而难以进行准确的量化分析，只能取决于主观的假设，估计结果并不稳健。与很多借鉴 Diamaond 和 Dybvig（1983）银行挤兑模型构建的考虑资本骤停的最优外汇储备模型相比（如 Aizenman and Lee，2007），Jeanne 和 Ranciere（2006，2011）的模型更接近于现实情形且更容易根据具体的参数进行估计，政策含义和现

实指导意义更强，因而 JR 模型得到了广泛的应用。

通常来说，除了用于正常的对外贸易和投资往来外，一国持有外汇储备主要是为了应对国际资本突然外流对本国经济造成的负面冲击，外汇储备规模越大，外部冲击缓冲能力越强，在发生外部危机冲击时经济和消费所受到的影响也就越小。因而，外汇储备变化可以用来平滑贸易和资本账户突然变化所带来的国内经济波动。

支出法国内生产总值可以表示为：

$$Y_t = C_t + I_t + G_t + (X_t - M_t) = A_t + CA_t$$

其中，Y_t、C_t、I_t、G_t、$X_t - M_t$ 分别为 t 时期的产出、消费、投资、政府支出和净出口，$A_t = C_t + I_t + G_t$ 又称为国内吸收（Domestic Absorption），$CA_t = X_t - M_t$，即通常所说的经常账户差额。

根据国际收支平衡表可得，$\Delta R_t = CA_t + FA_t$，其中 ΔR_t 为储备账户差额，FA_t 为资本和金融账户差额。由支出法国内生产总值和国际收支平衡表可以得到：

$$A_t = Y_t + FA_t - \Delta R_t$$

由此式可以看到，在发生资本骤停时，即 FA_t 突然下降（资本大规模迅速外逃），国内吸收将受到明显的负面冲击，而且如果危机冲击导致紧缩性产出下降，国内吸收也将随之下降。不过，如果一国可以运用外汇储备来平滑外部负面冲击，那将有效减缓资本骤停对国内吸收和经济的负面冲击。因而，外汇储备可以作为一国对外冲击的有效缓冲，平滑资本突然外流对经济和国内吸收的不利影响。

（二）效用最大化的最优外汇储备模型推导

具体而言，JR 模型假设经济体由家庭和政府两个部门组成，模型的具体

形式如下:

1. 家庭部门

考虑一个无限期界情形的家庭部门,其目标是终生消费者福利的最大化,

家庭的效用函数形式为:$U_t = \sum_{s=0}^{\infty} (1+r)^{-s} u(C_t + s)$,其中 $u(C) = \dfrac{C^{1-\sigma} - 1}{1-\sigma}$,

家庭的预算约束为:$C_t = Y_t + L_t - (1+r)L_{t-1} + Z_t$,其中,$C_t$、$Y_t$、$Z_t$、$L_t$、$r$ 分别表示消费、产出、转移支付、国外短期债务和利率。假设国内产出增长率为 g。

为简化问题,假设只发生一次资本骤停,设发生危机的概率为 π。分别用上标 b、d、a 表示资本骤停前、资本骤停中、资本骤停后的情况。

资本骤停后,产出恢复到资本骤停前水平,则有 $Y_t^a = Y_t^b = (1+g)^t Y_0$。

假设债务占产出的比例为 λ,则有 $L_t^b = \lambda(1+g)^t Y_0$。

发生资本骤停时,国内产出将下降 γ,则有 $Y_t^d = (1-\gamma)(1+g)^t Y_0$。消费者不再持有债务,则有 $L_t^d = L_t^a = 0$。

2. 政府部门

不同于私人部门,政府可以发行长期债券,在资本发生骤停时无须立刻偿还。假设风险溢价为 δ,资本骤停前,政府长期债券的价值经计算为 $P = 1/(r + \delta + \pi)$。发生资本骤停时,其价格下降为 0。政府发行债券数量为 N_t,外汇储备为 $R_t = PN_t$,政府的预算约束为 $Z_t + R_t + N_{t-1} = P(N_t - N_{t-1}) + (1+r)R_{t-1}$。由此得到资本骤停前政府的转移为 $Z_t^b = -(1/P - r)R_{t-1} = -(\delta + \pi)R_{t-1}$。

资本骤停发生后,政府利用外汇储备偿还外债,则有 $Z_t^d = Z_t^b + R_{t-1} = (1 - \delta - \pi)R_{t-1}$,资本骤停后,储备、外债和支付都为 0。

3. 最优外汇储备

根据以上模型,可以得到资本骤停前,消费水平为 $C_t^b = Y_t^b + L_t^b - (1+r)$

$L_{t-1}^b - (\delta + \pi)R_{t-1}$，骤停时为 $C_t^a = Y_t^a$，骤停后为 $C_t^d = (1-\gamma)Y_t^b - (1+r)L_{t-1}^b + (1-\delta-\pi)R_{t-1}$。

通过模型思路的分析可知，外汇储备的作用就是要将资本未发生骤停时的购买力，转移到资本出现骤停的危机时期，从而平滑危机前后居民的消费水平，有效缓解外部冲击的不利影响。政府积累和运用外汇储备的目标，就是使资本骤停发生前每一期的消费者福利最大化，而由政府部门函数刻画可得政府的外汇储备目标函数为：

$$R_t = \mathrm{argmax}(1-\pi)u(C_{t+1}^b) + \pi u(C_{t+1}^d)$$

求解目标函数，根据一阶最优化条件可得：

$$\pi(1-\delta-\phi)u'(C_{t+1}^d) = (1-\pi)(\pi+\delta)u'(C_{t+1}^b)$$

可见，危机发生的概率乘以外汇储备的边际效用，等于危机未发生的概率乘以外汇储备的边际成本，这也就是一国持有外汇储备的整体经济（消费）效用最大化条件。由上式还可以得到：

$$p_t = u'(C_t^d)/u'(C_t^b) = 1 + \frac{\delta}{\pi(1-\delta-\pi)}$$

p_t 为危机发生与危机未发生时的边际效用替代率，当风险溢价 $\delta > 0$ 时，$p_t > 1$。也就是说，危机发生的边际效用大于危机发生前的边际效用，因而危机发生时的消费数量小于危机未发生时的消费数量。

假设最优外汇储备占国内生产总值的比例 $\rho = R_t/Y_{t+1}^b$，可以得到：

$$\rho = \lambda + \gamma - \frac{p^{1/\sigma}-1}{1+(p^{1/\sigma}-1)(1-\delta-\pi)}\left[1 - \frac{r-g}{1+g}\lambda - (\delta+\pi)(\lambda+\gamma)\right]$$

其中，国内生产总值增长率为 g，风险规避系数为 σ，风险溢价为 δ，短期利率为 r，危机发生时产出损失比例为 γ，短期外债占国内生产总值比例为 λ，危机发生概率为 π。由上式可知，在其他条件不变时，债务占产出的比例 λ、产出损失比例 γ、风险规避系数 σ、危机发生的概率 π 越大，最优外汇储备占 GDP 的比重也就越大；而危机发生与危机未发生的边际效用替代率 p、风险溢价 δ、经济增速 g 越大，则最优外汇储备占 GDP 的比重越小。

作为最优外汇储备规模公式的一个简化式，如果风险溢价与危机发生概率相抵、利率与产出增速相同（δ + π = 0，r − g = 0，即稳态均衡增长路径），则最优外汇储备占 GDP 的比重可以简化为：

$$\rho \approx \lambda + \gamma - (1 - p^{-1/\sigma})$$

可见，最优外汇储备规模占 GDP 的比重与短期外债占 GDP 的比重 λ、产出损失比例 γ 同步上升。如果危机与未发生危机的边际效用替代率 p = 1，而且风险溢价 δ = 0，可得 ρ = λ + γ，最优外汇储备规模占 GDP 比重与 p 正相关，风险规避系数 σ 越大，最优外汇储备规模也越大。可以发现，如果 p = 1 且 γ = 0，则 ρ = λ，而这恰是 Guidotti–Greenspan 规则所揭示的经验比例指标情形。

（三）基于 JR 模型的中国最优外汇储备估算

由 JR 模型可知，最优外汇储备主要是根据具体的参数估算而得。在对参数进行校准时，参考 Jeanne（2006）和李嘉（2013）的设定，同时根据实际数据进行估计。短期外债余额占 GDP 的比例根据 1993~2014 年短期外债余额和 GDP 的数据算出平均比重 λ = 0.037，利率选择 1993~2014 年一年期存款利率的平均值 r = 0.043，风险溢价 δ = 0.015，资本骤停发生的概率 π = 0.2，资本骤停发生时产出损失的比例 γ = 0.227，风险厌恶系数 σ = 2。对于实际国内生产总值增长率 g 的设定，先对实际国内生产总值的自然对数进行 HP 滤波得到对数产出的趋势，之后对时间变量回归，得到的斜率项即为实际国内生产总值的平均增长率 g = 0.094。由以上参数计算可得，中国最优外汇储备规模占 GDP 的比重 ρ = 0.225，由此可以得到中国最优外汇储备规模数量。

如图 4-1 所示，改革开放后很长一段时期内，中国外汇储备明显低于 JR

模型所估算的最优外汇储备规模，因而外汇积累成为政策当局的一个长期政策目标，这在东亚金融危机后表现得更为明显。与在第三章利用 IMF 的经风险加权的国际储备充足度计量方法中，以资本账户开放情形下设 M2 权重为 10% 的情形类似，中国外汇储备实际规模从 2003 年开始超过 JR 模型所揭示的最优数量规模，并且最优外汇储备规模与实际外汇储备的差额缺口持续扩大，直至近两年随着外汇储备开始进入收敛期，最优外汇储备规模缺口才开始收敛。2014 年以来，中国的最优外汇储备缺口逐渐收敛，但直至 2016 年最优外汇缺口数量仍高达近 5000 亿美元，占当年 GDP 的比重仍高达 4.3%，中国的实际外汇储备规模已远超过理论模型所揭示的最优规模。

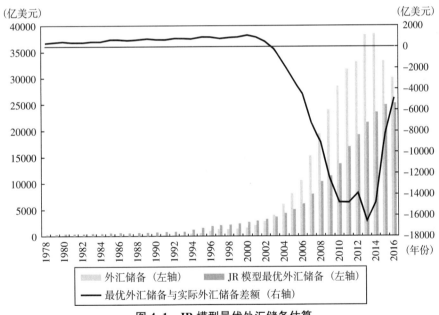

图 4-1　JR 模型最优外汇储备估算

资料来源：Wind、CEIC。名义美元 GDP 数据来自世界银行 WDI 数据库，2016 年名义美元 GDP 数据来自 IMF 的 WEO 数据库。

当然，必须指出，虽然 JR 模型考虑到一国消费平滑问题，根据微观效用函数分析得到最优外汇储备规模的理论估计式，在理论上具有非常坚实的微观基础和逻辑严密性，但是从模型理论式可以看到，最优外汇储备规模占GDP比重的估计严重依赖于具体参数的设定。图4-1的估计结果仅是根据Jeanne和Ranciere（2006，2011）的研究、国内相关研究及中国实际数据通过参数校准而得，不同的参数对估计结果有着直接的影响。特别是，前面的理论分析表明，最优外汇储备占GDP的比重与λ、γ、σ、π正相关，与p、δ、g负相关，因而模型估计结果对具体参数非常敏感，致使JR模型的估计并不稳健，而且JR模型中各个参数都并非时变参数，这直接损害了JR模型的应用价值和政策指导意义[①]。

二、具有中国特征DSGE模型的最优外汇储备估计

传统的最优外汇储备规模的经验比例法主要侧重于正常对外经济往来的支付需求，而用于支付的外汇储备思想实际上与古典两分法和货币数量论密切相关（Grubel，1971）。源于新古典剑桥学派的货币数量论现金余额说认为（Pigou，1917），人们通常以货币和非货币形式持有财产和收入，而持有货币的数额实际上是持有货币的收益、进行投资的收益以及消费收益的权衡，这取决于人们愿意用通货形式保持的实物价值与货币数量的比例。因而，为了满足必要的贸易往来和维持国际收支平衡，一国也应持有一定数量的外汇储备，并可以通过国际贸易和国际金融市场融资规模推算所需要的国际储备规模。不过，正如前文所指出的，承认储备货币的资产属性也意味着为了满足

[①] 当然，也有学者根据不同时期情况对JR模型中的参数进行时变估计或敏感性分析（如Dehesa、Pineda and Samuel，2009；Bernard，2011；饶晓辉，2012），在一定程度上增强了估计结果的合理性，但仍无法解决基于静态分析下具体参数对模型估计稳健性的影响。

其支付需求必须具有稳定的价值储藏功能，这在危机时期更为重要。正是出于确保危机时刻支付需要的稳定，经验比例分析才由贸易扩展至考虑资本流动、广义货币和经济总量等更广泛的因素。成本收益分析或效用最大化方法主要基于微观分析，具有理论上的优势，短期外债比例等经典的经验比例指标相当于JR模型的一个特例。虽然考虑到了微观效用函数并通过优化分析得到了理论上的最优条件，但除了参数对理论模型稳健性的影响外，从模型研究的思路和理论模型来看，JR模型仍属于关注于宏观总量关系的局部分析比较静态方法，并未考虑一般均衡和汇率制度等结构性因素，对于不同汇率制度条件而言并不是理想的研究方法。而且，JR模型忽视了对微观主体预期和变量动态过程的分析，这导致其很容易面临卢卡斯批判（Lucas Critique, Lucas，1976）和政策动态不一致性问题（Time Inconsistency, Kydland 和 Prescott，1977）。

20世纪90年代以来，动态随机一般均衡模型（DSGE）逐渐成为现代宏观经济分析最为重要的方法。DSGE是以微观经济理论为基础分析宏观问题，严格依据一般均衡理论，利用动态优化方法对各经济主体在不确定环境下的行为决策进行详细的描述，并在既定资源约束和技术信息约束下得到最优决策行为，有机地整合了微观分析和宏观分析，在理论上更加严谨并可以避免传统计量模型参数因结构性变化（如汇率形成机制改革）所导致的卢卡斯批判问题，从而为决策提供可靠的参考依据，因此日益受到全球主要中央银行的青睐并被广泛应用于定量分析的基准模型（刘斌，2008，2014）。为了分析货币冲击的短期波动效应，经济学家主要采用了不完全竞争及价格黏性等有别于新古典的建模方法，这也是新凯恩斯主义（New Keynesian, NK）模型的基本特征，基于NK框架的DSGE模型成为宏观经济分析的主流（Gali，2008）。但是，在分析开放条件的宏观经济问题时，由于主要发达国家均已实现资本完全自由流动和汇率具有完全弹性（如 Christiano、Eichenbaum 和 Evans，2005；Smets 和 Wouters，2007），因而国外有关研究主要以发达国家情况为背景，很少讨论外汇储备及其冲销问题。因此，本书借鉴 Chang、Liu 和 Spiegel（2013，2015）考虑中国仍存在资本账户管制和汇率目标等情形的新凯恩斯主义 DSGE 模型，对中国的最优外汇储备规模进行估算。同时，由于国外中央银行主要通过利率政策开展货币调控，因而 DSGE 研究主要通过类似于泰勒规则（Taylor's Rule，Taylor，1993）的方式描述中央银行政策行为。在我国的货币政策调控框架下，货币调控主要以数量手段为主并逐步发挥价格手段的作用，随着利率市场化改革，货币政策最终将实现向利率调控转型，但数量调控仍是当前我国中央银行主要的调控方式。因此，根据中国货币政策的实际情况，本书采用货币主义的观点描述中央银行行为，这也是一个创新之处。

（一）外汇需求、冲销干预与外汇储备积累：对中国经济典型特征的讨论

在 1994 年汇率并轨改革之后，随着 1996 年经常账户实现可兑换和中国日益融入全球经济体系，特别是 2001 年中国加入 WTO 之后，出口成为拉动中国经济增长的重要力量，外汇储备在 20 世纪 90 年代中期开始进入加速增长轨道，长期困扰我国外汇数量不足的问题在 2000 年前后得到了根本缓解。正是以强大的外汇储备为支撑，中国才采取了负责任的汇率政策，成功抵御了东亚金融危机的冲击。在 20 世纪 90 年代末，有关中国外汇储备是否能够满足正常对外交易支付需求及外汇储备适度规模的讨论日益增多（如吴丽华，1997；武剑，1998；许承明，2002；刘莉亚、任若恩，2004）。在国际收支长期持续双顺差作用下，我国外汇储备数量实际上已远远超过正常情况下用于

国际贸易和投资等对外经济往来的需求。随着中国全面融入全球经济体系，由于劳动力比较优势和在国际产业分工中的地位，当时占中国贸易总量一半以上的加工贸易仍是以出口为最终目的[1]，大规模持续贸易顺差和国际市场需求是决定中国外汇市场对外支付和交易性需求的主要原因。因而，贸易顺差和出口实际上也体现了中国对外汇的支付和交易性需求。这与IMF（2011）采用能够反映贸易条件和外部需求变化并影响一国可用外汇资金及潜在外汇缺口的出口指标（而非对于可用外汇资金相当于国内经济内生变量的出口指标），作为衡量最优外汇经验指标变量的思路是一致的。

虽然中国的外汇储备已远超正常情况下对外支付交易需求数量，但1997年爆发的东亚金融危机使预防和审慎性外汇储备需求的重要性进一步提高，包括中国在内的很多东亚国家外汇储备规模迅速上升（Mohanty和Turner，2006；Aizenman，2008；周小川，2009a）。2005年人民币汇率形成机制改革以来，在汇率升值预期和套利机制作用下，除了正常贸易导致的外汇流入外，大量国际资本以外商直接投资（FDI）及各种贸易和非贸易方式涌入中国[2]。特别是，全球金融危机以来，由于主要发达国家实行量化宽松和超低"零利率"政策，资本账户流动对国际收支的影响逐渐超过经常账户。贸易和资本账户双顺差进一步持续扩大，中国外汇储备呈现加速增长态势，这对中国货币政策的自主性带来了严峻的挑战。为此，中国货币当局不得不通过正回购、发行中央银行票据等方式对冲过剩流动性。虽然在最初阶段通过发行中央银行票据可以有效对冲流动性，但由于央票到期后仍将投放流动性，又不得不发行更多的票据进行对冲。随着票据发行规模的不断累积，中央银行票据净对冲能力大大缩小。例如，在2003年中央银行票据发行之初，发行不到

---

① 第五章将对此进行更详细的分析。
② 第五章将进一步详细分析我国资本流入情况，并对国际游资数量进行了简要估算。

8000 亿元的票据就可以净对冲近 4000 亿元的流动性。2009 年以来，尽管年度央票发行总量高达 4 万亿元左右，但由于票据到期规模巨大，反而向市场净投放资金，这背离了发行中央银行票据的初衷（项卫星、李宏瑾，2012）。正是由于公开市场操作等手段效率日益下降，中央银行不得不转向准备金等数量政策手段，并在特定时期对金融机构的信贷规模进行干预（2007 年第四季度和 2010 年）。而且，随着国际资本流动方向的逆转和基础货币投放渠道的变化，2012 年我国开始逐步停发中央银行票据，并于 2013 年下半年完全停止了中央银行票据发行。在市场流动性逆转的条件下，中央银行票据规模逐步缩小并于 2016 年 10 月完全到期（余额为零），通过逆回购或其他政策手段投放流动性成为公开市场操作的主要方向。

外汇储备的大规模加速积累，主要还是出于对外部危机冲击的担忧。我国对汇率形成机制改革和资本账户开放采取了比较谨慎的态度，再加上 2008 年爆发的全球金融危机又使相关改革步伐受到一定影响。中央银行通过对冲进行干预，实际上也是在货币政策自主性与保持必要的审慎预防性外汇储备需求目标之间进行的权衡。正如前文所指出的，外汇储备实际上是一国持有的对外经济往来的外国货币，因而货币功能同样适用于外汇。除了贸易等国际市场条件决定的支付交易性外汇需求外，外汇储备价值的稳定性对具有价值储藏功能，进而起到预防危机作用的审慎性外汇储备需求，具有重要的意义。如果不考虑外汇储备币种构成和储备货币发行国政策对外汇储备价值稳定性的影响，冲销干预也是考察外汇储备价值储藏和规模是否符合最优数量要求的重要视角。

货币数量论的现金余额方程表明，货币需求除受名义收入的影响之外，还受到其他资产收益和收益预期的影响，人们可以在不同的价值储藏资产中进行选择，如果其他资产收益变化，那么用于价值储藏的货币量也将发生变化，由此 Keynes（1930）明确提出了货币内生理论。对货币储藏功能及货币需求的强调，使现金余额说有关持有货币和全部财富的比例关系很自然地作为指向 Keynes（1936）的流动性偏好理论的坐标（Shumpeter，1954）。因而，Keynes（1936）的流动性偏好和货币需求理论仍可以为理解外汇储备收益和需求提供有益的借鉴。正如前文所指出的，从收益上来讲，投机盈利性动机并非外汇需求的最主要因素，流动性和安全性是各国外汇储备管理最主要的目标。货币是流动性最好的资产，利率可以作为衡量人们获得流动性需求所愿支付的代价。如果将外汇储备作为一国持有的流动性最好的用于对外支付的储备资产，那么外汇储备收益相当于衡量一国为获得国际流动性需求所愿支付的代价。冲销干预本身的成本，相当于为获得国际流动性和自主货币政策而同时支付的代价，这相较于仅为获得国际流动性需求而进行的外汇储备积累的成本进一步上升，也意味着在存在冲销干预（及其成本）的条件下，外汇储备规模已超过了仅出于审慎预防性的最优需求数量，并包含了为获得自主货币政策所积累的额外储备数量。而且，从成本—收益的角度而言，即使冲销干预能够完全对冲新增外汇储备和市场流动性，机会成本也是衡量中央银行外汇市场干预和最优外汇储备规模的重要视角。如图 4-2 所示，在央票发行之初，由于当时美国实行较低的利率政策，央票发行成本高于同期美国国债。直至 2005 年美国开始进入加息周期，这一局面才得到改观。但是，随着全球金融危机后美国实行量化宽松和超低"零利率"政策，央票发行成本远远高于外汇储备收益，这相当于降低了外汇储备价值的稳定性，也说明我国外汇储备已远超过了出于审慎预防性需求的最优数量规模。

（二）基于中国经济特征的开放条件 DSGE 模型

在资本账户管制条件下，中央银行通过外汇市场冲销干预实现货币政策

自主性和汇率稳定目标，这是中国经济的典型性特征。Christiano、Eichen-
baum 和 Evans（2005），Smets 和 Wouters（2007）等传统的开放条件 DSGE 模

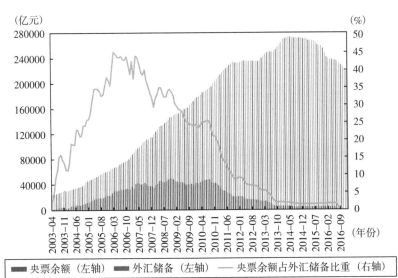

央票余额和外汇储备情况

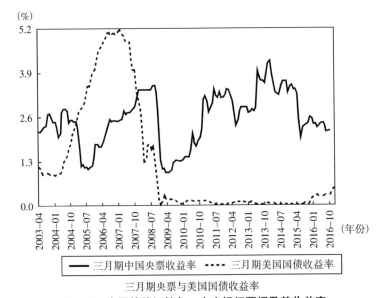

三月期央票与美国国债收益率

图 4-2　中国的外汇储备、中央银行票据及其收益率

资料来源：Wind、CEIC，央票收益率来自中央国债登记结算有限责任公司。

型及 Clarida、Gali 和 Gertler（2002）在开放条件下的最优货币政策分析，主要是针对欧洲等发达经济体的情况，并没有考虑资本管制固定汇率条件下的冲销干预等情形。在资本自由流动条件下，存在着汇率的无抵补利率平价条件（Uncovered Interest Parity，UIP），即国内资产与外国资产预期收益率之差等于国内外资产的风险溢价，但这并不适用于资本管制和钉住名义汇率目标的中国。本书借鉴 Chang、Liu 和 Spiegel（2013，2015）对中国这一典型经济特征的刻画和 DSGE 模型基本形式，对中国的最优外汇储备进行估算。

　　考虑一个开放条件的经济模型，模型中主要包括家庭、厂商、国外部门、中央银行四个经济主体。家庭在商品市场购买消费品，在劳动力市场提供劳动力，并保持家庭预算平衡。厂商主要由最终厂商和中间厂商组成：最终厂商处于完全竞争状态，向国内居民提供最终消费品并向国外进行出口来获得外汇，但由于资本账户管制不能持有外汇资产，只能按既定汇率转为本国货币资产；中间厂商主要是利用国内产品和进口原材料的中间投入品生产零售产品，并处于垄断竞争状态。中央银行对资本账户进行管制，在一定汇率目标下干预外汇市场并积累外汇储备；中央银行以物价稳定，产出增长和外汇储备平稳为最终目标。模型的基本形式如图 4-3 所示。

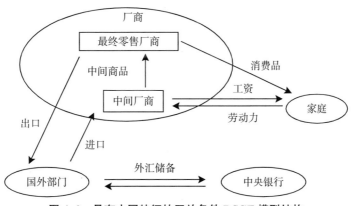

图 4-3　具有中国特征的开放条件 DSGE 模型结构

1. 家庭部门

经济体中存在连续时间的家庭消费者。家庭在经济系统中进行消费、购买国内债券并且提供劳动。他们通过劳动力供给和购买债券获得工资和利息收入，其收入主要用于购买消费品，或购买国内债券。家庭在面对预算约束的情况下，选择适当的消费、现金余额、名义工资和债券数量来实现预期效用函数的最大化，其中效用函数与消费需求正相关、与劳动时间负相关、与实际现金余额正相关。

对第 i 个家庭，其优化问题可以写为：

$$\max E_0 \sum_{t=0}^{\infty} \beta^t \left[\ln(C_t - \chi C_{t-1}) + \Phi_m \ln \frac{M_t}{P_t} - \Phi_l \frac{L_t^d(i)^{1+\eta}}{1+\eta} \right]$$

满足预算约束条件为：

$$C_t + \frac{M_t}{P_t} + \frac{B_t}{P_t} \leqslant \frac{W_t(i)}{P_t} L_t^d(i) + \frac{M_{t-1}}{P_t} + R_{t-1} \frac{B_{t-1}}{P_t} + \frac{D_t}{P_t} - \frac{\Omega_w}{2}$$

$$\left[\frac{W_t(i)}{\pi^w W_{t-1}(i)} - 1 \right]^2 C_t$$

其中，C_t、M_t、B_t、P_t、R_t、D_t 分别表示家庭消费、现金、购买的债券、价格、利率和分红，Φ_m、Φ_l 分别表示实际现金余额和劳动的效用权重，χ 为消费习惯系数，$W_t(i)$、$L_t^d(i)$ 表示家庭的工资和劳动供给，η 表示工作时间的弹性。预算的最后一项表示工资调整成本，其中 π^w 是稳态工资通胀，Ω_w 表示工资调整成本系数。

根据家庭的优化得到一阶条件为：

$$1 = E_t \beta \frac{\Lambda_{t+1}}{\Lambda_t} \frac{R_t}{\pi_{t+1}}, \quad \frac{\Phi_m}{\Lambda_t m_t} = \frac{R_t - 1}{R_t}$$

其中，拉格朗日乘子满足 $\Lambda_t = \dfrac{1}{C_t - \chi C_{t-1}} - E_t \dfrac{\beta \chi}{C_{t+1} - \chi C_t}$，$m_t = M_t / P_t$ 表示

实际现金余额。

工资存在黏性，调整成本满足 Rothemberg 定价方式。优化得到工资的菲利普斯曲线为：

$$w_t = \frac{\theta_w}{\theta_w - 1}\Phi_l L_t^\eta C_t - \frac{\Omega_w}{\theta_w - 1}\frac{C_t}{L_t}\left[\left(\frac{\pi_t^w}{\pi^w} - 1\right)\frac{\pi_t^w}{\pi^w} - \beta E_t\left(\frac{\pi_{t+1}^w}{\pi^w} - 1\right)\frac{\pi_{t+1}^w}{\pi^w}\right]$$

其中，$w_t = W_t/P_t$ 表示实际工资，$\pi_t^w = W_t/W_{t-1}$ 表示名义工资通胀，θ_w 为劳动替代弹性。

2. 厂商部门

厂商部门由最终厂商和中间厂商组成。最终厂商处于完全竞争状态，经济体中总产出 Y_t 是由最终厂商对处于连续分布区间的零售产品进行 Dixit-Stiglitz 加总而得，可表示为 $Y_t = \left[\int_0^1 Y_t(j)^{(\theta_p-1)/\theta_p}dj\right]^{\frac{\theta_p}{\theta_p-1}}$，总价格 $P_t = \left(\int_0^1 P_t(j)^{1-\theta_p}dj\right)^{\frac{1}{1-\theta_p}}$。

最终劳动力由单个家庭的劳动力加总而得，可表示为 $L_t = \left[\int_0^1 L_t(i)^{(\theta_w-1)/\theta_w}di\right]^{\frac{\theta_w}{\theta_w-1}}$，总工资 $W_t = \left[\int_0^1 W_t(i)^{1-\theta_w}di\right]^{\frac{1}{1-\theta_w}}$。

其中，$\theta_p > 1$，是不同中间商品之间的价格替代弹性，θ_w 为不同劳动力之间的替代弹性。

根据优化，零售产品 j 的需求为 $Y_t^d(j) = \left(\frac{P_t(j)}{P_t}\right)^{-\theta_p}Y_t$，单个家庭 i 的劳动需求为 $L_t^d(i) = \left[\frac{W_t(i)}{W_t}\right]^{-\theta_w}L_t$。

中间厂商生产零售产品，产出 $Y_t(j)$ 满足 Cobb-Douglas 生产函数，可表

示为 $Y_t(j) = \Gamma_t(j)^\phi [Z_t L_t(j)]^{1-\phi}$。其中，$L_t(j)$ 表示劳动力，Z_t 表示技术进步。假设技术进步可以分解为稳定成分 Z_t^p 和随机成分 Z_t^m 的乘积，稳定成分服从带漂移 λ_{zt} 的随机游动，随机成分为随机过程。

$\Gamma_t(j)$ 表示投资，ϕ 为投资的权重，投资的价格为 q_{mt}。投资由国内投资 Γ_{ht} 和国外投资 Γ_{ft} 组成，即 $\Gamma_t = \Gamma_{ht}^\alpha \Gamma_{ft}^{1-\alpha}$，其中 α 表示国内投资的比例。

令 P_t 和 P_t^* 分别表示国内和国外的价格水平，e_t 表示名义汇率，则实际汇率为 $q_t = \dfrac{e_t P_t^*}{P_t}$。令 γ_{et} 为名义汇率增长率，π_t 和 π_t^* 表示国内和国外的通货膨胀率，则 $\dfrac{q_t}{q_{t-1}} = \gamma_{et} \dfrac{\pi_t^*}{\pi_t}$。

优化得到投资价格满足 $q_{mt} = \alpha^{-\alpha}(1-\alpha)^{\alpha-1} q_t^{1-\alpha}$。

令 v_t 为厂商的实际边际成本，即满足 $w_t = (1-\phi) v_t Y_t / L_t$，优化得到 $v_t = \phi^{-\phi}(1-\phi)^{\phi-1} q_{mt}^\phi (w_t/Z_t)^{1-\phi}$。

中间厂商存在垄断竞争，其价格调整成本满足 Rothemberg 定价方式。优化得到菲利普斯曲线为：

$$v_t = \frac{\theta_p - 1}{\theta_p} + \frac{\Omega_p}{\theta_p} \frac{C_t}{Y_t} \left[\left(\frac{\pi_t}{\pi} - 1 \right) \frac{\pi_t}{\pi} - \beta E_t \left(\frac{\pi_{t+1}}{\pi} - 1 \right) \frac{\pi_{t+1}}{\pi} \right]$$

其中，Ω_p 为价格调整成本。

3. 国外部门

一国从国外吸收投资，并出口最终商品。经常账户盈余等于贸易盈余加上国外资产的净利息收入，由此可得下式：

$$ca_t = X_t - q_t \Gamma_{ft} + e_t (R_{t-1}^* - 1) \frac{B_{t-1}^*}{P_t}$$

其中，ca_t 表示经常账户盈余，X_t 表示出口，B_t^* 表示一国持有的国外资产，即外汇储备。R_t^* 为国外资产的名义利率，对本国而言是外生变量且服从平稳随机过程。

假设出口与实际汇率成正比，与国外总需求成正比，同时依赖于技术进步的稳定成分 $X_t = q_t^\rho X_t^* Z_t^\rho$，国外总需求服从平稳随机过程。

4. 中央银行

中央银行对资本账户进行管制，即私人部门不能持有国外资产。贸易盈余所得外汇需全部上缴中央银行。中央银行在既定汇率水平下向出口部门购买等价的国外资产，通过增加外汇储备来抵销经常账户盈余，并向国内投放定量的基础货币和流动性，由此可得：

$$ca_t = e_t \frac{B_t^* - B_{t-1}^*}{P_t}$$

如果中央银行通过冲销干预完全对冲流动性，则有 $B_t - B_{t-1} = e_t(B_t^* - B_{t-1}^*)$，其中 B_t 为政府（央行）发行的债务，相当于国内储蓄（贸易盈余）。但是，对冲流动性是有成本的（从机会成本的角度来讲，相当于国外债券与国内债券收益率之差）。因而，中央银行不可能完全对冲流动性。相反，中央银行将对部分流动性和资本流入进行对冲操作，并扩大国内货币供给。这样，中央银行通过增加国内货币供给来抵消国外资本流入与国内债务流出之差，因此中央银行的预算约束满足 $e_t(B_t^* - R_{t-1}^* B_{t-1}^*) \leq B_t - R_{t-1} B_{t-1} + M_t - M_{t-1}$，其中 M_t 表示货币供给。

通过对国外部门和中央银行行为的描述可见，出口部门盈余和外汇积累相当于国外需求，体现了外汇储备的支付交易功能，而中央银行对资本账户管制并替代持有私人部门的国外资产，通过部分对冲积累大量外汇储备并保持国内货币政策一定程度的自主性，体现了预防性外汇储备需求。从交易和支付功能来看，外汇储备增长主要是国外需求和经常项目（特别是货物贸易）顺差；而对资本账户的管制并进行对冲操作，则主要体现了应对资本流动和外部冲击的审慎预防性需求。

在此情形下，汇率在一定水平稳定成为中央银行重要的政策目标，汇率变化应固定在其稳态值（即 $\gamma_{et} = e_t/e_{t-1}$，$\gamma_{et} = \tilde{\gamma}_e$）。中央银行实际上是通过调整汇率升值速度 γ_{et} 来应对贸易条件和实际汇率变化等外部冲击。在浮动汇率条件下，中央银行不限制汇率，汇率由模型的市场均衡条件决定。由此，可以分析在不同汇率安排下，最优外汇储备等变量的情况。

5. 市场均衡条件

市场均衡条件为最终厂商的总产出等于家庭消费、国内产品、出口政府消费和资本利用成本总和，同时考虑工资和价格的调整成本可用下式表示：

$$Y_t = C_t + \Gamma_{ht} + X_t + \left[\frac{\Omega_p}{2}\left(\frac{\pi_t}{\pi} - 1\right)^2 + \frac{\Omega_w}{2}\left(\frac{\pi_t^w}{\pi^w} - 1\right)^2\right]C_t$$

同时，根据实际 GDP 的支出法计算，得到：

$$GDP_t = C_t + X_t - q_t\Gamma_t$$

6. 最优货币政策

中央银行的最终目标是通胀稳定、产出增长和外汇储备平稳，因此央行的效用损失函数为：

$$L = \sum_t^\infty L_t, \quad L_t = \lambda_\pi \hat{\pi}_t^2 + \lambda_y \hat{gdp}_t^2 + \lambda_b \hat{b}_{yt}^{*2}$$

其中，$\hat{\pi}_t$、$\hat{gdp}_t$ 分别表示通胀和实际 GDP 与稳态的偏差（对数线性化之后的变量），$\hat{b}_{yt}^*$ 表示外汇储备与 GDP 比值与稳态的偏差（即对数线性化之后的变量 $\hat{b}_t^*$ 与 $\hat{gdp}_t$ 之差）。λ_π、λ_y、λ_b 表示不同目标之间的权重，这一央行的损失函数可以看作社会福利函数的二阶近似（二阶泰勒级数展开，Woodford，2003）。这一目标函数中的外汇储备项借鉴了经验比例法的思想，认为外汇储

备与 GDP 的比值应保持在一个平稳的水平。过高的外汇储备将对国内通货膨
胀、外汇市场人民币汇率和货币政策独立性都会产生不利的冲击，因此中央
银行在关注物价和产出的同时也要将外汇储备数量作为目标之一。

在模型求解的过程中，笔者对变量进行去趋势化（除以 Z^p_t），利用市场均
衡，可以求解 DSGE 模型的稳态解和对数线性化后的变量满足的方程组。在
这一线性化的均衡条件下将损失函数最小化，可以求解中央银行的最优货币
政策。这里，笔者使用 Dynare 4.4.2 进行模型分析。

（三）数据说明与参数校准和估计

笔者选择中国 1994~2016 年的年度样本数据进行分析，其中选择居民消
费价格指数（CPI）作为通货膨胀率，广义货币（M2）作为货币供应量，国
内生产总值（GDP）作为产出，选择美国国债收益率、美国通货膨胀率等指
标作为外国变量替代指标。本书主要参考 Chang、Liu 和 Spiegle（2013，2015）
及刘斌（2016）的研究进行参数校准，并利用产出同比增长率和 M2 同比增
长率作为观测值进行参数的贝叶斯估计，估计的先验参考 Chang、Liu 和
Spiegle（2013，2015），参数的校准和估计结果如表 4-1 所示。

表 4-1　模型的参数校准与估计

参数	说明	取值	来源
β	贴现因子	0.998	
η	工作时间的弹性	8.3754	贝叶斯估计得到，先验为正态分布 N（10，1）
Φ_m	实际现金余额的效用权重	0.3014	贝叶斯估计得到，先验为正态分布 N（0.3，1）
Φ_l	劳动效用权重	0.1078	贝叶斯估计得到，先验为正态分布 N（0.1，1）
φ	产出函数中投资的权重	0.5	
χ	消费习惯系数	0.5633	贝叶斯估计得到，先验为 Beta 分布，均值标准差分别为 0.7 和 0.1

续表

参数	说明	取值	来源
θ_p	商品替代弹性系数	10	
θ_w	劳动力替代弹性系数	10	
Ω_p	价格调整成本系数	30	
Ω_w	工资调整成本系数	100	
α	国内投资的比例	0.3621	贝叶斯估计得到，先验为 Beta 分布，均值标准差分别为 0.5 和 0.1
θ	汇率对出口的影响系数	1.313	贝叶斯估计得到，先验为正态分布 N（1.5，0.1）
自回归系数			
ρ_p	技术进步中稳定成分漂移因子的自回归系数	0.9	
ρ_m	技术进步中随机成分的自回归系数	0.9	
ρ_x	国外总需求的自回归系数	0.8	
ρ_r	国外利率的自回归系数	0.8	
ρ_p	国外通胀的自回归系数	0.8	
损失函数			
λ_π	损失函数中通胀权重	1	
λ_y	损失函数中 GDP 权重	0.05	
λ_b	损失函数中外汇储备权重	0.01	

注：其中未注明来源的参数参考 Chang、Liu 和 Spiegle（2013，2015）及刘斌（2016）等国内外相关文献得到。

（四）对中国最优外汇储备规模的估计

根据模型基本形式和参数校准结果，笔者分别对固定汇率和浮动汇率情形下中国最优外汇储备规模进行估算，具体结果如图 4-4 所示。虽然不同汇率条件下具体年份略有差异，但固定汇率下从 2004 年开始，浮动汇率下从 2007 年开始，我国实际外汇储备数量均明显超过模型所估算的最优外汇规模。2003 年也恰是我国正式开始发行中央银行票据进行大规模冲销干预的年

份，这与之前有关外汇储备性质的分析比较一致。而且，2004 年我国外汇储
备开始超过最优规模的结论也与国内利用 IMF 综合经验比例指标（葛奇，
2015）或基于 Jeanne 和 Ranciere（2011）效用最大化模型（陈奉先，2016；
饶晓辉，2012）的结论类似。可见，本书 DSGE 模型估计是合理的。不过，
从最优外汇储备缺口来看，虽然基于 DSGE 模型所得到结果与 Jeanne 和
Ranciere（2011）模型及 IMF 综合经验比例指标方法基本一致，但 2014 年以
来外汇储备缺口收敛的速度要明显快于这两种方法的结果[1]。由于本书的模型
考虑了更为全面的微观经济主体的一般均衡和动态预期因素，能够避免传统
宏观理论分析容易面临的政策动态不一致和结构性参数变化的卢卡斯批判问

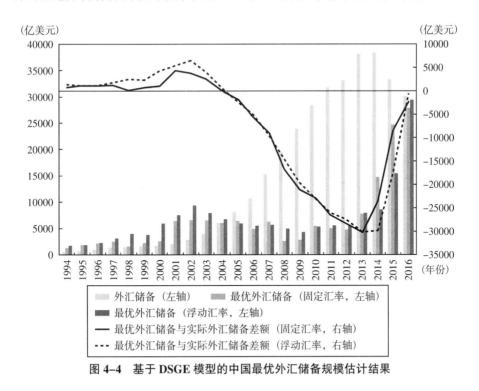

图 4–4　基于 DSGE 模型的中国最优外汇储备规模估计结果

---

① 对葛奇（2015）、陈奉先（2016）、饶晓辉（2012）等的结论进行外推并比较。

题，因而从方法来讲 DSGE 模型估计的结果更为合理。模型估计所揭示的最近几年最优外汇储备缺口快速收敛，这在一定程度上说明尽管从绝对数量来看中国的外汇储备已远远超过最优数量规模，但考虑预防审慎性需求后，现实的外汇储备与最优规模的差距并没有想象的那样大，仍具有一定的合理性。

虽然我国于 2005 年开始汇率形成机制改革，但汇率稳定仍是中央银行重要的政策目标。我国经历了比较稳健的汇率改革和升值过程，这样固定汇率情形下估算的结果更接近于现实。20 世纪 90 年代中期之前，尽管中国实际外汇储备仍略低于模型所揭示的最优数量，但外汇储备差额并不大。但是，东亚金融危机爆发之后，受危机冲击影响，审慎预防性外汇需求迅速增加，而且由于东亚金融危机后中国坚持稳定汇率政策，虽然我国已积累了相当规模的外汇储备，但实际外汇储备数量与模型所估算的最优规模的缺口进一步增大，2001 年最优外汇储备缺口激增至 4346.8 亿美元。随着中国加入 WTO 后全面融入全球经济体系，经常账户盈余和资本流入迅速上升，在大规模持续双顺差作用下，2004 年外汇储备迅速新增 2000 余亿美元，实际外汇储备数量开始超过模型所估算的最优数量。正是在这样的背景下，2005 年我国开始了汇率形成机制改革的步伐，当年实际外汇超过最优规模 1742.3 亿美元。在双顺差及人民币升值预期下，中国进入流动性过剩时期，实际外汇储备数量与最优规模的差额持续上升，特别是在全球金融危机之后，由于主要发达国家经济增速下滑，最优外汇储备规模有所下降，但是实际外汇储备大幅增加，因此最优外汇缺口进一步扩大。直至近年来，随着中国经济逐步进入新常态，在各项金融改革加快推进的大背景下，资本流动和汇率开始呈现双向波动态势，最优外汇储备缺口在 2013 年达到顶点，至 2016 年最优外汇储备缺口已收敛至 2220.15 亿美元，这也表明我国外汇储备已进入向最优数量收敛的轨道。

正如前文所指出的，我国外汇储备迅速积累与持续双顺差密切相关（见图 4-5）。特别是，2005 年到全球金融危机爆发后的 2009 年，经常账户顺差始终大于资本账户顺差，2006~2008 年，经常账户顺差占当年储备资产变化的比重始终在 75%以上（2008 年甚至高达 87.9%），经常账户差额占 GDP 的比重远远超过国际公认的 4%合理区间，这对外汇储备数量起到了极大的拉升作用。以经常账户差额占 GDP 的比重作为因变量，与外汇储备余额新增占 GDP 比重的回归分析支持了这一点。即使是考虑到汇率波动和资产估值因素对以美元计价的外汇储备的影响，采用国际收支口径下外汇储备差额占 GDP 的比重与经常账户差额占 GDP 的比重仍呈现非常显著的正相关关系。进一步考察经常账户和直接投资差额占 GDP 的比重，与外汇储备余额新增或国际收

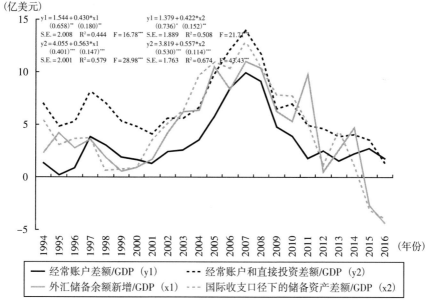

图 4-5　最优外汇储备下经常账户盈余估计值及外汇储备变化情况

注：①出于习惯的考虑，国际收支口径下的储备资产差额（逆差）以相反方向表示，即储备资产净增加。②括号内数字为 Newey-West 标准差（HAC）。***、**、* 分别代表显著性水平为 1%、5%和 10%，经检验四个序列均为 I(1) 序列且存在至少 1 个确定性协整关系。
资料来源：美元计价 GDP 数据来自 IMF 的 WEO 数据库。

支口径下的外汇储备差额占 GDP 的比重关系更为显著，变量的回归结果都在 1% 水平下显著（另外，直接投资差额占 GDP 比重与外汇储备新增或国际收支口径下的外汇储备差额占 GDP 的比重也在 15% 水平下显著，限于篇幅，不报告具体结果），这充分说明我国国际收支双顺差（特别是经常账户的持续大规模顺差）是我国外汇储备积累的主要原因。

观察图 4-4 可以发现，1994~2016 年，除 2005 年、2007 年、2010 年及 2014~2015 年外，固定汇率下的最优外汇数量明显低于浮动汇率情形。这是因为尽管汇率浮动能够一定程度上减缓外汇冲击压力，但汇率浮动可能带来汇率超调（Mundell，2012），以及外汇套利行为一定程度上也加大了经济波动，因而一国需要更多的外汇储备应对冲击风险。而且从走势来看，浮动汇率情形下的最优外汇储备波动更大，标准差为 8452.4 亿美元，远高于固定汇率情形下的 6719.6 亿美元。这说明在浮动汇率下为受到汇率波动的影响最优外汇储备也面临更高的波动。

（五）资本开放情况下中国最优外汇储备规模的估计

在前面的讨论中，笔者考虑了在资本账户管制的条件下，家庭部门不能持有外汇，中央银行通过外汇市场冲销干预实现货币政策自主性和汇率稳定目标。在资本账户管制条件下，无抵补利率平价条件（UIP）并不成立，因而国内经济部门无法通过利率平价和外汇资产抵御外部经济冲击，只能通过官方外汇储备实现外部经济平衡。在这一部分中，笔者进一步考虑资本开放情况下我国外汇储备最优规模问题，将具备典型中国经济特征的固定汇率资本账户模型作为分析的基准模型，考虑资本账户开放可以分为两种情况：资本开放条件下仍保持固定汇率（在不可能三角条件下也意味着丧失自主货币政策）、资本开放与浮动汇率完全改革情形。

1. 资本开放条件下的模型调整

为了分析资本自由流动情形下不同汇率条件的外汇储备问题，这里考虑中央银行仍对外汇市场进行干预的情形，即中央银行在资本开放后仍会保留部分资产用于冲销，因为不同的资产在国内和国外存在偏好差异，这也意味着本国和外国资产并不是完全可替代的（Coval 和 Moskovitz，1999），因而资本账户开放后仍是不完美的资本流动。

这样，在资本开放条件下，家庭部门既可以持有国内资产也可以持有国外资产，但两种资产不能完全替代。家庭根据自身偏好进行资产配置。设 B_{pt}^* 表示家庭部门持有的国外资产，B_{gt}^* 表示政府持有的国外资产（外汇储备）。总外汇持有为 $B_t^* = B_{pt}^* + B_{gt}^*$。定义 $\psi_t = B_t / (B_t + e_t B_{pt}^*)$ 表示家庭持有的国内资产比例，家庭的预算约束变为：

$$C_t + \frac{M_t}{P_t} + \frac{B_t + e_t B_{pt}^*}{P_t} \left[1 + \frac{\Omega_b}{2} \left(\frac{B_t}{B_t + e_t B_{pt}^*} - \overline{\psi} \right)^2 \right] \leqslant \frac{W_t(i)}{P_t} L_t^d(i) - \frac{\Omega_w}{2}$$

$$\left(\frac{W_t(i)}{\pi^w W_{t-1}(i)} - 1 \right)^2 C_t + \frac{M_{t-1}}{P_t} + \frac{R_{t-1} B_{t-1} + e_t R_{t-1}^* B_{p,t-1}^*}{P_t} + \frac{D_t}{P_t}$$

其中，Ω_b 表示资本调整的成本，$\overline{\psi}$ 表示稳态时国内资产比例。

优化并对数线性化之后的欧拉条件为：

$$\hat{R}_t - \hat{R}_t^* = E_t \hat{\gamma}_{e,t+1} + \Omega_b \overline{\psi} \hat{\psi}_t$$

这个方程也称为修正的 UIP 条件，表示国内资产、国外资产的收益差别不仅受到汇率预期的影响，也受到国内外资产配置变化的影响。当国内资产收益高时，家庭的国内资产配置提高。反之，为减少家庭的国外资产配置，需要降低国内利率。

根据 ψ_t 的定义，对数线性化之后得到 $\hat{\psi}_t = (1 - \overline{\psi})(\hat{b}_t - \hat{q}_t - \hat{b}_{pt}^*)$，即 $\Omega_b \overline{\psi}$ $(1 - \overline{\psi})(\hat{b}_b - \hat{q}_t - \hat{b}_{pt}^*) = \hat{R}_t - \hat{R}_t^* - E_t \hat{\gamma}_{e,t+1}$。

由此可见，提高利率差 $\hat{R}_t - \hat{R}_t^*$，将提高国内资产相对国外资产的需求。修正的 UIP 条件也可以看作国内资产相对国外资产的需求曲线。

此时，中央银行的预算约束变为 $e_t(B_{gt}^* - R_{t-1}^* B_{g,t-1}^*) \leqslant B_t - R_{t-1} B_{t-1} + M_t - M_{t-1}$。在浮动汇率条件下，中央银行干预外汇市场将影响汇率水平，汇率的增长率服从平稳过程；在固定汇率条件下，汇率增长率固定在稳态水平。其中，$\hat{\psi}_t$ 分别表示国内资产比例与稳态的偏差。

2. 资本开放条件下的最优外汇储备估计

根据前面对基准模型的调整，笔者对资本开放条件下的最优外汇储备规模进行估算。在模型求解的过程中，参考 Chang、Liu 和 Spiegle（2013，2015）的研究，选择 $\Omega_b = 30$，$\bar{\psi} = 0.9$，稳态中家庭部门的外汇资产比例为 30%，具体结果如表 4-2 所示。

表 4-2　不同改革条件下中国最优外汇储备规模估计结果

单位：亿美元

年 份	外汇储备实际值	最优外汇储备估计值			
		基准情形资本管制+固定汇率	资本管制+浮动汇率	资本开放+固定汇率	资本开放+浮动汇率
1994	516.2	1343.291	1830.495	1050.969	1579.933
1995	735.97	1875.297	1882.681	1196.056	2163.237
1996	1050.29	2193.321	2318.654	1041.828	1840.823
1997	1398.9	2604.904	3191.595	750.9634	2409.341
1998	1449.59	1638.864	4015.605	2198.097	3168.988
1999	1546.75	2253.687	3875.428	1431.396	2078.57
2000	1655.74	2636.871	5929.013	1421.068	1957.916
2001	2121.65	6468.417	7491.027	5031.893	3530.441
2002	2864.07	6655.826	9344.48	3769.755	2604.045
2003	4032.51	6561.93	8051.448	4126.367	3130
2004	6099.32	6092.413	6716.462	4135.648	3374.097

续表

年 份	外汇储备 实际值	最优外汇储备估计值			
		基准情形资本 管制+固定汇率	资本管制+浮动 汇率	资本开放+固定 汇率	资本开放+浮动 汇率
2005	8188.72	6446.424	5966.487	4864.814	2825.082
2006	10663.44	4948.364	5622.646	2860.263	3708.554
2007	15282.49	6303.497	5687.921	2893.207	3841.193
2008	19460.30	2692.265	5007.353	728.3423	2484.168
2009	23991.52	2831.549	4295.2	1846.662	2434.858
2010	28473.38	5531.766	5414.069	4619.613	3619.187
2011	31811.48	5142.205	5616.871	11771.69	3939.72
2012	33115.89	4833.541	5628.096	6290.224	6886.14
2013	38213.15	7866.002	7970.882	7970.882	10872.56
2014	38430.18	14760.91	8583.13	12840.09	13774.54
2015	33303.62	24733.99	15546.61	8484.43	19519.09
2016	30105.17	27885.02	29426.66	25174.44	28393.25

出于方便的考虑，笔者以不同条件下的最优外汇储备估计值与GDP之比的形式，报告具体结果。如图4-6所示，在资本账户开放条件下，无论采用何种汇率安排，最优外汇储备规模都明显低于资本管制情形。由于居民可以通过利率平价条件对国内外资产进行配置，中央银行外汇冲销干预的压力和成本大大下降，因而资本开放条件下可以通过更少的外汇储备抵御外部冲击的影响。虽然灵活的汇率安排将进一步增强减缓外部冲击的能力，不过国内外资产并非完全可替代，因而在出现较大外部冲击和国际金融市场波动较大时，浮动汇率条件下的最优外汇水平可能要高于固定汇率情形（如东亚金融危机期间以及次贷危机和全球金融危机期间）。总的来看，资本开放条件下不同汇率安排所对应的最优外汇储备，都要明显低于资本管制条件下相应汇率安排的最优外汇储备规模，说明资本开放能够提高减缓外部冲击的能力，优

于资本管制的效果。

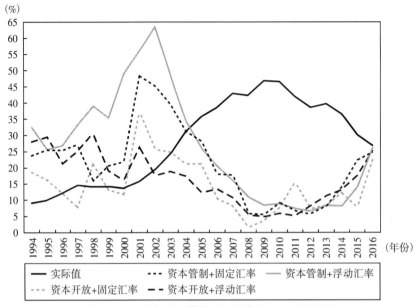

图 4-6　不同条件下最优外汇储备占 GDP 的比重

另外，还可以发现，在资本管制情形下，最优外汇储备规模占 GDP 的比
重较高；但在资本开放条件下，无论何种汇率安排，由于外汇资产配置效应
和利率平价机制，最优外汇储备规模明显低于资本管制情形。而且，无论何
种资本账户和汇率安排，本书估算的 2016 年最优外汇储备占 GDP 比重，与
近年来日本的情形非常接近。虽然 1971 年布雷顿森林体系正式瓦解后日元兑
美元汇率浮动区间进一步扩大，但日本银行仍对外汇市场进行大规模干预，
即使是 1985 年广场协议之后，汇率水平仍是日本银行重要的政策目标。日本
在 20 世纪 90 年代中期才最终完成利率市场化和资本账户开放等各项金融市
场化改革，其外汇储备占 GDP 的比重也由 90 年代中期的 4% 左右逐步提高，
在 2002 年上升到 10% 以上，并在 2015 年达到最高的 26.7%。2012 年以来，
中国的利率汇率和资本账户等各项金融市场化改革进程进一步加快，而且中

国与日本的经济总量也更为接近。可见，本书估算的资本开放条件下最优外汇储备规模是合理可靠的。

（六）国外需求脉冲响应分析和社会福利比较

这里，笔者进一步考察外部需求冲击对国内经济的具体影响。通过模型脉冲响应，分析一个单位正的国外需求对产出、通货膨胀和外汇储备等中央银行效用损失函数中主要宏观变量的影响，进而比较不同资本开放和汇率安排下的各变量的具体变化情况。

首先，观察一个单位正的外部需求冲击对本国产出的影响。一般来说，国外需求上升将增加进口，从而促进本国经济增长。如图 4-7 所示，无论何种汇率和资本账户安排，本国产出都明显上升并逐步收敛至均衡水平，这与理论相符。而且，固定汇率安排下，无论是资本管制的基准情形，还是在资本开放条件下，本国产出对国外需求冲击的响应明显大于浮动汇率安排。这主要是由于，国外需求增加和本国出口的上升意味着本国货币升值，固定汇率安排相当于本国实际汇率贬值，从而进一步促进了出口和产出的增加。同时，固定汇率安排下，资本开放条件下本国产出初始影响更大，说明本国出口和产出的增加进一步吸引国际资本，从而促进产出更大的提升。与之类似，浮动汇率安排下，资本开放条件下本国产出对国外需求冲击的初始响应要大于资本管制情形，也说明了国际资本自由流动对产出具有更大的促进作用。另外，可以看到，浮动汇率安排下，本国产出收敛的速度都要明显快于相应资本账户条件下固定汇率安排的情形，说明汇率的灵活调整更有利于产出更快调整并收敛至均衡水平。

其次，观察一个单位正的外部需求冲击对本国通胀的影响。固定汇率安排下，国外需求增加和本国出口上升使得本国实际汇率贬值，这将导致本国通胀上升。浮动汇率下，本国出口的上升将使本国货币升值，这将抑制本国的通货膨胀。如图4-7所示，固定汇率安排下，无论何种资本账户安排，国外需求冲击下本国通货膨胀的初始响应都为正，说明通货膨胀上升。而且，虽然资本开放条件下通胀对国外需求的初始响应与资本管制的基准情形非常接近，但实际汇率贬值将引发资本外流，从而促使通胀更快地向均衡水平收敛，说明资本开放更有利于物价灵活调整至均衡水平。与固定汇率相反，由于国外需求和本国出口上升，浮动汇率安排下本币将明显升值，因而无论何种资本账户安排，本国通胀对正的国外需求冲击的初始响应均为负，并逐步向均衡水平收敛。另外，可以发现，对于国外需求冲击，无论何种资本账户条件，浮动汇率安排下本国通胀对国外正需求冲击的初始响应的绝对值都要明显低于固定汇率安排，而且通胀向均衡水平收敛的速度也明显快于固定汇率安排，说明灵活的汇率安排更有利于本国物价稳定。

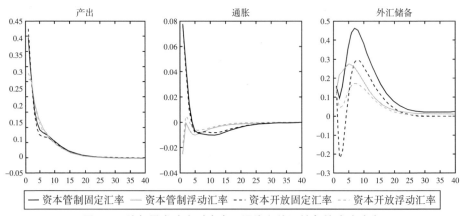

图4-7 外部需求冲击对产出、通胀和外汇储备的脉冲响应

最后，观察一个单位正的外部需求冲击对本国外汇储备的影响。理论上，国外需求上升和本国出口增加意味着本国经常账户改善并吸引更多的国外资本，这将有助于本国外汇储备的上升。如图4-7所示，不同资本账户条件和

汇率安排下，本国外汇储备对国外需求冲击的响应均为正，这与前面的分析相符。在资本管制固定汇率条件下，国外需求和出口增加有助于促进经常账户顺差，由中央银行在既定汇率水平下向出口部门购买等价的国外资产，通过增加外汇储备来抵销经常账户盈余。在资本管制浮动汇率下，由于汇率升值，外汇储备的总体增幅要小于固定汇率情形，并且较固定汇率更快地向均衡水平收敛。在固定汇率资本开放条件下，中央银行通过外汇市场稳定汇率水平并增加外汇储备，但固定汇率下国外需求上升将增加本国通胀压力，这意味着本国实际汇率贬值并引发资本外流，从而消耗一定的外汇储备，因而资本开放固定汇率条件下，由于资本外流的作用超过出口，外汇储备可能出现负向影响。资本开放浮动汇率条件下，汇率可以灵活调整，实际汇率随着名义汇率的变化而变化，因而国外需求冲击对本国产出、出口和外汇储备的影响相对较小。总体来看，资本开放浮动汇率安排下，外汇储备对国外需求冲击的响应最小，并能够更快地向均衡水平收敛。

通过对最优外汇储备和外部需求脉冲响应函数的分析可以发现，资本账户开放优于资本管制，各宏观变量向均衡收敛的速度更快，经济更为稳定。因此，笔者利用中央银行效用损失函数对不同条件下的社会福利影响进行计算和比较。模型中中央银行效用损失函数包含通胀偏差、产出偏差和外汇储备偏差，笔者在计算损失函数的同时对各项偏差进行了计算，结果如表 4-3 所示。

表 4-3 中央银行效用损失函数

	损失函数	通胀偏差	产出偏差	外汇储备偏差
固定汇率+资本管制（基准情形）	0.1664	0.0139	0.0784	14.8602
浮动汇率+资本管制	0.247	0.0139	0.0786	22.9166
固定汇率+资本开放	0.0742	0.0109	0.0401	6.1314
浮动汇率+资本开放（完全改革情形）	0.0685	0.0095	0.0293	5.7486

从表中可以看出，在资本管制条件下，浮动汇率通胀偏差和产出偏差损失与固定汇率基本一致，但是由于外汇储备偏差较大，中央银行效用损失函数较大，社会福利更低。在资本管制条件下，由于中央银行完全对冲居民的外汇资产，冲销成本较高，外汇储备的偏差更大。与之前的分析类似，资本开放条件下，无论何种汇率安排，中央银行的效用损失函数更小，产出、通胀偏差明显低于资本管制情形，而且由于资本开放降低了冲销成本，外汇储备偏差明显下降。同时，浮动汇率能够更有效地减缓外部冲击，因而在资本开放+浮动汇率的完全改革情形下的中央银行效用损失函数及各变量偏差是最小的，这个结果也与 Chang、Liu 和 Spiegel（2013，2015）一致。

通过对不同改革情形下的外部需求脉冲响应和社会福利进行比较可以发现，在资本开放和浮动汇率安排的完全改革条件下，当出现外部需求冲击时经济能够更快地恢复均衡，而且社会福利水平最高。无论何种汇率安排，在资本账户开放条件下，由于居民可以通过外汇资产配置效应和利率平价机制化解外部冲击，最优外汇储备数量都要明显低于资本管制情形，社会福利也更高。在资本管制条件下，在经济运行正常及货币升值期间，由于中央银行可以通过冲销干预减缓汇率贬值和外汇储备对国内经济的影响，固定汇率下最优外汇储备要低于浮动汇率情形。在资本管制和浮动汇率条件下，虽然在出现外部需求冲击对国内产出、通胀等变量影响与固定汇率类似，但进出口回归均衡速度更慢，对贸易盈余和外汇储备的冲击更大，由此加大了外汇储备的波动，外汇储备向均衡水平收敛的速度也更慢，社会福利也低于资本管制的固定汇率情形。因此，在2005年汇率形成机制改革后，我国并未采取完全浮动的汇率制度，而是在汇率稳定条件下稳步推进汇率形成机制改革，逐步放开资本账户管制，协调推进各项金融改革，属于帕累托式的渐进改革，这对未来中国全面加快推进金融改革开放具有非常重要的启示意义。随着中国经济进入新常态和外汇储备开始向最优数量收敛，包括利率汇率和资本账户开放等各项经济金融改革和开放的加快推进，从而更接近于完全改革情形，这对外汇管理和货币政策转型提出了更高的要求。今后应结合金融改革的进程和经济发展的实际情况，积极采取各项综合措施做好外汇储备规模的优化调整，更好地支持对外经济往来，防范金融风险，促进经济的长远健康发展。

第五章

改革开放以来的经济增长、外汇储备与货币政策调控

国际收支持续大规模双顺差是外汇储备积累的重要原因，这既反映了我国外部经济长期失衡，也是当前发展模式下国内宏观经济结构性矛盾的具体体现。作为经济转型的发展中国家，由于计划经济时期优先发展重工业的高积累政策的自然延续以及人口结构等因素影响，改革开放以来高储蓄高投资支撑了中国经济的高速增长。随着人口优势的发挥日益融入国际市场，20世纪80年代中国逐渐摆脱物质的匮乏，净出口开始成为拉动经济增长的重要力量。在储蓄率持续大于投资率和长期"双顺差"局面下，长期以来困扰中国的对外支付手段不足的情况得以根本转变，外汇储备迅速增长，并在90年代中期超过了为满足正常对外经济往来所需要的外汇储备规模。正是在这样的背景下，1996年中国实现了经常账户的完全可自由兑换，并力图通过资本账户开放和加快汇率形成机制改革等措施实现国际收支的平衡。但遗憾的是，对80年代拉美债务危机教训的深刻认识，以及在推进各项金融要素市场化改革后不久就爆发的东亚金融危机和全球金融危机，极大地增强了审慎预防性外汇需求，并在一定程度上延缓了各项改革的步伐。在我国以高储蓄为支撑的投资和出口导向的传统增长模式下，90年代以来在锦标赛模式下地方政府和国有企业逐渐成为投资的重要主体，大量资金被投向基础设施建设和房地产等长期项目，而国际收支双顺差下外汇储备的迅速大规模积累又为投资提供了稳定的资金来源。随着90年代中后期货币政策由直接信贷规模管理转向以公开市场操作为日常政策手段的数量为主的间接调控模式，外汇占款成为基础货币投放的主要渠道，中央银行在积累大量外汇储备的同时，形成了与支撑长期投资相配套的银行信用货币创造体系。由此，中国的外汇储备积累在远远超过了用于对外支付和交易需要的规模后，出于审慎预防性需求的大量外汇储备积累为支撑投资主导模式的高增长提供了稳定的流动性，这是理解过去 30 多年与投资出口导向的传统经济模式相配套的金融安排的重要视角。

一、投资导向的经济增长与外汇储备

（一）储蓄率、净出口与外汇储备

无论是 IMF 的风险加权计量法、效用最大化模型还是基于中国经济特征的 DSGE 模型分析都表明，当前中国的外汇储备规模已远远超过了充足的最优水平，这既与新中国成立后及 20 世纪 80 年代我国长期外汇短缺背景下的外汇积累偏好有关，更与当前投资为主的增长模式和货币调控方式密切相关。在传统的新古典增长理论看来，改革开放后持续年均近 10% 的经济增长奇迹是很容易理解的。无论是早期的哈罗德—多马模型还是其后的索洛模型（Harrod，1939；Domar，1946；Solow，1956）都表明，储蓄率对维持高速经济增长至关重要。按照国民经济核算恒等式，在不考虑政府的封闭条件下，储蓄必然等于投资，而在开放条件下，储蓄与投资缺口则与净出口相抵（即 $S-I=X-M$）。当储蓄大于投资时，一国将出现正的贸易顺差，或者贸易顺差也意味着一国储蓄大于投资。在国际收支平衡表下，如果不考虑储备资产的变化，贸易顺差也就意味着资本账户的逆差，或者经常账户和资本账户同时

出现顺差，储备账户必然逆差，这也就意味着外汇储备的积累。如图 5-1 所

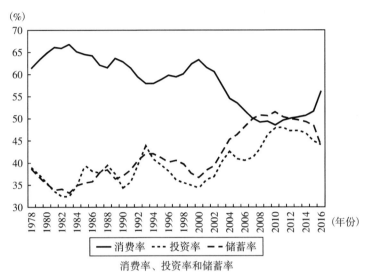

消费率、投资率和储蓄率

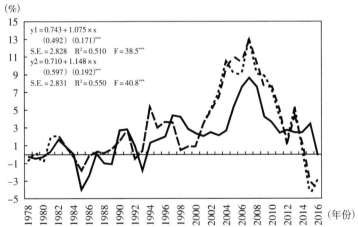

净出口和新增外汇储备占 GDP 比重

图 5-1　改革开放以来中国的消费率、投资、储蓄率及新增外汇储备占 GDP 比重

注：括号内数字为 Newey-West 标准差（HAC）。***、** 代表显著性水平 1%、5%，经检验三个序列均为 I(1) 且存在协整关系。

资料来源：Wind、CEIC。名义美元 GDP 数据来自世界银行 WDI 数据库，2016 年名义美元 GDP 来自 IMF 的 WEO 数据库。这里的净出口与 GDP 之比是根据国民收支核算账户计算的数据，与国际收支平衡表中经常账户顺差占 GDP 的比重在指标含义上存在一定差异。

示，改革开放后大多数年份我国的净出口均为正的顺差，与之相对应的储蓄率大于投资率，特别是 20 世纪 90 年代中期以来，我国储蓄率与投资率的差（也就是净出口占 GDP 的比重）持续上升，并在 2007 年达到最高的 8.7%。近年来，储蓄与投资之差逐步缩小，特别是随着经济结构转型升级，2016 年消费率上升至阶段性高点，储蓄率与投资率之差首次转负。与此相对应，外汇储备规模也逐渐缩减并向最优规模收敛。与储蓄大于投资这一情况相对应，中国的外汇储备持续增加，净出口占 GDP 比重和新增外汇储备与 GDP 之比显著正相关。

可见，中国大规模持续双顺差和外汇储备积累所反映的外部经济失衡，实际上是国内经济长期失衡的具体体现，这与长期以来我国高储蓄率下投资驱动和要素驱动的传统经济增长模式密切相关。由图 5-1 可以看出，中国投资（资本形成总额）占 GDP 的比重异常之高。在改革开放之初，受当时计划经济扩大再生产和加强第二部类积累等思想的影响，我国经济投资率处于较高水平，"一五"计划至改革前的 1977 年和 1978~1990 年，资本形成总额占 GDP 的比重平均分别为 29.1% 和 36.3%，这几乎相当于日本、韩国等国家经济起飞阶段的投资率。从 20 世纪 90 年代中期开始，特别是最近十多年来，中国经济呈现出明显的投资导向，投资（特别是固定资本形成）占 GDP 的比重明显上升，而消费（特别是居民最终需求）占比则大幅下降。消费率在 2010 年降至 48.5% 的历史最低水平，投资率在 2011 年达到最高的 48.0%。三大需求中，投资对经济增长的贡献率日益提高，2009 年甚至高达 86.5%（见图 5-2）。以要素投入和投资作为主要驱动力的经济模式，也被广泛诟病为粗放型增长模式，亟须优化升级并实现有效率的创新增长。

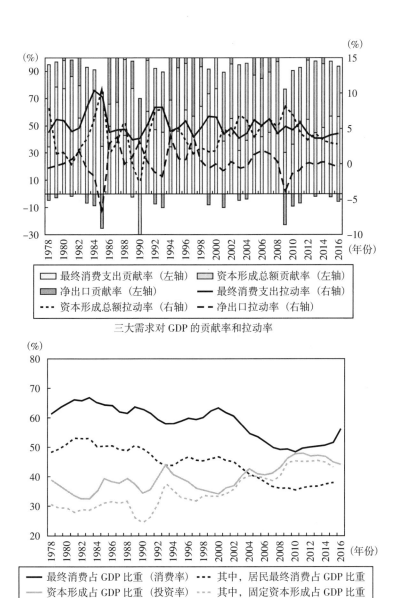

三大需求对 GDP 的贡献率和拉动率

消费和投资占 GDP 的比重

图 5–2　中国的宏观经济需求结构

资料来源：Wind、CEIC。

（二）财政分权和锦标赛模式下的经济增长

在中国特有的财政分权和行政集权体制下，以经济增长为主要导向的地方"晋升锦标赛"的强激励（High Powered Incentives）模式，是理解改革开放以来中国增长奇迹的重要理论线索之一（周黎安，2007）。20 世纪 80 年代以来，中国改变了大一统的计划经济模式，开始将经济管理权逐渐由中央下放给地方，使地方政府拥有一定程度的经济决策权从而调动其发展经济的积极性。同时，与很多联邦制国家不同的是，中国实行了以财政包干为内容的财政分权改革，地方与中央分享财政收入，而且财政收入越高，地方留存越多。这样的安排极大地激励了中国地方政府发展经济的积极性，调动一切资源促进市场发展和地方经济的增长，这就是以钱颖一为代表的著名的"中国特色联邦主义理论"（Chinese Style Federalism，Qian 和 Weingast，1997；Qian 和 Roland，1998），也被称作"市场维护型联邦主义"（Market Preserving Federalism，青木昌彦，2001），并得到了很多实证研究的支持（Jin、Qian 和 Weingast，2005）。不过，在财政包干分权体制下，为了实现中央财政最大化中央经常调整税收分成安排，这导致了财政政策动态不一致。1994 年的分税制改革有效地解决了财政体制的中央地方激励的兼容问题（张军，2012）。中央与地方分享的是增值税，而该税税基的扩大一定与地方政府发展经济的努力程度成正比，因而分税制改革在有效加强中央财政实力和约束地方政府行为的同时，很好地保留了财政联邦主义的好处，从而加速了中国经济的市场化、工业化和资本积累的进程。

在实行财政分成的同时，与其他国家不同的是，中国实行了严格的行政集权治理模式，官员任命完全取决于上级决定并且任命的官员主要对上级负责，而政府考核由政治挂帅转为以发展经济为中心，极大地推动了各级政府向发展型政府治理模式的迅速转变，从而形成了以经济增长为主导的官员晋升锦标赛模式，这对理解中国地方政府的增长激励至关重要（周黎安，2004）。张五常（2009）甚至认为，中国的县际竞争是过去30年经济奇迹的根本原因。由于中国政府的人事任命权力是高度集中于上级，它可以决定晋升和提拔的标准，并根据下级政府官员的绩效决定升迁，而决定晋升的标准也都是清晰可观察的（如经济增速或与之密切相关的变量，如财政收入、出口创汇、银行信贷等），各地方经济发展相对独立并且可以通过地方自主的政策措施影响经济增长，因而为了实现经济增长目标并提高晋升的概率，地方政府有极大的动力通过各种手段刺激经济增长。锦标赛模式下增长的强激励效应得到了很好的实证研究支持，例如 Li 和 Zhou（2005）就对中国地方官员政绩与其晋升概率的关系进行了检验，张晏、夏纪军、张文瑾（2010）对分税制前后不同地方财政支持的溢出效应的实证研究认为，中国地方政府之间公共支出行为更符合锦标赛式的激励模式。

（三）地方政府和国有企业为主体的投资驱动和资金配置

由于改善政府治理对于经济增长作用较为缓慢，而制造业投资见效快，在财政分权和锦标赛模式下，在任职期限和晋升竞争的压力下，地方政府竞争最有效的策略就是积极推进工业化和招商引资，特别是国外直接投资（FDI）。地方政府越是努力促进工业化，归属地方的营业税及增值税增长得越快（张军，2012）。为了更好地吸引投资，改善基础设施是非常有效的方式，地方政府存在大量吸引投资（包括内资和 FDI）的竞争性基础设施建设（张晏，2007）。基础设施的改善不仅有助于招商引资，从而实现更快的经济增长，而且显著改善的基础设施本身也最容易度量，可以更好地满足地方官员的政绩需要（张军、高远、傅勇、张弘，2007）。与此同时，为了获得基础设

施投入的资金来源，由于土地出让金完全归地方政府所有，政府主导的城镇
化（开发区和城市新城建设）和房地产投资成为推动地方经济增长和增加地
方财政收入的又一重要途径（见图5-3）。

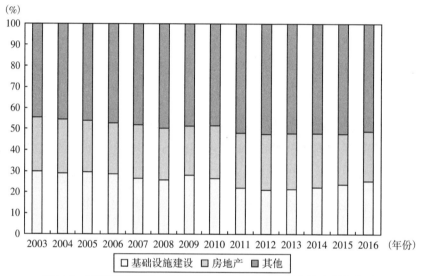

图5-3　基础设施建设、房地产和其他行业城镇固定资产投资比重
注：基础设施建设投资包括第二产业中的电力、热力、燃气及水的生产和供应业及第三产业中的
交通运输、仓储和邮政业和水利、环境和公共设施管理业投资；房地产投资包括第二产业的建筑业和
第三产业的房地产业投资。
资料来源：Wind、CEIC。

由此可以发现，财政分权的锦标赛模式下，地方政府成为经济增长最主
要的推动者，也成为资源配置最重要的参与者之一，而与地方政府发展经济
的强激励相适应的，就是地方政府大力从事基建投资和房地产投资。过去十
多年来层出不穷的开发区和政府融资平台，也就非常容易理解。同时，由于
政治晋升的锦标赛安排接近于零和博弈，一个官员的晋升很大程度上意味着
其他官员晋升机会的下降，即一人所得为他人所失，因而同时处于晋升竞争
的地方官员之间合作的空间非常小。由于投资最容易促进经济增长，地方政
府将利用可动用的一切资源进行产业项目投资，由此可以理解长期困扰我国

的重复建设、"跑部钱进"等现象。正是在地方政府的推动下，金融体系资金
被大量配置到中长期的铁路、公路和其他基础设施及房地产领域。

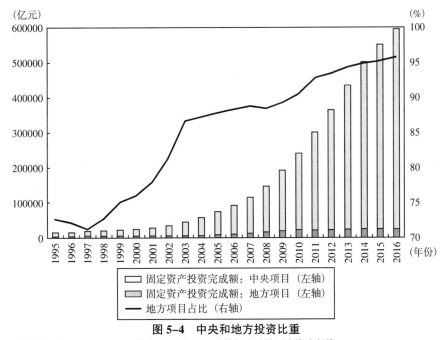

图 5-4　中央和地方投资比重
资料来源：Wind、CEIC，其中 2010 年及以前数据为城镇固定资产投资。

　　国有企业改革则是与锦标赛模式并行理解中国高增长的重要文献线索。
不过，与 20 世纪 90 年代之前淘汰低效率国有企业改革策略进而增加市场资
源配置空间不同，在 90 年代末的国有经济战略性重组之后，2000 年以来中
国国有经济发展思路发生了根本性的变化，国有部门和大企业逐步垄断了高
附加值产业，国资委管理的央企也大多属于能源、交通等重化工业，这些企
业本身就需要长期资金的投资。作为招商引资的重要内容，地方政府在利用
地方国有企业进行项目投资的同时，纷纷与央企合作在地方进行重化工业项
目投资。同时，很多央企由于垄断利润掌握了大量现金流，在国资委绩效考
核压力下，为了提高资金使用效率，纷纷将资金投向房地产领域。由此，国

有企业与地方政府一道，成为经济重要的参与者和资金配置主体。

由于地方政府和国有企业都存在隐性担保，在信贷市场和债券、股票等直接融资市场上均具有无可比拟的优势。特别是，在金融体系风险识别能力较低条件下，地方政府和国有企业能从金融体系获得大量低成本资金，这样以地方政府和国有企业作为资金配置主体，大量金融资源都投向了基础设施建设、房地产和重化工业等中长期投资项目。

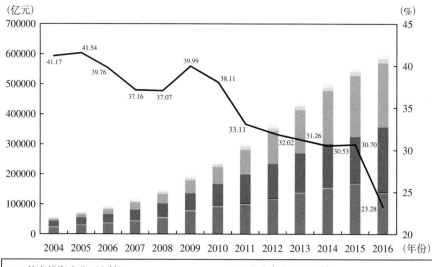

图 5-5　按所有制性质划分的城镇固定资产投资完成额

资料来源：Wind、CEIC，其中外商投资企业含中外合资、中外合作和外商独资企业。

二、双顺差下的外汇储备积累

（一）改革开放以来的经济增长和双顺差

尽管地方政府竞争确实推动了中国的经济增长，但是，一方面，从历史角度来看，晋升的锦标赛式激励模式在计划经济的某些特定时期同样存在，甚至这种竞争机制还曾相当激烈和畸形，如"大跃进"时期各地"放卫星"，却带来了经济的灾难（韦森，2012）；另一方面，大规模的工业化、房地产开发和招商引资实际上是分税制改革后，中央财政收入比重大幅上升，地方政府在事权责任增加的情况下，为弥补财政资金来源不足而出现的现象（陶然、苏福兵、陆曦、朱昱铭，2010）。招商引资，根本上还是在于招引进来的资本，这既包括国有资本，又包括民间资本和外商直接投资（由图 5-5 也可以看出，国有部门投资占比逐年下降）。虽然基础设施建设确实发挥了重要的作用，但也应看到为了更好地吸引投资，地方政府纷纷改革公共部门的治理结构和管理效率，加速更新政府部门的人力资本，提高公共服务水平和政府部门的职业化水准，从而有效吸引资本的流入（甚至为了吸引外资，地方政府曾屡屡出现越权的税务减免或土地无偿划拨行为，张晏，2007）。可见，财政分权体制下的晋升锦标赛模式有效促进了过去 30 年的经济增长，主要是由于这一安排能够更有效地激励包括地方政府在内的经济主体进行投资并促进经济增长。

从经济增长理论来看，决定一国长期宏观经济绩效的，无非是要素投入、技术、人力资本以及相应的激励机制，也就是所谓的制度，这些因素（特别是制度）是理解改革开放前后中国经济绩效差异的关键。劳动力和资本存量所决定的技术，都属于禀赋条件。在既有禀赋条件下，经济如何有效实现增长，最为关键的还是激励机制，也就是制度。按照新制度经济学的观点来看，所谓制度就是决定人们行为决策选择的一系列激励机制的集合，它"构造了人们在政治、社会或经济方面发生交换的激励结构，制度变迁则决定了社会演进的方式，是理解历史变迁的关键"（North，1990）。正是良好的制度安排决定了生产要素的配置方式，从而决定经济的长期绩效。1978 年以来的改革，最主要的就是市场机制的引入，通过放开市场准入拓宽民营资本投资渠道等措施，极大地降低了交易成本，有效地促进了劳动力要素的解放及各种生产要素结合效率和产出的增加，这也是 20 世纪 80 年代以来中国经济高增长的最主要原因。财政分权和锦标赛模式本身就是动员投资更有效的制度安排。与改革相一致，对外开放和加入全球经济体系对中国经济的推动，不仅仅是出口部门的快速发展，更主要的是在国际规则下逐渐完善中国的市场经济体制，贸易和开放对经济的影响实际上可以视为市场扩大和交易成本降低带来的制度外部性作用的扩散及由此形成的规模经济效应。

正是由于市场经济制度的不断深化和逐渐融入全球经济体系（特别是加入 WTO），中国得以有效发挥比较优势并从 20 世纪 90 年代中期以来持续多年出现双顺差并积累了大量的外汇储备。正如第一章提到的，新中国成立后和改革开放初期，我国始终受到外汇储备不足的困扰。为了鼓励出口创汇，20 世纪 80 年代我国实行了外汇留成和汇率双轨制，虽然官方汇率仍然存在一定的高估，但随着外汇调剂市场规模的扩大和外汇留成比例的不断提高，极大地调动了出口和外汇储备的增长。不过，由于当时并未实行严格的结售汇制度，尽管外商直接投资大量涌入，但国际收支双顺差只是偶然的暂时现象（1987 年和 1991 年）。1994 年汇率体制改革和实行强制结售汇制度后，随

着对外贸易顺差的扩大和国际资本的大量涌入，双顺差成为中国国际收支的
常态，直至 2014 年外汇储备规模收敛之前，只在 1998 年和 2012 年资本账户
出现小幅逆差（见图 5-6）。正是在长期双顺差下，中国持续积累了规模庞大
的外汇储备。

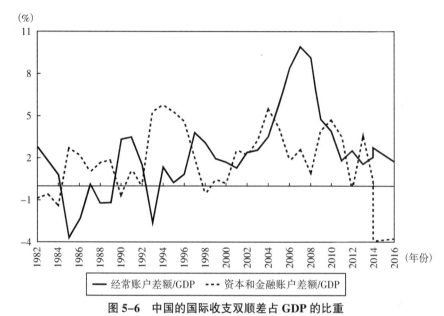

图 5-6　中国的国际收支双顺差占 GDP 的比重

资料来源：Wind，CEIC，名义美元 GDP 数据来自世界银行 WDI 数据库，2015 年和 2016 年数据
根据 BPM5 标准调整而得。

（二）人口红利、劳动力禀赋优势与贸易顺差

新古典增长理论在讨论储蓄率对经济增长作用的同时，都强调了劳动力
人口因素在推动经济增长中的关键作用。虽然内生增长理论更强调技术进步、
人力资本等其他因素的作用（Arrow，1962；Lucas，1988），但考察人口变化
始终是观察经济长期发展趋势一个非常重要的视角，因为人口年龄结构与决
定经济长期增长的储蓄、投资等变量密切相关。除了民族传统、文化、家庭
结构等因素外，正如第一章所表明的，根据 Modigliani（1986）的生命周期理

论和 Friedman（1956）的永久性收入理论，在拥有人口红利的经济起飞阶段，由于青壮年人口在总人口中比例不断增加，将促进个人增加储蓄以备将来养老、医疗之需。从经济增长阶段来考察，经济非同寻常的高速增长将使多数增加的收入转为储蓄，中国正好符合上述条件（周小川，2009a）。因此，人口红利及其导致的高储蓄率，是推动中国经济快速增长的重要原因。改革开放以来，我国对外开放度和贸易依存度逐年上升，进出口金额占 GDP 的比重在 2006 年一度达到最高的 64.9%（当年中国的出口依存度和进口依存度也分别达到最高的 35.7% 和 29.2%，如图 5-7 所示），对外贸易成为推动中国经济增长的重要力量。20 世纪 90 年代中期以来，支出法 GDP 统计中净出口持续为正，2005~2008 年净出口占 GDP 的比重持续高达 5% 以上（2007 年达到最高的 8.8%，如图 5-1 所示），对 GDP 增长的贡献率和拉动率一度高达 42% 和 3.9%（1997 年，如图 5-2 所示）。

中国的改革开放恰逢全球经济长期稳健增长的重要战略机遇期。20 世纪 80 年代中期至全球金融危机爆发的 2008 年，发达经济体告别了 60 年代末以来的滞胀、增长乏力和波动剧烈的阶段，开始进入经济稳步增长和较低通货膨胀的"大缓和"时代（Bernanke，2004）。正是根据劳动力丰富而资本相对稀缺的要素禀赋，中国采取了符合比较优势的技术路线，在市场经济条件下产业多样化和产业升级中通过因势利导，使中国企业能够按照自生能力和比较优势进行产业化升级和结构调整（林毅夫，2012）。特别是 2001 年加入 WTO 以后，中国经济更进一步融入全球经济体系，从而确立了"世界工厂"的地位，由此产生了不可忽视的规模经济效应（Krugman，1979；Alesina，Spolaore 和 Wacziarg，2005）。正是由于充分利用劳动力禀赋优势全方位参与全球经济分工，加工贸易成为我国重要的贸易方式。20 世纪 90 年代中期至全球金融危机爆发的 2008 年前，加工贸易出口金额占全部出口的比重始终都

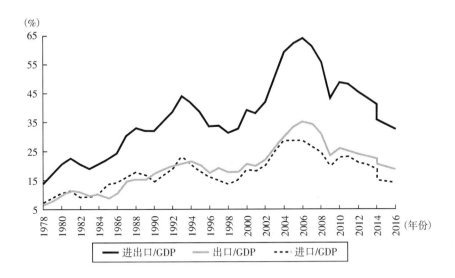

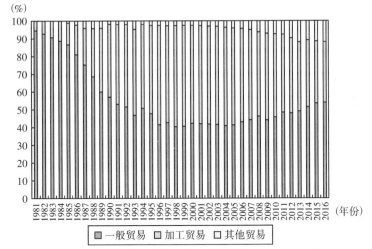

图5-7　中国的贸易依存度和不同贸易方式出口占比

资料来源：Wind，CEIC，名义美元 GDP 数据来自世界银行 WDI 数据库，其中 2016 年名义美元
GDP 数据来自 IMF 的 WEO 数据库。

在 50% 以上（1998~2005 年这一指标甚至持续超过 55%）。直至 2005 年汇率
形成机制改革，特别是 2008 年全球金融危机之后，随着劳动力成本的上升和
产业逐步升级，我国贸易结构逐步优化调整，一般贸易金额才在 2011 年开始

超过加工贸易，2014 年一般贸易出口占全部出口的比重开始超过 50%（为 51.4%），2015 年和 2016 年占比逐步上升（分别为 53.5%和 53.8），而加工贸易出口占比则逐步下降（2014~2016 年分别为 37.8%、35.0%和 34.1%）。总的来看，虽然附加值较低，且在全球贸易价值链中处于低端位置（中国全球价值链课题组，2014），但加工贸易充分利用了中国劳动力比较优势，在大量吸收就业和出口创汇方面发挥了重要的历史作用，这对理解人口红利下的贸易顺差和外汇储备积累具有重要的意义。

（三）外商直接投资和国际分工下的产业技术升级

改革开放之前，中国一度奉行独立自主、自力更生的政策，既无外债也不允许外商直接投资。20 世纪 70 年代，随着经济逐渐开放，中国开始意识到国内产业与发达国家的巨大差距，以设备引进为起点逐步扩大经济对外开放。鉴于 80 年代初爆发的拉美金融危机的教训以及大量国外设备引进对外汇储备迅速消耗的实际情况，我国在 80 年代对外债实行了严格审慎的政策取向。同时，为了更好地利用国际资本发展经济，鼓励通过吸收外国直接投资（FDI）的方式利用外国资本和技术。由于国家外汇短缺，为了减轻外汇储备压力，国家还要求外资企业以出口为导向，尽量实现外汇收支的自我平衡并鼓励出口创汇（余永定，2006）。因此，外商直接投资企业成为中国经济发展和国际资本流入的重要力量。正是由于大量外商直接投资的流入，极大地促进了出口和外汇储备的增加，这对改革开放初期我国国际收支平衡发挥了重要的作用，而且由于外资流入的增加和出口的扩大，1987 年和 1991 年还短暂出现过双顺差现象。随着中国经济的迅猛发展，20 世纪 90 年代以来很多中资企业开始在境外资本市场融资，大量直接投资和境外资本涌入使双顺差进一步扩大（见图 5-8）。

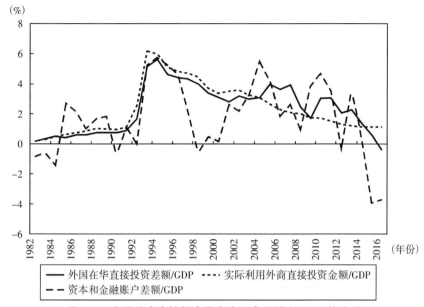

图 5-8　中国外商直接投资及资本账户差额占 GDP 的比重

资料来源：Wind，CEIC，名义美元 GDP 数据来自世界银行 WDI 数据库，其中 2016 年名义美元 GDP 来自 IMF 的 WEO 数据库。

　　改革开放意味着中国逐步融入全球贸易和产业分工体系，通过贸易和引入外商直接投资，中国在 20 世纪 80 年代开始加入东亚经济的"雁阵模式"，利用劳动力比较优势承接了日本、亚洲"四小龙"和东南亚等经济体的劳动密集型技术产业，这对理解中国的制造业发展、出口部门的快速增长和产业升级非常重要（蔡昉、王德文、曲玥，2009）。在东亚贸易产业结构中，中国承接国际技术发挥了重要的作用。例如，虽然加工贸易的净出口贡献较小，但加工贸易有效承接了香港、台湾等地区的服装、纺织等劳动密集型产业。更主要的是，除了国际收支平衡的考虑外，在改革开放之初中国吸引外资主要是由于确立了以市场换技术的发展战略，通过吸收外商直接投资生产促进中国产业技术升级和国际竞争力的提高。随着中国经济的迅猛发展，20 世纪 90 年代开始以日本为头雁的"雁阵模式"逐渐被打破，东亚产业转移呈现出多元化趋势，主导产业选择呈现出跨越式特征（邹晓涓，2010）。大量实证研究表明，外商直接投资（特别是来自港澳台地区的 FDI）对我国各类企业（特别是私营部门企业）具有明显的技术外溢效应（平新乔，2007；秦晓丽、张艳磊、方俊森，2014；李平、季永宝，2014）。外商直接投资有效促进了中国产业技术升级和国际竞争力的提高，附加值更高的机械及运输设备占全部出口份额的比重在改革之初仅为 5% 左右，2001 年开始成为出口份额最大的产品类别，并在近年接近占有 50% 的出口份额，而初级品出口份额占比则由改革之初的 50% 以上降至目前的 5% 以下。外商投资企业成为我国出口的重要力量，2001~2011 年外商投资企业出口占全部出口的 50% 以上，2016 年占比仍高达 43.7%，而国有企业出口占比则由 1995 年的 66.7% 降至 2016 年的 10.3%（见图 5-9）。

（四）资本账户开放与国际资本流入

随着中国对外贸易和吸引外资规模的日益扩大，经常项目和资本项目可兑换成为改革的重要目标。1996 年，中国接受了 IMF 协定第八条款义务实现经常项目可兑换后，资本项目可兑换成为国际收支改革的重要政策目标。但是，在 1997 年爆发的东亚金融危机的影响下，我国放缓了资本账户开放改革的步伐，直至 2001 年加入 WTO 后才开始对其进行实质化推进。2002 年我国推出了合格境外机构投资者（QFII）制度，开始允许外资进入中国的资本市场。2005 年汇率形成机制改革后，我国由过去"宽进严出"的外汇管理思路逐步向鼓励资金有序流动、促进国际收支平衡的"双向均衡"的管理思路转变，开始逐步减少行政管制，取消内资与外资企业、不同所有制企业及机构与个人之间的差别待遇。在 2006 年出台了合格境内机构投资者（QDII）制度，允许国内资金投资于境外资本市场。在 2009 年人民币国际化正式启动后

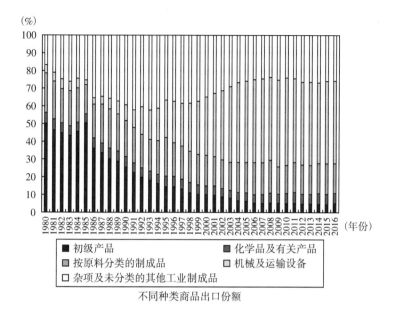

不同种类商品出口份额

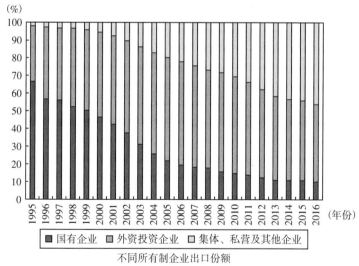

不同所有制企业出口份额

图 5-9　中国不同种类商品和所有制企业出口占比

资料来源：Wind，CEIC。

不久的 2011 年启动了资本项目人民币跨境直接投融资业务，并通过人民币合

格境外机构投资者（RQFII）和人民币合格境内机构投资者（RQDII）制度实

现了人民币的跨境证券投资。2014 年 11 月启动"沪港通"试点。2015 年 5 月获准进入银行间债券市场的境外人民币清算行和境外参加行可以开展债券回购交易，离岸和在岸资本市场关联性进一步增强。随着资本项目开放进程的加快，短期资本流动日益频繁，跨境资本流动的波动性加大，对国际收支平衡的影响越来越大。

通常来说，资本账户管制松动和开放初期可能面临比较大的资本净流入（特别是证券投资）压力，这主要是在国内经济增长比较强劲的背景下，国际资本对国内资产配置存在强烈的需求。全球金融危机后，主要中央银行量化宽松和超低零利率政策进一步强化了国际资本的中国资产配置效应。目前，中国股票和债券市场外资参与度仍比较低，因而对人民币的资产偏好将进一步加大资本流入和外汇储备压力。需要指出的是，虽然按照 IMF《汇兑安排与汇兑限制 2016 年报》的分类标准，在资本市场工具的 13 个大的分类中，中国仅商业信贷一项被认为是没有管制的，属于管制类别最多的国家。但是，如表 5-1 所示，事实上包括美国在内的发达经济体都对很多资本项目交易进行人为干预。特别是，在全球金融危机之后，IMF（2014a）等国际组织对资本管制的观点进行了修正，认为一国在必要时可以对资本账户进行干预和管理，特别是在发生经济金融危机时可以对资本流动采取临时性管理措施。而且，与 IMF 协定第八条款对经常项目可兑换存在一个明确要求不同，目前对于资本项目可兑换并没有一个清晰明确的定义[①]，出于反洗钱、反避税、有序资本流动等方面的考虑，一国也应对资本流动进行必要的监测和管理（周小

[①] IMF 协定第八条款从取消经常性对外支付和转移的限制、避免歧视性的货币安排（包括双重或多重汇率制度）和承诺兑回非居民近期与居民的经常性交易中获得的本币收入三个方面，规范了经常项目可兑换的统一标准，也是基金组织成员国的一般义务，但 IMF 对资本可兑换并没有明确的要求。

川，2013，2015）。随着汇率形成机制改革和人民币国际化进程的加快推进，我国资本项目可兑换改革已取得较大进展。根据中国按照国际货币基金组织划分的资本交易项目进行的自我评估，目前已有90%的项目实现了不同程度的可兑换（中国人民银行调查统计司课题组，2012）。特别是，党的十八届三中全会明确提出要"加快实现人民币资本项目可兑换"的改革目标，货币政策当局也在境内外个人和机构投资便利化、改进外汇管理方式、完善微观监测和宏观审慎管理等方面大力推进，并努力争取尽快实现资本项目有管理的

表 5–1　各国资本项目管制情况

资本项目管制类型	符合该类型经济体数量（个）	发达经济体									新兴经济体				
		美国	日本	德国	法国	英国	意大利	加拿大	澳大利亚	韩国	巴西	俄罗斯	印度	南非	中国
管制措施															
资本市场证券	154	●		●	●	●		●	●	●	●	●	●	●	●
货币市场工具	125	●		●						●	●	●	●	●	●
集合投资证券	126	●		●	●	●	●		●	●	●	●	●	●	●
衍生品和其他工具	102	●		●					●	●	●	●	●	●	●
商业信贷	88										●	●	●	●	●
金融信贷	115			●							●	●	●	●	●
担保、保证与金融背书	78	●									●	●	●	●	●
直接投资	152	●		●	●	●	●				●	●	●	●	●
直接投资清盘	39													●	●
不动产交易	145	●		●		●					●	●	●	●	●
个人资本交易	95								●				●	●	●
特别规定															
商业银行和其他信贷机构	174			●	●	●			●	●	●	●	●	●	●
机构投资者	148	●		●	●						●	●	●	●	●

资料来源：IMF，2016，Annual Report on Exchange Arrangements and Exchange Restrictions 2016，October。

可自由兑换目标（周小川，2015）。

正是由于资本项目管制的逐步放松，传统的资本流出管理严于流入、短期流动管理严于长期流动、复杂交易限制严于简单交易，外汇管理局面逐渐改观，国际资本流动对中国国际收支的影响进一步增大，这从国际收支平衡表中的净误差和遗漏项的变化就可以看出。而且，资本项目管制的效率日益下降，通过贸易和直接投资等渠道的资本流动也促使我国最终放松资本账户管制。在固定汇率制度下，资金持有者或者出于对货币预期贬值（升值）的投机心理，或者受国际利率差明显高于外汇风险的刺激，在国际掀起大规模的短期资本流动，这类移动的短期资本通常被称为游资（Brown，1992）。尽管 2005 年我国开始汇率形成机制改革，但 2008 年全球金融危机很大程度上制约了这一改革的进程。在人民币升值背景下，投机性和流动性很强的国际游资大量涌入中国。如果不考虑贸易和直接投资中的虚假成分，且并不是很严格的话①，可以通过观察国际收支平衡表中的"误差与遗漏项"估算国际游资的变化，这也被称作衡量国际游资的国际收支法（Cuddington，1987）。如果误差与遗漏项为负，说明存在资本外逃；如果为正，说明存在热钱流入。相较于国际收支平衡表法更被广泛接受的方法是世界银行（1985）和 BIS（1989）等国际金融机构所采用的"残差法"，其计算公式为：残差 = 外汇储备差额 – 贸易盈余 – 净国外直接投资 – 新增外债。这个计算方法背后的思想是，一国净 FDI、贸易盈余和外汇储备新增额应与其国际借贷水平相吻合，如果出现差额就是国际游资涌入或出现资本外逃。由于国际收支平衡表口径下的储备资产等变动排除了汇率及资产价格变化的影响，因而通过国际收支

---

① 张明、徐以升（2008）考虑了储备资产构成和汇率变动、贸易和 FDI 中的虚假成分等因素，对中国的热钱规模进行了更为全面的估计，不过其估计中采用了很多并不稳健的主观假设，因而本书不考虑国际收支中的虚假因素进行估计。

平衡表口径的储备资产新增额数据，利用残差法对国际游资进行估计。目前，
我国仅公布了 2002 年以来的国内对外直接投资数据，因而本书仅报告 2002
年以来的残差法国际游资估计数据。如图 5-10 所示，无论是国际收支法还是
残差法都表明，2003 年以来在人民币升值的强烈预期下，大量国际游资和热
钱涌入中国，直至 2008 年全球金融危机以来才发生转变。特别是，残差法表

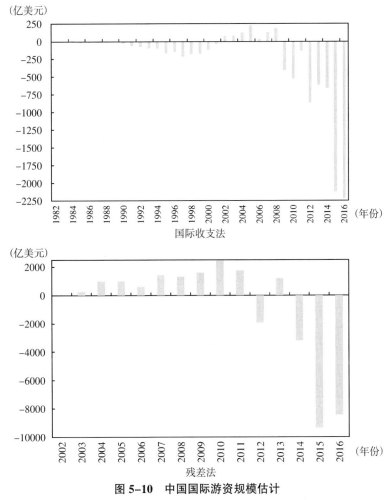

图 5-10　中国国际游资规模估计

资料来源：Wind、CEIC。

明，2014 年以来，随着资本流动方向逆转和人民币币值变化，国际游资流动方向由热钱流入转为资本外流，资本流动出现了方向性转变。由此可见，大量投机性国际资本的流入也是造成我国外汇储备迅速增长的重要因素，而资本外逃同样也是外汇储备收敛的重要表现。

三、改革开放以来的货币调控与基础货币供给

（一）20 世纪 90 年代中期之前的信贷规模管理与基础货币供给

计划经济时期，我国并不存在真正意义上的金融部门和货币调控。与计划经济体制相配套，1984 年中国人民银行正式履行中央银行职能之前，我国实行的是"大一统"的银行体制，并没有严格区分中央银行和商业银行，甚至在很长一段时期内社会上只有人民银行一家金融机构，即使是其他的金融机构，也可以视为人民银行的分支。中国人民银行不仅要经营商业银行业务，吸收存款、发放贷款，同时还担负着货币发行和信贷管理的任务。根据资产负债表，即资产＝负债＋所有者权益，负债包括存款和现金发行，资产主要为贷款和储备资产。从这样一个简单的关系式来看，贷款减存款应该大致等于现金发行。从整个社会的角度来看，银行的资金运用主要表现为"贷款"，而资金来源则为"存款"和"现金发行"。在完整的社会信贷收支平衡表上，资金来源（包括各项贷款＋财政借款＋储备资产）＝资金运用（各项存款＋流通中货币＋债券＋对国际金融机构负债＋银行自有资金＋其他）。由于我国 1980 年才开始加入 IMF 等国际金融机构，债券、黄金和外汇储备资产规模较小，因而这个等式可以简化为：贷款－存款≈流通中的货币＋银行自有资金。

在银行自有资金一定的情况下，新增贷款大于新增存款，公式右边表现为现金净投放；当新增存款大于新增贷款时，公式右边表现为现金净回笼。一般来说，在经济比较繁荣时期，贷款规模增长比较迅速，而要使流通中货币增加，只有减少银行自有资金，即进行现金净投放；而在经济运行比较差的时期，贷款的投放往往不畅，则银行增加自有资金进行现金回笼。这样通过现金发行管理，就可以直接调控现金供应和贷款规模。与之相配套，"存贷款差额"成为监测信贷和资金投放的重要指标，并在 1979~1983 年成为中国人民银行信贷管理制度的重要内容（李德、陈颖玫，2004）。因此，在 1984 年之前计划主导的经济体制下，财政和计划才是经济活动的主体，银行只是经济部门的现金出纳，我国并不存在现代意义上的货币政策。

1984 年中国人民银行专门行使中央银行职责并开始实行存款准备金制度时，在计划经济思想和中央银行信贷直接控制的政策惯性影响下，准备率规定比较高，中国人民银行大约控制了全国信贷资金的 40%~50%，极大地限制了专业银行的信用创造能力（谢平，1996）。存款准备金制度并不是作为货币政策工具，而是为了集中专业银行资金，通过直接贷款或调整再贷款结构等计划分配手段，实现以结构调整为目的的信贷控制，这也是我国与主要国家法定存款准备金制度的最大不同之处（周正庆，1993）。信贷规模管理制度是源自"大一统"银行体制下的现金管理思想，其意图是使充裕的资金只能流向中央银行，在存款大于当地贷款的资金充足地区，银行会将富余资金以超额准备金的方式回存至中央银行并使其得以进行地区调剂，这样信贷总量既不会产生扩张压力、有效控制了总量，又发挥了调整结构的作用。应当说，信贷规模管理在 20 世纪 80 年代还比较符合当时市场的实际，但由于存款准备金率过高，专业银行为弥补信贷资金不足产生了很大的再贷款倒逼压力。特别是，随着金融市场的发展和金融工具越来越多样化，加之地区经济发展不平衡造成的资金收益率差距的扩大以及金融监管和风险意识较差，不仅存款多的地区资金没流出，内地资金也大量流向沿海发达地区。结果，存款多的地区要求中央银行增加贷款计划规模，为保证其正常运行中央银行只能相应地追加资金；而存款少的地区由于有贷款计划规模，即使没有存款也可以照样发放贷款，中央银行也不得不为其追加再贷款（谢平，1996）。因此，20世纪 90 年代中期之前，中央银行的再贷款和再贴现是基础货币投放的主要渠道（见图 5–11）。

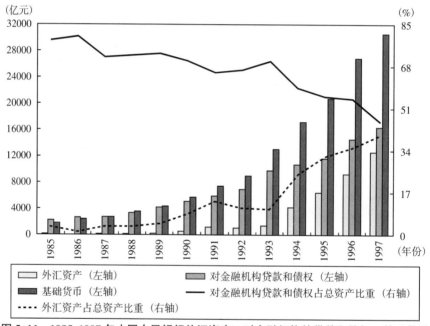

图 5–11　1985~1997 年中国人民银行外汇资产、对金融机构的贷款和债权、基础货币
资料来源：1992 年之前数据来自《中国金融年鉴》各期，1993 年之后数据来自《中国人民银行统计季报》各期。

（二）20 世纪 90 年代以来数量为主的间接货币调控、外汇占款与流动性过剩

由于信贷规模管理制度无法有效控制银行信贷，20 世纪 90 年代初期中

国人民银行开始尝试由直接调控向间接调控模式转变。1993 年国家开始对过热的经济进行宏观调控，其中一项重要的内容就是清查各金融机构的贷款情况，这大大减轻了商业银行对中央银行的再贷款倒逼压力。20 世纪 90 年代中期开始，中国人民银行逐渐缩小信贷规模管理的范围，在 1994 年开始对外发布货币供应量，并于 1996 年正式将其作为货币政策中间目标①。现金发行不再作为货币信贷计划中的控制指标，仅作为监测货币信贷形势的一个辅助性指标。随着宏观调控各项措施效力的逐渐显现，特别是 1997 年东亚金融危机爆发后，宏观经济形势发生根本的变化，社会对贷款需求下降，商业银行再贷款的需求得到有效抑制。更为重要的是，我国的金融信贷体制发生了根本的改变。1995 年我国颁布了《中国人民银行法》和《商业银行法》，并于 1996 年成为国际清算银行成员，向国际承诺遵守《巴塞尔协议》，再加上东亚金融危机的影响，金融监管和风险防范的意识极大提升。应该说，当前我国金融业的主要框架就是在 20 世纪 90 年代中期建立的，并随着 2003 年国有商业银行股份制改造不断完善。正是在这样的背景下，1998 年中国人民银行正式取消了信贷规模管理制度，并重启人民币公开市场操作业务作为货币调控的重要手段②，开始实行"计划指导、比例管理、自求平衡、间接调控"的信贷资金管理体制，不再对商业银行进行信贷总量直接控制，而是运用公开市场操作、准备金等多种货币政策工具，调节基础货币、保持信贷规模的合理增长。

在取消贷款规模控制以后，正是公开市场操作的开展，标志着我国货币

---

① 《货币供应量和货币流动性的比例》，《中国人民银行 2002 年第三季度货币政策执行报告》。
② 1996 年，中国人民银行就尝试开展人民币公开市场操作，但由于当时国内金融市场发育程度的限制，当年交易量仅为 20 多亿元，无法有效发挥货币调节的作用，并不得不于 1997 年停止了人民币公开市场操作，直至 1998 年改革公开市场操作手段，将政策性金融债等金融工具纳入公开市场操作对象，公开市场操作才成为我国货币调控最主要的政策手段（张翠微，2009）。

政策由直接调控向间接调控方式转变（戴根有，2003）。不过，与发达国家公开市场操作以引导货币市场利率为目标不同，我国公开市场操作仍然是以数量目标为主，根据金融运行态势和银行体系流动性情况灵活开展操作。例如，在当时通货紧缩的背景下，公开市场操作业务开展之初主要是通过逆回购投放基础货币；2000 年针对成立资产管理公司、剥离银行不良贷款而大量增加的基础货币以及外汇占款迅速增长，引入正回购业务吸收市场流动性；2001年下半年根据当时通货紧缩形势大量开展了现券买断业务，增加基础货币投放。总的来说，由于经济和金融的市场发育程度不高，金融要素价格市场化（利率及汇率）进程相对缓慢，再加上政策偏好和计划经济思维习惯的影响（周小川，2004），长期以来我国货币政策以数量调控为主，以超额准备金率和货币市场利率为操作目标，主要通过公开市场操作、存款准备金等数量手段调节基础货币和市场流动性，使货币供应量和新增信贷等中间目标达到预期水平，进而实现币值稳定，并以此促进经济增长的最终目标实现（张晓慧，2008）。

正是金融管理体制的变化和风险意识的提高，在货币政策转向间接调控的同时，再贷款（再贴现）作为货币政策工具的作用也日益下降。20 世纪 90年代末期以来，流动性再贷款以回收为主，再贷款工具主要用于特定目的的专项政策性再贷款及金融稳定再贷款，再贴现也主要向涉农小微领域倾斜，用于引导信贷资金投向，促进信贷结构调整。特别是，随着外汇储备的迅猛增长和流动性过剩，再贷款（再贴现）调节基础货币的作用大大下降，外汇占款逐渐成为基础货币供给最主要方式（见图 5-12）。

在 2001 年加入 WTO 之后不久，中国经济逐渐走出了东亚金融危机冲击和通货紧缩的影响，开始进入新一轮上升周期。在强劲经济增长、持续大规模外贸顺差以及强制结售汇安排下，中国的外汇占款（外汇储备）和中央银

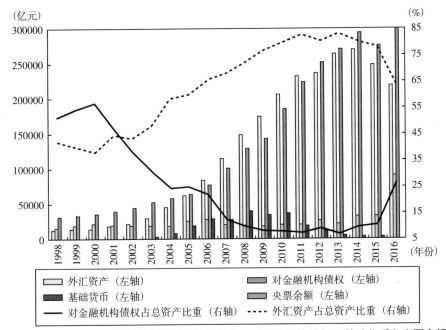

图 5–12　1998~2016 年中国人民银行外汇资产、对金融机构债权、基础货币和央票余额

资料来源：1992 年之前数据来自《中国金融年鉴》各期，1993 年之后数据来自《中国人民银行统计季报》各期。

行基础货币迅速增长，由此构成了最近十多年来中国流动性最主要的来源。虽然 2001 年以来我国逐渐放松外汇管理政策，鼓励居民和企业持有外汇，但在人民币汇率升值的强烈预期下，流动性过剩始终是这一时期货币政策操作最主要的矛盾。大量的国际收支顺差（主要是货物贸易顺差）成为中国经济运行的显著特征，并对中国的货币政策产生了重大影响。国际收支顺差使中央银行不断被动购入外汇、吐出过量的人民币基础货币，并直接增加货币供给，从而形成流动性过剩的压力。由于中国人民银行持有的政府债券数量相对较少，现券卖断和正回购受央行持有债券资产的限制，因而传统的公开市场操作已无法满足回收市场流动性的要求。为此，中国人民银行于 2003 年 4 月正式推出中央银行票据。发行央行票据是在保持中央银行资产不变的情况下，通过对央行负债结构的调整以对冲基础货币和商业银行可自由支配用于发放贷款的资金，从而间接控制商业银行的信贷规模和货币增长。中央银行票据成为当时公开市场操作回收市场流动性的最主要手段。同时，中国人民银行还前所未有地充分发挥存款准备金工具深度冻结流动性的作用，建立差别准备金制度并引入动态调整机制，加强"窗口指导"和信贷政策引导，并在市场化进程中发挥利率手段的调控作用（张晓慧，2011）。

（三）近年来的流动性新格局和基础货币供给渠道创新

全球金融危机后，在大规模刺激政策的作用下，中国经济于 2009 年第二季度迅速反弹，对外贸易在短暂下降后逐步恢复快速增长。而且，由于主要发达经济体增长缓慢并实行超低（零）利率政策，大量国际资本涌入中国，这使外汇储备规模日益庞大，流动性过剩局面未得到根本改观，通货膨胀压力巨大。为此，在货币政策由适度宽松转向稳健的同时，我国加大了资本账户开放、人民币国际化和利率汇率市场化改革的步伐，长期困扰我国的外汇占款和流动性过剩格局开始出现新的变化。从 2011 年开始，国际收支双顺差局面出现改观，经常账户顺差占 GDP 的比重首次回落到国际认可的 4%以下，并始终处于合理区间；国际资本流动日益频繁、波动明显加剧，从流动性过剩开始出现的 2002 年起到 2014 年末，共有 11 个季度资本账户出现逆差，其中有 2 次出现在次贷危机的 2007 年和全球金融危机爆发的 2008 年，而 2011 年之后就出现过 6 次资本账户逆差；由于经常账户顺差日趋合理以及资本流出等因素影响，2011 年下半年外汇储备余额开始出现小幅下降，而排除汇率和资产价格影响的国际收支口径的储备资产甚至在 2012 年第二季度出现负增长；2012 年资本和金融账户项目还出现了小幅逆差（为 168 亿美元），2014 年第二季度以来资本账户开始呈现连续逆差态势（只是由于 2014 年第一季度

资本账户出现较大规模顺差，2014 年全年资本账户仍实现了小幅顺差），我
国双顺差的国际收支格局和流动性过剩局面出现根本性扭转（见图 5–13）。
正是由于中国的国际收支趋于基本平衡，汇率开始呈现双向波动的态势并逐
渐接近均衡水平，货币政策当局也意识到外汇储备的边际成本大于边际收益
（易纲，2013a），中国人民银行大幅减少了外汇干预并曾经于 2014 年第二季

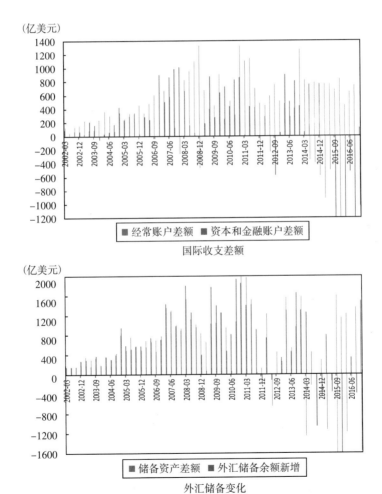

图 5–13　2002 年以来各季度经常账户、资本和金融账户差额及外汇储备变化
资料来源：Wind、CEIC，2015 年以来各季资本和金融账户差额根据 BPM5 标准调整而得。

度后一度基本上退出了常态化的市场干预（胡晓炼，2014b）。

在国际方面，主要发达经济体货币政策开始出现分化。2012 年下半年以来，随着美国经济逐步好转，市场对于美联储退出量化宽松政策的预期普遍升温。特别是随着美国就业数据和主要宏观经济指标连续接近并突破原有的前瞻性指引条件，美元于 2015 年底开始加息，美元指数持续走强。与美国类似，如果排除英国于 2016 年脱欧事件的冲击影响，英国经济也走上了非常显著的复苏道路。与此同时，近年来欧洲、日本等主要发达经济体表现疲弱，量化宽松政策持续加码，甚至采取了极端的负利率政策，再加上巴西、俄罗斯等部分新兴经济体实体经济仍面临较多困难甚至发生危机，引发了流动性资金回流美国和全球资本市场的剧烈波动。

正是由于内部因素和外部因素的共同作用，2002 年以来的外汇储备迅速增长和流动性过剩局面已经出现了根本性改变。为此，中国人民银行在 2011 年大幅削减了中央银行票据的发行规模，2012 年全年停止发行中央银行票据，并在 2013 年上半年由于外汇储备大幅上升而仅发行 5 千多亿元央票进行对冲后，完全停止了央票发行，市场上仅存少量未到期的中期央行票据。在 2012 年停止央票发行的同时，中国人民银行重新启动了公开市场操作逆回购业务，向市场注入流动性。同时，为应对宏观流动性格局的新变化，考虑到外部形势不稳、资本流动多变以及多重因素叠加对流动性波动的影响，2013 年初中国人民银行立足现有货币政策操作框架并借鉴发达经济体相关经验，创设了公开市场短期流动性调节工具（SLO）和常设借贷便利（SLF）等新型短期流动性管理工具，并在 2014 年创设和开展中期借贷便利工具（MLF），为金融机构提供中期资金支持，为开展抵押补充贷款工具（PSL）为开发性金融支持棚户区改造提供长期稳定、成本适当的资金。为进一步充分发挥中央银行流动性管理和引导金融机构优化信贷结构的功能，2013 年中国人民银

行还完善了再贷款体系，将流动性再贷款与信贷支持和结构调整再贷款进行
了明确的功能区分，在 2014 年 SLF 在十省市试点的基础上在全国范围推广
分支行常备借贷便利。同时，2013 年，我国进一步调整再贷款分类，将原流
动性再贷款细分为流动性再贷款和信贷政策支持再贷款，为弥补小微金融机
构抵押品不足，开展信贷抵押再贷款试点工作。流动性再贷款和 SLO、SLF、
MLF 等流动性创新工具，主要用于向符合宏观审慎要求的金融机构按需提供
流动性支持，共同与常规公开市场操作和准备金等传统货币政策工具相结合，
根据经济金融形势和市场流动性需要向金融体系提供流动性和基础货币（见
图 5-14）。

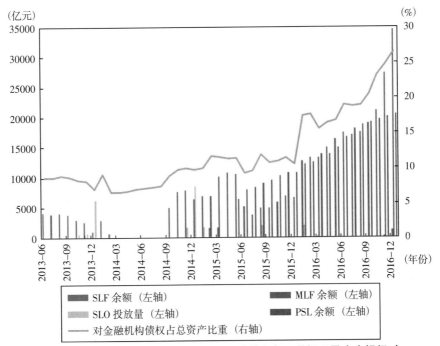

**图 5-14　2013 年 6 月以来中央银行流动性创新工具概况及中央银行对
金融机构债权占总资产比重**

资料来源：Wind、CEIC。

随着中国外汇储备逐步向常态化合理规模收敛，外汇占款作为基础货币投放主要方式将逐步淡出，中央银行通过各种创新性工具以及购买包括国债在内的高等级债券的常规化公开市场操作，将成为未来中国基础货币投放的主要渠道，这与主要国家中央银行的常规货币政策操作模式是一致的（易纲，2015）。2015 年 10 月，我国取消了存款利率上限管制，历经近 20 年的利率市场化改革基本完成，这在我国利率市场化和整个金融改革历史上都具有重要的里程碑意义。我国在放开存贷款利率管制、逐渐淡化并将最终取消存贷款基准利率手段的同时，出于货币调控工具体系、货币传导机制和金融机构定价能力等方面的考虑，仍保留了存贷款基准利率作为必要的政策过渡，未来仍将转向各国 20 世纪 80 年代以来普遍采用的以短端利率作为政策目标的常规价格型货币调控模式。为此，中央银行在优化再贷款机制和公开市场操作的同时，2014 年以来我国取消了存贷比限制，改进了准备金管理方式并采用平均考核法，加强 SLF、MLF 及再贷款和准备金利率作为市场利率上下限的约束作用。于 2015 年 11 月宣布努力将 SLF 利率打造为市场利率上限，进一步完善符合中国国情的利率走廊机制和功能。2016 年 2 月起，将每周两次公开市场操作扩展为每日操作，提高中央银行市场利率引导能力，积极探索由数量为主向以利率价格为主的货币调控方式转型。

第六章

经济新常态下的中国经济增长、最优外汇储备与货币调控方式转型

随着劳动力比较优势的变化和产业技术升级，在经历长达三十多年的高速增长之后，投资和出口导向的传统增长模式的空间逐渐耗尽。中国经济正进入以创新驱动、结构升级和中高速增长为特征的经济新常态。与此同时，在全球金融危机后世界经济日趋"新平庸"（New Mediocre，Lagarde，2014）的国际背景下，中国的外汇储备开始向最优规模收敛，支撑长期投资的流动性格局已发生根本性转变，这意味着货币调控方式的相应转型。

一、经济新常态下的中国经济增长与结构优化

（一）向中高速增长路径收敛的经济新常态

尽管改革开放以来中国保持了近 10% 的年均经济增速，但至少从 2011 年末开始，中国经济已处于明显的下行轨道，货币政策的大规模放松最直接的后果就是推升资产价格而非实体经济增长，外部经济环境至少并不比全球金融危机期间更差。显然，当前的经济增速下行主要还是趋势性原因，也就是随着要素禀赋、资源条件、技术水平和国际经济分工体系格局的改变，生产函数发生了明显的变化，这符合经济学中经典的增长"收敛假说"（Con-

vergence Hypothesis，Solow，1956；Baumol，1986）。处于起飞阶段的经济体
在经历一段时期的经济高速增长后，经济增长不可能始终维持初始水平的高
增长，当经济发展到一定水平时，经济增速必然出现一定程度的趋势性下降，
否则将意味着经济会一直处于赶超扩散状态而无法实现稳态增长，这就是对
"收敛理论"最直观的理解。随着一个经济体的人均资本存量或人均收入水平
不断接近高收入国家（即"前沿国家"，通常以美国为代表），原有的追赶速
度必然在经济发展到某一阶段后开始下降，因而落后经济体在经历高增长后，
未来经济增速必然会出现下降，这也被称作经济增长率收敛规律。Lucas 对
中国未来增长率的判断曾给出一个非常简单的公式（张琼，2014）：中国经济
增长率 = 0.02 ×（美国人均 GDP/中国人均 GDP）$^{0.67}$，这就是基于增长的收敛理
论，即中国与美国人均产出差距越大，中国的经济增长率就越高；如果中国
与美国人均产出相当，那么中国的经济增速就将维持在 2% 左右；当前中国
与美国的人均产出正不断接近，因而中国的经济增速也将出现趋势性下降。

根据收敛理论及各国经济增长的典型性事实，考虑到未来各种改革和结
构性调整情况，很多研究都对中国未来二十年甚至更长时期的经济增长进行
了预测。例如，Eichengreen、Park 和 Shin（2012）对近 50 个经济体的经验研
究表明，经济减速最有可能发生在人均收入为美国 58% 的水平，即以购买力
平价计算的 2005 年不变国际价格 17000 美元左右，之后经济增速将平均下降
至少两个百分点。Eichengreen、Park 和 Shin（2013）利用更新的数据对相同
样本进行更为细致的分析，完善了之前的分析结论。他们发现各国除了将在
人均收入达到 15000~16000 美元时经济最有可能出现减速外，在人均收入为
10000~11000 美元时，也容易出现经济增长的放缓。根据 Eichengreen、Park
和 Shin（2012）的计算，中国以购买力平价计算的人均收入将在 2015 年或之
后不久就达到美国的 58% 这一临界水平，因而未来中国经济增速出现趋势性

下降是大概率事件。按照 Eichengreen、Park 和 Shin（2012，2013）的推算，经济增速应较过去潜在产出增速至少低 2%，也就是说，未来中国的潜在产出增速不可能继续维持在 8% 以上，2011~2020 年中国经济将以年均 6.1%~7% 的速度增长，而 2021~2030 年中国经济的年均增速将进一步降至 5%~6.2%。在 Pritchett 和 Summers（2014）所列举的持续超过 6% 的高速经济体中，高增长阶段结束后平均增速将下降 4.79%，以此计算，未来中国经济增速将降至 5.11%。Pritchett 和 Summers（2014）甚至认为，考虑中国已高速增长 30 多年，根据"回归均值"规律，中国今后 20 年平均增速会迅速回落到 3.9%。Lee 和 Hong（2012）也预测，在其他条件不变的基准情形下，2011~2030 年中国的年均经济增速约为 5.5%（2011~2020 年为 6.09%，2021~2030 年为 4.98%），而在教育、研发和知识产权保护等改革情形下，年均经济增速可提高至 6.6%（2011~2020 年为 7%，2021~2030 年为 6.23%）。世界银行和国研中心课题组（2013）也预测，未来 20 年中国经济增速将比过去 30 年平均水平低 1/3（由过去的 9.9% 降至 6.6% 左右，并在 2025~2030 年降至 5% 左右）。陆旸、蔡昉（2014）对人口政策的分析表明，无论采取何种人口调整政策，到 2030 年中国潜在产出增速都将降至 5.5% 以下，并且在 2046~2050 年进一步降至 3.29%~4.25%。张军等（2016）通过跨国数据经验分析表明，未来 20 年中国人均 GDP 年均增长潜力为 6.02%。可见，未来中国经济将由高速增长转向中高速增长，这应是当前宏观分析的共识和前提，过去侧重于经济增长的总量矛盾并不构成未来宏观经济的主要矛盾，中国经济必须寻求新的经济增长方式，而这又与宏观经济结构密切相关。

（二）经济收敛条件与宏观经济结构

根据收敛理论，潜在产出增速的下降是随着经济向前沿国家靠近而逐渐下降的，除非这个过程受到一些外生因素的剧烈干扰或是人为的政策阻碍，使资源出现严重的错配，否则经济增速并不会突然失速下降。不过，Pritchett 和 Summers（2014）通过对 100 多个国家的经验研究却发现，尽管有关增长的"唯一最强大和惊人的事实"是回归大约为 2% 均值增长路径（美国的潜在产出增速），但高速增长期的平均长度是 9 年，只在极少的情况下，一国才会在超过 6% 的超高速增长水平上维持 10 年以上（见表 6-1）。虽然很多国家经济迅速发展并达到中等收入水平，但成功实现向高收入跨越的成功案例却非常少，这也就是所谓的"中等收入陷阱"（Gill and Kharas，2007）。一国经济达到中等收入水平并接近高收入水平时，曾推动其经济迅猛发展的劳动力成本和由于采用的技术等优势因素将不复存在，为实现经济快速增长必须寻求新的增长来源。世界银行和国研中心课题组（2013）发现，在 1960 年 101个中等收入经济体中，仅有 13 个经济体在 2008 年成为高收入经济体。很多后起国家由于剧烈的外部冲击（如很多东南亚国家）和不当的国内政策（如很多拉美国家），无法顺利实现从低收入阶段向高收入阶段的跨越。因而，经济将在发展到什么阶段最容易出现增速的明显下降，成为经济学家们关心的问题。

表 6-1　所有 6% 以上高速增长经济体经济表现

单位：%

经济体	A 列	B 列	C 列	D 列	E 列	F 列	G 列	H 列	I 列	J 列
安格拉	2001	cont.	12	10.14			12.63	16.23	8.79	12.98
博茨瓦纳	1982	1990	8	6.65	2.80	−3.85	28.17	111.09	−18.33	18.55
柬埔寨	1998	cont.	15	8.16			18.15	21.36	11.83	12.25
智利	1986	1997	11	6.16	2.79	−3.37	24.48	27.72	18.88	14.35
中国	1977	1991	14	9.10	10.24	1.14	36.05	38.36	33.33	8.72
中国	1991	cont.	22	10.24			41.81	49.29	35.12	11.99
中国	1991	2002	11	10.30	10.18	−0.12	38.64	44.48	35.12	11.46

续表

经济体	A 列	B 列	C 列	D 列	E 列	F 列	G 列	H 列	I 列	J 列
中国	2002	2013	11	10.18			44.65	49.29	37.87	12.53
塞浦路斯	1975	1984	9	6.04	3.81	−2.23	32.70	38.73	22.53	14.67
多米尼加	1968	1976	8	6.29	1.01	−5.28	20.30	24.51	15.37	15.09
厄瓜多尔	1970	1978	8	6.55	−0.39	−6.94	22.57	26.60	19.56	7.51
加蓬	1968	1976	8	9.26	−2.66	−11.92	34.75	59.05	22.13	35.71
希腊	1960	1973	13	6.98	1.50	−5.48	28.13	53.31	2.39	14.50
中国香港	1968	1994	26	7.76	2.37	−5.39	26.04	34.94	16.36	8.48
中国香港	2003	2008	5	6.32	2.72	−3.60	21.75	22.38	21.04	3.43
印度	2002	cont.	11	7.54			33.43	38.03	24.97	10.16
爱尔兰	1987	2002	15	6.40	0.37	−6.03	19.34	23.92	14.75	7.30
日本	1959	1970	11	8.99	3.40	−5.59	32.23	38.84	25.59	13.58
日本	1970	1990	20	4.55	0.93	−3.62	31.94	38.84	27.64	4.97
日本	1990		23	0.93			25.06	32.49	19.67	−0.58
约旦	1974	1982	8	8.18	−4.35	−12.53	37.37	46.03	31.54	15.30
韩国	1962	1982	20	6.27	8.40	2.13	24.57	33.94	13.36	17.19
韩国	1982	1991	9	8.40	4.42	−3.98	29.72	36.85	26.77	14.04
老挝	2002	cont.	11	7.63			26.30	34.09	17.76	16.60
马来西亚	1970	1979	9	7.66	1.52	−6.14	22.94	27.73	20.19	13.88
马来西亚	1987	1996	9	6.69	2.10	−4.59	34.36	43.64	20.87	16.76
摩洛哥	1960	1968	8	7.25	3.85	−3.40	11.15	13.25	9.70	15.13
巴拉圭	1971	1980	9	6.16	0.66	−5.50	24.62	31.26	15.06	17.58
葡萄牙	1964	1973	9	7.10	1.73	−5.37	22.94			
塞拉利昂	1999	cont.	14	7.95			12.36	40.37	0.29	21.38
新加坡	1968	1980	12	7.94	4.17	−3.77	38.02	45.03	24.65	17.03
新加坡	1987	2000	13	7.88	2.57	−5.31	34.68	38.20	31.57	8.43
新加坡	2003	2011	8	7.09	3.17	−3.92	24.53	30.44	17.64	10.20
新加坡	1980		33	6.63			33.12	46.95	17.64	6.66
泰国	1987	1995	8	6.51	1.85	−4.66	38.01	42.84	27.87	16.47

续表

经济体	A 列	B 列	C 列	D 列	E 列	F 列	G 列	H 列	I 列	J 列
中国台湾	1962	1994	32	6.77	3.48	−3.29	24.02	36.97	9.88	13.53
特立尼达和多巴哥	1997	2006	9	7.97	0.09	−7.88	24.55	33.38	15.65	9.86
平均				7.52	2.41	−4.79	27.08			15.09

注：列 A 为经济进入高速增长（6%）阶段初始年份；列 B 为经济高速增长阶段结束年份（持续国家截至 2013 年）；列 C 为经济高速增长持续期；列 D 为高速增长阶段平均经济增速；列 E 为高速增长阶段结束后平均经济增速；列 F 为不同经济增长阶段经济平均增速变化；列 G 为经济高速增长期间平均投资占 GDP 比重（资本形成总额/GDP）；列 H 为经济高速增长期间投资占 GDP 比重最大值；列 I 为经济高速增长期间投资占 GDP 比重最小值；列 J 为经济高速增长期间投资平均增速。

其中，经济高增长经济体样本主要根据 Pritchett 和 Summers（2014）确定；斜体经济体为作者根据实际数据进行样本调整，由于截止年份调整，E 列部分数据进行了重新计算，并相应调整列 F 数据；平均数据样本为 Pritchett 和 Summers（2014）。

资料来源：Pritchett 和 Summers（2014）；世界银行 WDI 数据库，Wind，CEIC。

应当看到，即使是未来中国经济增速出现趋势性下降，但 6% 左右的中高速经济增长仍将保证中国成为高收入经济体。虽然如何避免"中等收入陷阱"并非本书的主题，不过正如前文指出的，剧烈的外部冲击和不当的国内政策将很容易使一国无法顺利实现向高收入国家的跨越。事实上，日本在 1971 年布雷顿森林体系开始解体和 1973 年第一次石油危机的冲击之后，再也没有恢复到 20 世纪 70 年代之前的高速增长路径。而 1985 年广场协议之后为了应对汇率升值，采取了不当的扩张性货币刺激政策，最终经济并未真正实现快速增长，反而陷入长期经济低迷的"失去的二十年"。只是由于 1973 年日本经济在经历严重外部冲击时，其按购买力计算的人均国民收入已经超过了美国的 60%，亚洲"四小龙"在经济步入中高速增长区间时，按购买力计算的人均国民收入也接近了美国的一半，因而这些经济体基本实现了向高收入经济体的跨越。可见，在经济增速出现明显的趋势性下滑时，经济发展水平以及应对经济下滑政策恰当与否，对于一国未来能否保持经济的较快增长并成为高收入经济体至关重要。

Eichengreen、Park 和 Shin（2012，2013）的研究不仅识别了高增长经济体增长断点，还指出了一国可能面临增长陷阱的条件。他们发现，一旦出现劳动力剩余耗尽（即出现刘易斯转折点）、产业和就业结构由制造业进一步转向服务业、资本存量扩张并要求更多资本折旧、经济趋向技术前沿（必须从引入技术转向本土创新）等任何一种情况，高速增长的经济体就会出现明显的增速下降。不过，经济增速的下降将是一个相对缓慢而非突然失速的过程，拥有较高教育水平的人口结构以及出口较多份额高科技产品的国家，经济减速的可能性较低；经济增速下滑最有可能在真实汇率低估且消费占 GDP 较低的国家出现，特别是消费率越低的国家经济下滑概率更大。世界银行和国研中心课题组（2013）也指出，经济重新回到平衡而可持续的经济增长方式，需要在人均收入增长的同时，提高服务和消费的比重。可见，宏观经济结构与未来中国经济增长路径的变化存在非常密切的关系，具有非常重要的政策含义。

虽然在所有高增长经济体中，中国持续三十多年的高速经济增长，是人类经济增长史上非常罕见的例外，仅规模较小的亚洲"四小龙"开放经济体（新加坡、中国香港、中国台湾和韩国）的经历与中国接近，但与所有高增长经济体不同的是，中国投资（资本形成总额）占 GDP 的比重异常之高。至少从 20 世纪 90 年代中后期开始，特别是最近十多年来，中国经济呈现出明显的投资驱动的特征，投资需求（特别是固定资本形成）占 GDP 的比重持续上升，而消费需求（特别是居民最终需求）占比则持续下降。最终消费支出占 GDP 的比重在 2010 年降至 48.2% 的历史最低水平，当年居民消费支出占 GDP 的比重也降至最低的 34.9%，资本形成占 GDP 的比重在 2011 年达到最高的 48.3%，而固定资本形成占比则在 2013 年达到最高的 45.9%。与此同时，三大需求中投资对经济增长的贡献率日益提高，2009 年投资的 GDP 贡献率甚至高达87.1%。中国的投资率不仅在当前全球主要经济体中是最高的，而且也是表6-1中所有高速经济增长经济体中最高的（甚至中国高速增长时期的平均投资率比所有高增长经济体高增长阶段平均投资率高近20%）。以要素投入和投资作为主要驱动力的经济模式，也被广泛诟病为粗放型增长模式。当经济步入趋势性减速轨道时，这一传统增长模式将难以为继，亟须优化升级并实现有效率的创新增长，这对于中国能否避免经济大幅度减速并跨越中等收入陷阱，具有决定性的意义。

（三）人口禀赋、经济结构与外汇储备

在经历三十多年高速经济增长之后，支撑中国经济的劳动力禀赋因素已发生了明显的改变，这对中国的比较优势和经济结构将产生非常重要的影响。在人口政策的影响之下，早在2003年前后中国就开始进入"刘易斯转折点"（蔡昉，2010，2013），在广东、浙江等沿海地区农民工工资开始逐渐上升并持续出现用工荒，我国农村剩余劳动力转移已基本完成。特别是在全球金融危机之后，中国的工资成本迅速上升，过去的劳动力成本优势逐渐丧失。与之相对应，如图6-1所示，我国人口抚养比（15岁以下及65岁以上人口占比）从2010年开始上升。根据国家统计局数据，2014年，我国16~59岁劳动力资源数量为91583万人，较上年减少了371万人。按照联合国对生育率非常悲观的估计，到21世纪末生育率低估条件下的抚养比将上升至94%，老龄化已是中国面临的迫切问题。

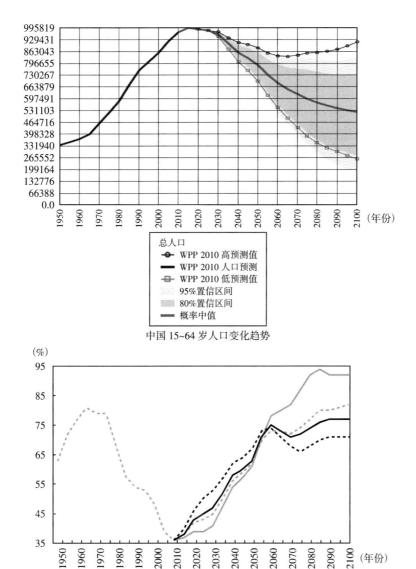

中国 15~64 岁人口变化趋势

人口抚养比及其变化趋势

图 6-1　中国的人口结构及变化趋势

资料来源：United Nations，World Population Prospects（2012 Revision）。

正如前面有关人口结构和储蓄率的分析指出的，随着抚养比的上升和老龄化时代的来临，一国将不得不增加消费并降低储蓄率。由于劳动力成本优势的丧失，过去的劳动密集型产业技术的竞争力大大下降，而早在20世纪90年代中国就已经告别了短缺经济和基本产品的供给不足，传统产业相对饱和，其供给能力已大幅超出需求，第二产业（特别是低端制造业）不可避免地面临调整。与此同时，我国医疗、养老以及居民服务的需求将持续提高，第三产业发展空间更为广阔。2013年以来，中国的服务业产出占比首次超过第二产业，成为对经济增长的贡献度和拉动作用最大的产业，这说明了人口结构变化对经济结构的影响。由于服务业较制造业相比增长更为稳定，能够更多地吸收劳动力，未来中国经济波动也将更加平稳，就业形势也更加乐观。我国的调查失业率始终稳定在5%左右，2016年12月和2017年4月甚至分别降至4.95%和4.9%。反映劳动力供求的求人倍率始终朝着岗位空缺多于求职人数的方向发展，而且无论是经济发达的东部地区，还是劳动力资源相对丰富的中西部地区，劳动力市场都表现出相同特征，甚至近年来西部地区劳动力市场需求缺口较东中部地区更大。2014年第四季度，全国求人倍率达到1.15，创该项数据统计以来的最高水平（见图6-2）。另外，由于刘易斯转折点的到来和用工荒，低端劳动力供给相对短缺且工资上涨明显，这也有利于要素收入分配的合理化。

可见，由于人口和劳动力禀赋的变化，中国将不得不告别出口导向的发展模式。过去十多年出口成为经济主要拉动力量，很大程度上得益于WTO红利和国际市场空间的快速扩张，随着全球金融危机的爆发和中国要素禀赋优势的变化，尽管目前出口优势依然存在，但欧洲和日本经济复苏乏力和新兴经济体增速下降导致全球总需求不振，出口对经济发展支撑性作用的效果也将大大下降。而且，随着人口结构的调整和老龄化社会的到来，消费对经

济增长的作用将进一步加大。随着过去模仿型排浪式消费阶段基本结束，个

性化、多样化消费渐成主流，这也意味着消费和对外需求的增加，未来经常

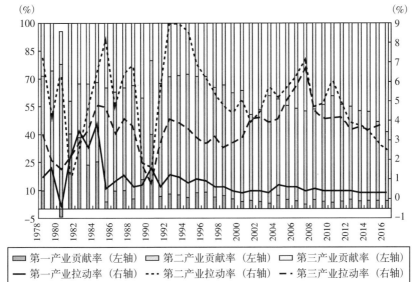

三大产业对 GDP 的贡献率和拉动率

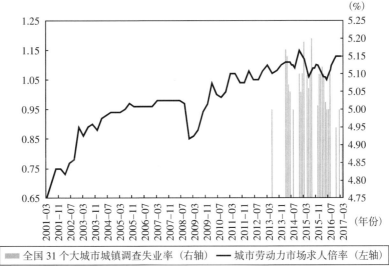

劳动力市场状况

图 6–2 中国的宏观经济产业结构与劳动力市场状况

资料来源：Wind，CEIC，其中 2014 年 3 月以后各月求人倍率根据季度数据线性插值而得。

账户甚至很有可能出现逆差。这样一来，即使不出现大幅的资本流出，中国的外汇储备规模也不会进一步增加，反而由于汇率稳定和进口增加社会福利等目标，外汇储备将进一步向常态化的合理水平收敛。

（四）投资主导的增长方式转型

正是由于人口禀赋和产业技术条件的根本性变化，中国经济将由传统的要素驱动、投资驱动转向创新驱动，经济结构不断优化升级，并由高速转向中高速增长轨道，从而进入新常态经济增长模式。而且，也应认识到，目前我国人力资本、劳动参与率提高等所带来的第二次人口红利仍有巨大开发潜力（蔡昉，2010），供给创新激活的消费需求和与国际技术创新同步的产业升级为中国经济转型提供了广阔空间。特别是，在人口结构变化的同时，我国的人力资本质量大幅提高，这将进一步促进研发投入和服务业发展，加快经济创新驱动的步伐，有力支撑未来中国的中高速经济增长。应当看到，决定经济长期增长绩效的是总供给而非总需求。经济增速向中高速常态水平收敛过程中，总量矛盾并非主要矛盾，经济结构优化调整才是当前的主要问题。然而，尽管对人口结构、产业调整和储蓄率的分析已经表明，当前高储蓄、高投资的传统经济增长模式已难以为继，但目前国内很多学者都对中国投资率是否过高及其合理性提出了质疑，因此有必要对这些观点做进一步的分析。

首先，无论是从官方统计数据还是世界银行、IMF等国际组织的数据来看，中国投资率几乎是所有高增长经济体中最高的，在缺乏可靠统计方法和数据来源的前提下，没有理由怀疑官方统计数据的真实性。虽然中国的统计数据存在各种各样技术上的瑕疵，但毕竟国家统计局采用的是国际通行的国民经济核算方法，很早就获得了世界银行等国际组织的认可（许宪春，1999），并通过改革统计制度、开展经济普查、改进统计技术等方式不断得以完善（许宪春，2013b）。朱天、张军（2012，2014）认为中国官方统计数据存在系统性偏差、人为低估了消费率，这一观点是完全站不住脚的。一是虽然认为中国消费被低估，但朱天、张军（2014）认为支出法国民经济核算中，固定资本形成数据应与固定资产投资相一致，而这样得到的投资率反而会更高，与其消费率过低的观点是矛盾的。甚至，朱天、张军（2014）认为固定资本形成数据是根据生产法/收入法 GDP 和消费、净出口数据倒推计算得到的结论，这更是非常不严谨的。固定资本形成和固定资产投资是两个完全不同的统计指标，投资统计中的固定资产投资重点是服务于建设项目管理的需求，反映建设项目的进展及其详细结构，而支出法 GDP 中的固定资本形成总额是用于计算最终需求结构的重要统计指标，其统计口径范围、资料来源和计算方法存在明显的差异（许宪春，2010，2013a，2014）。固定资产投资是一个流量概念，只要增加了固定资产投资就计入该指标，而固定资本形成是一个存量概念，必须是新创造的固定资产才能计入该指标（沈明高，2009）。2004 年恰是我国土地完全实现"招拍挂"的年份，土地出让金是很多地方政府重要的财政收入来源（有些地区甚至占预算收入的 50%以上），快速上涨的土地价格以及旧设备、旧建筑物购置费能够很大程度上解释两个指标不断扩大的差异（许宪春，2009），而低效率投资（漏损）及淘汰过剩产能等因素也是造成两个指标差异的重要因素（沈明高，2009）。二是虽然目前国家统计局采用历史成本和较低的折旧率低估了居住支出，但仍无法解释为什么以同样方法核算，消费占 GDP 比重（特别是居民消费占比）呈现趋势性下降，当前消费占比较 2000 年左右约低十个百分点。而且，如果是提高折旧率以提高虚拟租金的话，那么 GDP 也要相应地增加，这样由于居住支出低估而导致的消费占比被低估的程度可能并没有想象的那样大。三是对高收入群体消费的准确统计不仅是中国的问题，而是所有国家共同面临的问题（张晓波，

2014)，不能过分夸大高收入群体收支统计漏损的影响。类似地，也不应高估职务消费的统计漏损对最终数据真实性的影响，从支出法 GDP 统计来看，近年来政府消费支出占比基本稳定在 13.5%左右。可见，无论是横向的国际比较，还是纵向中国消费率的变化，都无法有力支撑中国消费率低估的观点。

其次，朱天和张军（2012）、张军（2014）认为，决定长期经济增长的是投资而非消费，这与短期通过需求（消费）拉动经济增长的传统凯恩斯政策有着本质的区别。确实，根据增长理论，这个观点是正确无疑的。但是，一方面，根据宏观增长理论，决定经济增长的实际上是资本存量（及其质量）而非流量，而投资率等国民经济核算指标实际上是一个流量指标。另一方面，更重要的是，尽管流量投资的增加可以提高资本存量，但这要求这类投资必须是有效率的投资，也就是必须能够转化为未来消费从而提高居民社会福利，也就是说投资必须是有效益可持续的投资。否则，就会像 Krugman（1994）所指出的，仅通过要素投入的增加实现的快速经济增长是不可持续的。从支出法来看，作为流量的资本形成本身就是经济增长的一部分，但如果这种投资无法形成未来正的现金流，那么即使是再快的投资对经济增长而言也是没有任何意义的。

再次，朱天和张军（2012）、宋铮（2014）等认为，中国的投资回报率是很高的，否则无法解释持续三十多年的高增长。确实，中国高速经济增长很大程度上是来自资本效率的提高和投资主导的经济增长方式。孙文凯、肖耿和杨秀科（2010）的分析表明，中国的高投资率主要是高资本回报率导致的。但是，高投资回报率仅能够解释过去的高增长，随着投资和资本存量的快速扩张，要素边际收益递减规律将发挥主导作用。白重恩、张琼（2014）对中国资本回报率的估算及分析表明，全球金融危机以来，投资率的大幅攀升和政府规模的持续扩大是 2008 年以来中国资本回报率大幅下降的重要原因。

最后，投资率是否合理应与投资效率密切相关。尽管通常来说高投资率有利于资本存量积累并改善存量资本质量，从而提高资本的 TFP 并进而实现经济的快速增长，但如果要素报酬比较收益递减足以抵消资本效率的提高，那么提高投资率对经济长期健康增长来说并没有正向意义。如果经济增速明显回落，那也意味着要素效率改进的下降，因而稳态情形下投资率也应相应回落。因此，随着中国潜在产出增速的趋势性下降，投资率也必将下降。中国的投资率在 2011 年达到顶峰后开始下降，与理论所揭示的情形相符。可见，作为经济增长一部分的投资的快速增长与经济增速密切相关，而投资率与经济增速的关系则并不确定。对表 6-1 中高增长经济体投资率、投资增速和 GDP 增速的回归结果，可以充分说明这一点。笔者对表 6-1 中样本进行截面数据回归，结果如表 6-2 所示，观察结果可以发现，经济增速与投资增速至少在 10% 显著性水平下具有正的相关关系，而无论是否控制投资增速变量，投资率都与经济增速不存在显著相关关系。

表 6-2　高增长经济体投资增速、投资率与经济增速的关系

	GDP 增速	GDP 增速	GDP 增速
常数项	5.9547 (0.9351) ***	6.0585 (1.0580) ***	4.7286 (1.3343) ***
投资增速	0.1092 (0.0587) *		0.1075 (0.0612) *
投资率		0.0467 (0.0372)	0.0444 (0.0379)
R2	0.1386	0.0469	0.1803
S.E.	1.6512	1.7126	1.6350
F	5.4723**	1.7207	3.6301**

注：***、**、* 分别代表显著性水平 1%、5% 和 10%，括号内数字为 White 异方差一致标准差。

二、经济新常态和外汇最优规模收敛条件下货币政策转型的迫切性

随着中国经济告别高速增长转入中高速增长的经济新常态，在经济结构的优化升级和各项金融改革的加快推进条件下，当前过于庞大的外汇储备也将会逐步向最优规模水平收敛。外汇占款逐步退出基础货币供应的主要渠道，我国的流动性格局发生了根本性的变化，长期以来以货币供应量、准备金等作为主要中间目标和手段的数量型货币调控迫切需要向以利率为主的价格型调控方式转型。

（一）流动性新格局要求中央银行更加关注货币市场利率稳定目标

在数量为主的货币政策模式下，长期以来中央银行货币操作主要关注基础货币和市场流动性，尽管货币市场利率稳定也是货币政策重要的操作目标，但中央银行更关注超额准备金率、基础货币和市场流动性等数量目标（张晓慧，2008）。因此，在流动性格局发生改变时，政策的惯性和对流动性准确预判的困难，使货币市场利率的波动性越来越大。特别是，目前我国以国有企业和地方政府作为投资主体，以房地产、基础设施建设作为主要投向的资金配置主体和资金配置方向格局短期内难以改变，在外汇占款减少情形下加剧了市场的流动性波动。大量资金仍通过银行贷款以及信托、理财等影子银行渠道投向房地产、基础设施和重化工业产业，资金仍主要被配置到长期资产当中。在流动性过剩和外汇占款作为基础货币主要投放渠道情形下，持续不断的短期资金来源能够支撑长期投资，但在流动性格局逆转条件下，资金的

期限错配矛盾就被充分暴露出来。尽管中央银行采取了很多创新性手段向市场补充流动性，但除了使用方向具有定向作用的 PSL 之外，无论是 SLF、MLF 还是 SLO 等新型流动性管理工具，在期限上都属于一年以下的短期资金，这样在资金来源的期限及其稳定性方面，远远不如外汇占款形式的长期资金，而中长期投资又具有流动性锁定效应，这样市场流动性波动频繁和流动性风险加剧就成为近年金融市场的主要矛盾。如图 6-3 所示，可以非常清楚地看到，2011 年之前，以每天利率计算的月度标准差来衡量，除了全球危机爆发期间外，我国货币市场利率是非常稳定的。随着我国流动性格局的改变，货币市场利率波动越来越大，2011 年以来市场利率标准差明显高于之前水平。2015 年以来，在中央银行各项创新性流动性管理工具的作用下，货币市场利率的波动才出现明显的下降。

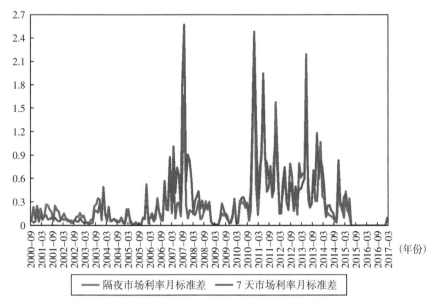

图 6-3　根据日度数据计算的隔夜和 7 天货币市场利率月度标准差

　　资料来源：Wind，CEIC，其中 2003 年 12 月之前为银行间市场同业拆借利率，2004 年 1 月~2006 年 12 月为银行间市场质押式回购利率，2007 年 1 月之后为 Shibor。

由此，就可以很好地理解 2013 年 6 月货币市场的利率波动和近年来出现的流动性紧张现象。这既是受外汇市场变化、现金投放等多重周期性因素叠加的影响，又反映出与实体投资相匹配的金融机构在流动性风险控制和资产负债管理方面的不足。出于提高资金使用效率、实现利润目标的考虑，金融机构在"早投放、早盈利"思想指导下，倾向于通过扩张资产规模增加盈利，甚至在预期政策变化时抢占市场份额，冲高时点规模，在流动性、安全性、盈利性三者进行权衡时，容易忽略流动性风险。金融机构在资金投放时，并未很好地把握负债管理多元化和稳定性的关系。特别是，在过去流动性充裕、市场利率较低时期，为规避相关监管措施，部分金融机构过分依赖同业业务等短期批发性融资开展短放长贷，从而在出现流动性波动时脆弱性凸显。

货币市场利率波动加大恰恰说明在流动性新格局下，以基础货币数量市场流动性作为操作目标更加困难。特别是，随着国际资本流动规模的日益频繁加剧，国内货币市场流动性将不可避免地更多地受到外部因素的干扰。因此，货币政策操作也更应以市场利率稳定作为主要目标，积极利用流动性新格局下货币政策自主性提高的有利时机，在借鉴国际经验上，努力探索符合中国实际的以利率走廊和公开市场操作相结合的流动性管理和利率操作框架，完善 SLF、MLF 等流动性管理工具，强化 SLF 等工具作为市场利率上限的功能，完善常规公开市场操作和 SLO 等政策手段，改进与市场的沟通交流机制，加强中央银行流动性操作和预期管理的水平，进一步提高货币市场利率引导的能力和效果。

（二）利率的可控性、可测性及与最终目标的相关性优于货币数量目标

从政策操作的角度而言，中央银行政策手段的可控性、可测性及与最终

目标相关性是重要的衡量标准（Mishkin，2009）。从可控性来看，虽然中央银行能够调控法定存款准备金率，但由于银行储备和流动性资金可以完全相互转化，超额准备金率又常常受到市场流动性及银行放贷意愿（主要是经济周期因素）的影响，国际资本流动日益频繁且方向更不确定等因素又使中央银行对冲难度进一步加大，因而中央银行也无法完全控制基础货币。同时，货币乘数及货币流通速度又与经济周期等因素密切相关，受经济结构变化及金融创新和技术进步等因素的影响，货币乘数和货币流通速度往往并不稳定，这使中央银行调节的广义货币供给的难度进一步加大（见图 6-4）。与之相反，作为货币市场最大的参与者，中央银行完全有能力通过流动性操作手段引导市场利率（李宏瑾，2013）。因而，利率的可控性要优于货币数量。

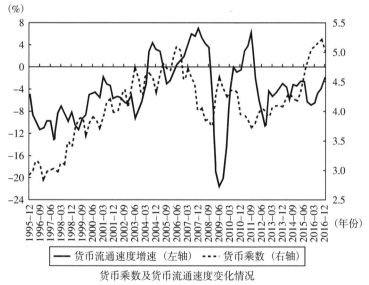

货币乘数及货币流通速度变化情况

图 6-4　中国的货币供应、货币乘数及货币流通速度

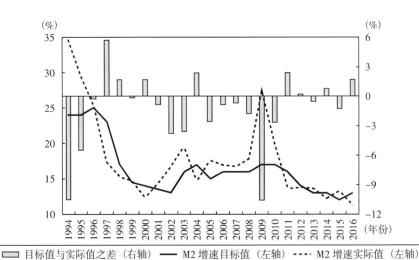

广义货币供应量

图 6-4　中国的货币供应、货币乘数及货币流通速度（续图）

资料来源：Wind，CEIC，其中货币流通速度根据交易方程式（MV=PT）计算而得，以 M2 同比增速作为货币增速，以当季名义 GDP 同比增速作为经济增速和价格变化指标，货币供应目标值来自历年政府工作报告及夏斌、廖强（2001），部分年份区间 M2 目标取中间值。

　　在可测性方面，由于货币乘数和货币流通速度并不稳定，特别是受金融脱媒和金融创新的影响，既定的货币政策目标往往难以有效实现，因而与很多国家一样，我国也不断尝试修订货币统计口径。例如，2001 年 6 月起，我国正式将证券公司存放在金融机构的客户保证金纳入 M2 统计；2010 年 10 月，开始将非存款类金融机构同业存款和公积金纳入 M2 统计。但是，随着金融体系的发展和金融创新活动的日益活跃，货币统计口径修订的速度无法适应日益变化的经济金融实际情况。特别是，理论和经验分析表明，近年来以银行理财和余额宝等互联网金融为代表的金融创新和金融脱媒迅猛发展，传统以银行存款为媒介的信用货币创造机制和货币乘数更为复杂，进一步扩大了存款的货币乘数边际效应，货币数量的可控性更加困难，以货币供应量为中间目标的数量型货币调控效果日益下降（李宏瑾、苏乃芳，2014）。尽管我国曾试图进一步将广义货币统计的范围扩大至包括股票、债券等融资方式

的更为全面的"流动性总量"①。但是，美、英等国的经验表明，流动性总量
并不能很好地体现其与宏观经济和价格的关系，统计上也比较复杂。而且，
很多直接融资数据的发布频率与传统货币统计数据频率并不一致。为此，
2011 年中国人民银行还公布了更广泛的社会融资规模流量统计，并在 2015
年开始公布存量数据，但这实际上仍延续了数量调控的思路，而且由于统计
范围更为广泛，统计过程更为复杂，不同融资方式与货币政策最终目标的关
系仍待更稳健的检验，在国际上也没有可比性的成功经验，因而很难说社会
融资规模是优于货币数量的中间目标。

从与货币政策最终目标的相关性关系来看，分别以 M2 同比增长率、经
季节调整的当月社会融资总量作为数量型目标，以隔夜银行间市场同业拆借
利率、质押式回购利率和 Shibor 作为价格型目标，以工业增加值当月同比增
速（Value）作为经济增长的替代指标，以 CPI 当月同比作为通货膨胀替代指
标，结果如表 6-3 所示。通过计算相关系数可以发现，M2 增长率和社会融
资总量在不同时期与经济增长、CPI 的相关系数是不同的，而且很多情况下
在相关系数的方向上出现了显著性的变化，社会融资总量与货币政策最终目
标的关系并不比货币增速更好。虽然不同时期利率指标与增长和物价的相关
性也并非十分稳健，而且与产出在全部样本期间的相关系数方向与各子样本
出现显著相反变化，说明与产出相关系数更不稳健，但与物价的相关系数表
现并不差于货币数量指标，而且从显著相关性来看所有利率指标与物价都是
显著的，从这一点来说，价格指标在一定程度上优于货币数量指标。

---

① 2011 年初，中国人民银行调查统计司向社会有关金融机构下发《关于货币供应量统计口径修订以
及金融总量、流动性总量编制方案的简要说明（讨论稿）》，就货币统计口径修订情况征求意见。
具体参见《"货币供应量"思变》，《新世纪（周刊）》2011 年第 8 期。

表 6-3　数量型和价格型货币政策目标与工业增加值、CPI 相关系数

		1996.1~2016.12	1996.1~2001.12	2002.1~2010.12	2011.1~2016.12
M2 Growth	Value	0.469***	0.306**	−0.009	0.508***
	CPI	0.214**	0.837***	−0.293***	0.405***
SFS，sea. adj.	Value	−0.400***		−0.258***	−0.108
	CPI	−0.439***		−0.014	−0.401***
Chibor	Value	−0.089***	0.183	0.136	0.312***
	CPI	0.386***	0.728***	0.472***	0.436***
Repo	Value	−0.079		0.191*	0.316***
	CPI	0.387***		0.607***	0.445***
Shibor	Value	−0.053		0.276**	0.380***
	CPI	0.392***		0.670***	0.517***

资料来源：Wind、CEIC，其中 ***、**、* 分别代表 Pearson 显著性水平为 1%、5%、10%，当月社会融资总量数据为经 X12 加法模型季节调整后数据，Chibor、Repo、Shibor 和 SFS 起始日期分别为 1996 年 7 月、2003 年 3 月、2006 年 10 月和 2002 年 1 月，2007 年之后 1 月、2 月工业增加值增速为 1~2 月累计值。

（三）价格型货币调控更有利于与市场沟通和预期引导

20 世纪 70 年代理性预期革命之后，各国中央银行都认识到了预期的重要性，将货币政策视为"调控预期的艺术"。在政策操作中要积极与市场进行沟通，以准确掌握市场动向并使市场及时了解政策意图，提高货币政策的效率，只有这样才能够有效引导市场预期，使政策操作达到事半功倍的效果。因此，积极与市场沟通并有效引导市场预期，甚至被称作新的货币政策传导机制（Woodford，2005；Blinder，Ehrmann，Fratzscher，Hanan 和 Jansen，2008）。80 年代中期以来，全球主要国家进入了较高增长和低通胀的所谓"大缓和"时代（Great Moderation，Bernanke，2004）。虽然进入"大缓和"的原因很多，但重视微观经济主体的预期、重视与市场的沟通并提高政策透明度、遵循一定的规则开展货币决策无疑是非常重要的因素（Summers，

2007；Gali 和 Gambetti，2009)。相反，由于各种事件（如"9·11"、伊拉克
战争）的冲击以及对复杂政策规则情形的回应，2001 年以来以美联储为代表
的主要国家中央银行货币政策更倾向于相机抉择，政策规则的透明度、一致
性和可信度下降，最终引发了全球金融危机（Taylor，2012)。

在各国改进货币决策程序、加大信息披露的力度、加强市场预期引导的
同时，各国中央银行也越来越重视利率政策工具的作用。因为，通常来说，
人们更关注当前和未来价格而非货币总量的信息（Barro，1986)。利率价格
信息更为透明且容易测量，每个交易日都可以获得利率信息，市场能够比较
容易地观察中央银行意图并进行有效预期和决策，中央银行也可以通过观察
市场利率的期限结构观察市场对未来经济、通胀及利率走势的预期，从而科
学地进行货币决策。与利率指标相比，货币总量数据通常比较滞后且在度量
和可控性方面存在困难，中央银行控制货币数量有效性也较差，而对政策目
标经常偏离则更容易损害中央银行政策的可靠性和可信度。大量实证研究也
表明，美国货币总量在经济信息变量、货币政策的指示器和货币规则工具这
三方面的作用并不令人满意，对德国 M3 的经验分析得到了类似的结果。而
且，利率政策在平滑收入波动方面发挥了重要作用，但货币总量并不存在这
样的作用（Estrella and Mishkin，1997)。

（四）货币数量调控还容易导致顺周期调控和政策误判

在我国货币政策操作中，中央银行对市场流动性的判断主要依赖于金融
机构（特别是大型金融机构）超额准备金率的变化情况，并以此判断货币政
策调控效果，为进一步决策提供重要参考。但是，一方面，支付系统的发展
对货币政策产生了深远的影响（Woodford，2001)。2005 年，我国大额支付
系统的全面推广使金融机构超额准备金率显著下降，技术和制度的变化对超

额准备金率影响比较大；另一方面，与"二战"后美国以自由储备为操作目标的模式类似（Mishkin，2009），以超额准备金率稳定为操作目标的货币调控容易面临顺周期调控的矛盾现象。我国对超额准备金仅付很低的利息（目前为0.72%），远远低于市场利率水平，因而金融机构除保留必要的支付头寸外，将尽可能地避免保留过多的超额准备金。当经济扩张时，市场利率上升，超额准备金的机会成本上升，银行将从超额准备金账户转移更多的资金，从而使超额准备金率下降，而过低的超额准备金率使货币政策当局认为货币市场流动性偏紧，不愿意进一步采取紧缩性货币政策，从而贻误了稳定货币和经济的最佳时机。

特别是，当流动性格局发生根本性改变时，无论是中央银行还是金融机构都无法准确判断市场真实的流动性状况，以传统的超额备付等经验指标很容易造成政策的误判和市场流动性波动的加剧，而利率变化主要反映了市场流动性的情况，因而以利率作为政策目标能够更准确地判断市场流动性，避免政策的误判和顺周期调控问题。例如，2013年第二季度开始，货币市场流动性由于外汇市场变化、节日现金投放、补缴准备金、税收清缴、监管政策日趋严格等因素的影响而日趋紧张，但是基于传统对金融机构超额备付金数量的判断，当时的市场流动性总量仍然属于合理范围，因而只通过窗口指导要求金融机构做好流动性管理工作。不过，2013年以来我国资本账户扭转了2012年出现的逆差状况，第一季度外汇储备资产大幅增加，因而在流动性过剩的惯性思维下，在当年6月中旬还小规模发行央票回收流动性，这进一步干扰了金融机构对流动性的预期，金融机构不得不加大现金的储备，一些流动性充裕的金融机构也不敢随意向外拆放资金。因而，虽然在正常时期六七千亿元的备付金就已经能够满足正常清算的需求，但在市场预期逆转且得不到中央银行有效的预期引导的情况下，货币市场流动性陷入异常紧张的状态。

正是意识到数量操作的问题，2013 年下半年以来，中央银行加强了对市场流动性的预判并加大了创新性流动性管理工具的操作，并在 2014 年进一步创新 MLF 等工具加强中期市场利率的引导。另外，金融创新和脱媒等业务的发展也干扰了中央银行对市场流动性的判断，这也是 2014 年我国严格规范影子银行体系和金融机构表外业务（如关于规范同业业务的 127 号文、规范银信通道业务的 99 号文）的主要政策背景。

三、深化改革新阶段的外汇储备规模收敛与货币调控方式转型

（一）深化改革阶段的利率汇率市场化改革与货币调控方式转型

利率和汇率分别是货币的对内价格和对外价格，而价格机制是市场经济的核心。改革开放三十多年来，中国经济取得举世瞩目的成绩，主要就是得益于计划管制范围的逐步缩小和以市场供求为主的价格机制在资源配置中发挥日益重要的作用。以改革开放之初的农业家庭联产承包制为开端，经过 20 世纪 80 年代中期"有计划的商品经济"的努力探索，直至 1992 年社会主义市场经济体制的最终确立，价格机制的充分发挥为中国的"增长奇迹"奠定了良好的基础。到 90 年代末期，我国绝大部分居民消费商品价格均已完全放开，实现了市场化定价。但是，包括资金、能源、土地和自然资源等在内的生产要素价格的市场化进程相对缓慢，在价格形成和资源配置方面仍呈现明显的计划和市场并存的"双轨制"局面。因此，只有要素价格最终实现市场化，市场才能够通过价格机制真正在资源配置中发挥决定性作用，而顺利实现金融要素价格的利率汇率市场化改革，是更好地发挥政府作用的具体体现。

与消费商品价格市场化相比，生产要素涉及国民经济的根本和命脉，要素价格的放开更是一项复杂的系统工程。尽管从国际经验来看，凡是采取渐进式利率市场化改革的国家和地区，出于金融风险防范及金融市场建设、畅通货币传导机制等技术性准备的需要，都将存款利率放开作为最为关键的一步并被置于改革的最后阶段（张健华等，2012），但是2015年10月我国放开存款利率上限管制也仅意味着利率市场化改革的基本完成。利率作为货币资金的价格，在以中央银行为核心的现代信用货币体系下，中央银行理论上可以直接决定利率水平，在实践中无论是利率管制国家还是利率市场化国家，中央银行对利率形成机制和水平都具有重要甚至是决定性的影响。从这个意义上讲，利率市场化更完整的表述，应该是利率由货币政策和市场共同决定（He, et al., 2015），利率市场化改革实际上包含了两个维度：一是利率形成方式的市场化，即利率的品种、期限以及水平不再由货币当局直接决定，而是由金融市场参与者根据金融市场资金供求自行决定；二是利率调控方式的市场化，即中央银行不再通过行政手段对利率体系进行调控，而是通过市场化手段通过流动性管理调整自身的资产负债表、通过短期政策利率调控整个市场利率水平。也就是说，取消对利率浮动的行政限制并不意味着央行不再对利率进行管理，而是将更加倚重市场化工具和传导机制，除了逐步放开并最终取消存贷款利率管制外，利率市场化还包括培育基准利率体系、形成市场化利率调控和传导机制等内容。因此，在存贷款利率管制基本取消的当下，我国正进入以建立健全与市场相适应的利率形成和调控机制为核心的深化改革新阶段[①]。

[①]《利率市场化改革迈出关键一步》，载《货币政策执行报告（2015年第3季度）》，http://www.pbc.gov.cn，2015年11月6日。

与深化利率市场化改革相对应，利率的完全市场化也要求汇率具备充分的弹性。在金融要素价格开放过程中，一国的外部经济目标应服从内部经济目标。在当前国际资本流动愈加便捷的大背景下，一国独立的货币政策（即自主的利率政策）需要汇率自由浮动。为抑制经济过热而加息，只要汇率弹性充分，币值变化足以反映资金流动（预期）成本，就不会引发国际资本的大量涌入。类似地，利率调整也没有必要过度担心对出口部门的影响，因为提高利率的目的就是抑制通货膨胀和经济过热，而本币升值将减少净出口，并降低进口品价格，这与利率政策的目标是一致的。因此，在作为现代经济核心的金融部门要素开放的深化改革新阶段，作为货币内外价格的利率完全放开、货币调控方式转型与汇率形成机制改革是相辅相成的。

（二）汇率形成机制改革与外汇储备收敛

由此，在加快推进利率市场化改革、逐步放开存款利率上限并最终市场存贷款利率市场化的同时，我国在 2012 年和 2014 年分别将人民币汇率浮动区间扩大至 1% 和 2% 的基础上，于 2015 年 8 月开启了新一轮汇率形成机制改革，进一步完善以市场供求为基础、参考一篮子货币进行调节的人民币兑美元汇率中间价形成机制。2005 年我国汇率形成机制改革以来，人民币汇率中间价作为基准汇率，对于引导市场预期、稳定市场汇率发挥了重要作用。在受全球金融危机影响而短暂收窄汇率波动幅度之后，2010 年又进一步推进人民币汇率形成机制改革，增强汇率弹性。2012 年和 2014 年我国进一步加快汇率形成机制改革步伐，人民币兑美元汇率浮动空间扩大至 2%，银行柜台汇率报价区间由 2% 扩大至 3%，并引入日元、澳元、新西兰元、英镑和欧元的直接交易。但是，随着美国结束量化宽松和经济的强劲复苏，由于美元加息和货币政策正常化预期不断加强，人民币实际有效汇率也随着美元的走强而较全球主要货币走强。与此同时，我国经常账户仍保持较大顺差，市场主体对人民币汇率的趋势认识不同，导致人民币汇率中间价偏离市场汇率幅度较大、持续时间较长，影响了中间价的市场基准地位和权威性。为此，2015 年 8 月 11 日，我国宣布完善人民币汇率中间价形成机制，强调人民币兑美元汇率中间价报价要参考上日收盘汇率，以反映市场供求变化。2015 年 12 月 11 日，中国外汇交易中心发布人民币汇率指数（CEFETS），强调要加大参考一篮子货币的力度，以更好地保持人民币对一篮子货币汇率基本稳定。由此，目前我国初步形成了"收盘汇率 + 一篮子货币汇率变化"的人民币兑美元汇率中间价形成机制。2017 年 5 月，为了防止市场非理性交易，避免汇率出现超调，我国人民币兑美元中间价报价模型中引入逆周期因子。

新一轮汇率形成机制改革提高了人民币兑美元汇率中间价形成的规则性、透明度和市场化水平，在稳定市场预期方面发挥了积极作用。一是汇率形成机制规则更加透明有效，中间价形成的市场化程度进一步提高。2016 年 2 月，在与外汇市场报价机构进行深入、充分沟通的基础上，明确了"上日收盘价 + 一篮子货币汇率变化"的现行人民币兑美元汇率中间价定价机制，中间价形成机制的市场化和透明度越来越高。在规则明确以及前日收盘汇率、篮子货币权重和一篮子货币汇率变化都公开透明的情况下，虽然各家做市商参考 CFETS、BIS、SDR 三个货币篮子的程度不同，导致其中间价报价有所差异，但变动方向和大体幅度具有较高的一致性，因此市场参与者能够比较准确地预测当日中间价。二是货币政策当局与市场沟通进一步加强。我国最近一轮汇率形成机制改革恰与美元上升周期相重叠，因而市场过于关注人民币汇率和币值的稳定，而非汇率形成机制改革本身，外汇市场也一度出现短暂波动。为此，中国人民银行在与市场沟通方面进行了大量工作，先后通过官方网站和连续三期货币政策执行报告，对新的汇率形成机制进行政策解读，通过加强沟通有效引导市场预期，并及时向市场提供外汇流动性。外汇供求逐步趋于平衡，汇率预期平稳，外汇市场稳定。三是有效打破了市场单边预期和投机行为，形成汇率双向波动的良好局面。人民币兑美元汇率中间价变化就既反映了一篮子货币汇率变化，又反映了市场供求状况，以市场供求为基础、参考一篮子货币进行调节的特征更加清晰。由于美元走势具有不确定性，参考一篮子货币使人民币兑美元汇率也会呈现双向浮动的特点。交易价相对中间价，以及开盘价相对中间价的偏离趋于收敛，且交易价和开盘价围绕中间价上下波动。四是人民币国际化、外汇市场和资本账户开放取得了新的进展。2005 年以来的汇率形成机制改革主要是不断扩大银行间市场人民币汇率日波幅，并未针对中间价报价机制进行改革，这影响了人民币汇率形成机制的市场化和透明度。以市场供求为基础、参考一篮子的汇率形成机制，是完善有管理浮动汇率制的重要一步，这对人民币纳入 SDR、提高在岸外汇市场汇率定价能力和人民币汇率定价的主导作用，发挥了非常重要的作用。与此同时，我国根据跨境资本流动形势的发展变化，在继续推进个别资本交易项目双向开放的同时，重点推进资本流入方向的交易及汇兑开放，稳步推进境外机构在银行间债券市场发行债券，不断开放境外机构投资银行间债券市场，并于 2017 年 5 月宣布与香港实行债券通。五是资本流动管理的宏观审慎政策进一步完善。针对新一轮汇率形成机制改革之初，市场仍处于适应调整阶段、外汇市场出现较大波动、资本外流加大的现状，我国将外汇流动性和跨境资金流动纳入了宏观审慎管理范畴，进一步完善了宏观审慎政策框架。采取针对外汇流动性和跨境资金流动的宏观审慎政策，主要是从防范系统性金融风险的角度出发，抑制短期投机性交易，防范以加杠杆为主要特征的顺周期行为和货币错配风险，维护金融稳定。我国采取针对资本流动的宏观审慎政策措施，主要是以市场化的价格手段调节跨境资本流动，这符合国际惯例。例如，2011 年，法国就提出要对欧元区的金融交易征收金融交易税，制定跨境金融行为的准则。总体上看，针对资本流动的宏观审慎政策具有市场化、价格型、透明、非歧视、动态调整等特征，并非行政管制，也不是资本管制。事实上，2008 年全球金融危机发生之后，我国在跨境资本流入的管理上尝试了类似于托宾税的宏观审慎的措施，针对当时企业在人民币单边升值预期对银行收付实现制结售汇头寸实行了下限管理。

完善人民币汇率中间价形成机制改革推出后，我国外汇市场一度出现短暂波动，资本流动方向出现逆转。为此，在加强与市场进行政策沟通和宏观审慎政策的同时，中国人民银行通过外汇市场及时投放流动性，有效缓解了市场预期，市场情绪逐步恢复稳定。在这一过程中，我国的外汇储备出现了明显的下降。目前，中国外汇储备基本稳定在 3 万亿美元以上，但较 2014 年年中的峰值下降将近 1 万亿美元，由此引发了当前外汇储备是否充足的担心。一方面，正如第一章中指出的，在美国经济强劲复苏及加息预期和货币政策正常化作用下，中国的外汇储备与新兴市场经济体和发达经济体一样，都在近年来出现了明显下降，但目前中国外汇储备仍占全球的近 1/3，新兴发展中经济体的外汇储备有近一半来自中国。另一方面，外汇储备的下降，既由于中央银行为外汇市场提供流动性，导致交易引起的外汇储备资产减少，又有一部分原因是汇率和资产价格变化引起的估值变动，是账面的损益。例如，在美元升值条件下，非美元资产折美元就会相应减少，这也是最近两年全球外汇储备规模下降的重要因素（参见第二章有关全球外汇储备币种构成的分析）。另外，我国外汇储备的下降，还与我国对外开放战略密切相关。根据国际货币基金组织的定义，外汇储备资产是货币当局可以控制的、随时使用的对外资产。2015 年 10 月，中国正式采纳 IMF 数据公布特殊标准（SDDS）。近年来，我国创新外汇储备运用，配合"一带一路""周边大通道"等新型开放战略，通过外汇储备向中投、政策性银行、丝路基金、中拉产能合作基金、中非产能合作基金等机构的注资，以及通过商业银行发放的委托贷款等，这些都已经从公布的外汇储备余额中做了剔除，如果仍是央行股权或者债权，则记录在央行其他外汇资产项下；如果是由财政部发行特别国债购汇注资的，则已经移出了央行资产负债表。因此，2014 年以来，我国外汇储备的下降实际上是在汇率形成机制改革过程中，根据中国经济新常态和新型对外开放的需要，逐步向最优数量收敛的过程。第三章和第四章基于 IMF 的风险加权计量方法、JR 效用最大化模型和 DSGE 模型的估算表明，尽管 2014 年以来，我国最优外汇储备缺口明显缩小，但我国当前 3 万亿美元左右的外汇储备仍然高于不同资本账户开放条件和汇率安排下的最优外汇储备数量。

理论上讲，如果不考虑外汇储备投资收益和汇率估值因素，在完全开放的汇率清洁浮动条件下，经常项目与资本项目差额就是镜像关系，经常项目顺差，则资本项目必然逆差，而且经常项目顺差决定了资本净流出的规模。汇率的调整将直接影响经常账户收支，保证一国国内货币政策的自主性。从国际经验来看，发生国际支付和货币危机的国家，主要是由于汇率的"浮动恐惧"，延缓了改革和经济调整的有利时机，而采用更灵活汇率安排的国家，外部冲击导致货币金融危机的情况则比较少见。因而，汇率完全具有弹性也意味着外汇储备将是一个相对稳定的常数，数量变化并不是最为重要的问题。

不过也要看到，正如 DSGE 模型分析中指出的，国内外资产并不是完全可替代的，一般来说本国居民对本国资产存在更强的配置偏好。因而，即使是在汇率完全浮动条件下，由于居民外汇资产配置效应和利率平价机制，最优外汇储备规模仍然是一个变化的量。同时，浮动汇率安排也并不意味着货币当局完全放弃外汇市场干预。例如，日本央行就有更多干预外汇市场的传统。货币当局可以在极端情况下采取措施干预，只是干预不能成为常态，这也是出于一国社会福利最优的政策选择。因而，与在固定汇率安排下，为保持汇率目标不得不通过外汇市场干预外生决定外汇数量并很容易与最优数量形成偏差不同，在完全开放的清洁浮动汇率安排下，外汇储备是由经济根据不同条件内生决定的，外汇储备的实际规模也更趋向于最优规模。第四章DSGE模型分析中，在资本开放浮动汇率条件下，外汇储备受到外部需求冲击的影响最小，也能够更灵活快速地调整至均衡水平，正说明了这一点。同时，中国作为一个经济大国，更应该将宏观经济的整体情况作为考虑的重点，而不是基于外部经济或者资本流动来制定宏观经济政策。因此，在当前"新常态"下的深化改革新阶段，人民币汇率完全开放的清洁浮动，仍然是汇率形成机制改革的方向。

虽然2015年以来的汇率形成机制改革已收获了很大的效果，但当前的中间价汇率形成机制仍有很大的改进空间，与逐步实现人民币汇率的清洁浮动仍存在一定的距离。特别是IMF在第四条款磋商中以及正式将人民币纳入特别提款权（SDR）篮子时，均一再敦促中国加强汇率政策沟通，并争取尽快有序实现人民币汇率的有效浮动。应当看到，进入2017年以来，我国货物贸易依然保持了良好稳定态势，跨境资金流动回稳向好，汇率水平和外汇供求持续处于基本平衡状态，外汇储备基本稳定并略有回升[1]。而且，第四章对不同改革情形下的最优外汇储备估计、外部需求脉冲响应和社会福利的比较分析表明，无论何种汇率安排，由于居民外汇资产配置效应和利率平价机制，资本开放下的最优外汇储备数量大多低于资本管制情形，经济在出现外部需求冲击时能够更迅速地恢复均衡，社会福利也明显高于资本管制情形。而且，

---

[1] 参见国家外汇管理局有关负责人就2017年"第1季度国际收支状况"，"4月跨境资金流动情况"答记者问，www.safe.gov.cn，2017年5月8日、5月17日。

资本开放汇率浮动的完全改革情形下，产出、通胀和外汇储备对外部需求冲击的响应往往更小，并且能够更快地向均衡水平收敛，社会福利也是最高的。尽管近年来我国经历了大规模资本外流和外汇储备的迅速下降，但当前 3 万亿美元的外汇储备仍高于最优规模。国内外经验表明，对外开放促进了市场竞争，推动了政策改革，极大地提高了资源配置效率，这对于作为现代经济核心的金融业来说至关重要（周小川，2017）。因此，应牢牢抓住当前最优外汇储备缺口缩窄的有利时机，加快推进包括汇率形成机制和资本账户开放在内的金融对外开放，全面深化金融领域各项改革，真正让市场在金融资源配置中起决定性作用，更好地实现在中国经济新常态下的平稳健康发展。

（三）货币内外价格和数量目标的交叉位与货币调控方式转型

汇率弹性的加大和资本账户有管理可兑换条件下，外部经济失衡可以通过汇率调节自动实现，在利率平价和一价定律的作用下，通过汇率变化和资本流动确保中国货币政策的自主独立性。货币政策当局可以根据国内产出、物价和就业等实际情况，在一定的规则下（泰勒规则，Taylor's Rule，Taylor，1993）有效开展利率调控。Taylor（2001）认为，在开放条件下，利率的变化实际上也间接反映了汇率的变化，而汇率变化的原因从根本上来说主要是生产的变化，因而利率政策不应对于经济基本面的购买力因素导致的汇率偏离进行反应，这会对实际产出和通胀带来更不利的影响。Taylor（1999）针对欧洲国家的经验研究表明，汇率反应系数很微弱，直接干预汇率并没有改善甚至削减货币政策效果。这也就意味着在正常情况下，外汇储备将是一个与国内经济、汇率、资本流动等变量相适应的稳定的"最优数量水平"，只是在经济发生严重失衡和冲击时（如汇率超过均衡合理范围的大幅波动以及大规模国际游资冲击），才会进行相应的调整。这样，我国货币政策和外汇管理框架迫切需要从"货币供应量+汇率"目标转型为"基准利率+外汇储备数量"目标，即呈现典型的交叉换位——本币政策从数量型转向价格型，而外币政策从价格型转向数量型。在当前经济新常态和外汇储备向最优规模收敛过程中，中央银行必须更加关注资产负债的期限错配问题，优化激励相容的流动性投放机制，防范道德风险，避免出现流动性风险并演化为信用风险和系统性风险。与此同时，货币政策必须更全面地考虑跨境资本流动、汇率和利率等主要政策变量的平衡，在向货币内外数量价格交叉换位为特征的货币政策转型过程中，还需要在以下几方面进行大量的准备性工作。

一是在加快汇率和资本账户开放的同时，中央银行应积极调整资产结构，优化外汇储备规模，健全机制，更好地用汇于民。汇率弹性的增强是促进国际收支平衡非常重要的机制，而经常项目顺差占GDP比重又是衡量均衡汇率的重要标准。在当前以市场为基础的有管理浮动汇率制度下，保持人民币汇率在合理均衡水平上的基本稳定非常重要。应当看到，资本的外流和外汇储备向最优规模收敛改变了基础货币的供给渠道，这将对金融体系的流动性带来长期的影响。为此，中央银行可以通过资产结构的调整予以积极应对。与国外主要国家中央银行不同，2000年以来外汇储备是中国人民银行最主要的资产，国债等本币计价资产占比非常低。与1996年中国人民银行开始尝试人民币公开市场操作业务受债券数量限制而不得不于1997年暂停操作不同，近十年来中国债券市场取得了飞跃式发展。根据BIS的统计，目前中国的债券市场规模已为全球第三位（仅次于美国和日本），我国银行间债券市场记账式国债和政策性金融债的存量规模高达18万余元，但中国中央政府财政赤字占GDP的比重仅为2%左右，未来国债发行规模仍有较大扩展空间，这都为中央银行的资产结构调整提供了良好的必要条件。针对国债数量相对不足的现状，中国人民银行可以借鉴1998年恢复人民币公开市场操作的做法，进一步扩大公开市场操作对象范围，通过配置国债、政策性金融债、地方债，其至 AAA 级企业债等高等级本币债券资产并向国内金融体系投放基础货币，实现维护汇率稳定、提供国内流动性和优化中央银行资产结构"一石三鸟"的效果。

二是中央银行应逐步明确货币市场利率操作目标，探索符合中国实际的利率操作规则，在完善国债发行和国库现金管理的同时，积极向以利率为主的价格型调控方式转型。理论上，数量和价格正如硬币的两面，价格的调整将引起数量的变化，数量的变化也将引发价格的反应（Lucas，1980）。我国货币决策者也意识到，数量工具和价格工具是相互作用的，当数量没有处于合理区间时，价格传导机制往往会出现问题；同样，不考虑价格因素，就会影响数量调控的效率（周小川，2006）。在数量为主的货币调控方式下，虽然货币操作主要关注基础货币和市场流动性，但货币市场利率稳定一直是货币政策重要的操作目标（张晓慧，2008）。特别是随着利率市场化进程的加快、金融创新的迅猛发展和国际资本流动的日益频繁，货币数量调控的有效性大大下降。同时，微观经济主体的利率敏感度日益增强，货币政策利率传导渠道更加通畅，针对公开市场操作和收益率曲线的理论和经验分析表明，货币当局完全有能力调节市场流动性并进行利率引导，向以利率为主的价格型货币调控方式转型的充分条件日趋成熟（李宏瑾，2012，2013）。中央银行应在加强对市场流动性有效预测和管理的同时，逐步转向以利率为主的价格型货币调控方式，努力构建符合中国国情的利率走廊模式，进一步完善公开市场操作机制，通过利率价格手段切实提高金融机构预期管理和中央银行流动性管理水平。

为此，我国应尽快明确利率市场化条件下的中央银行基准利率，货币调控也要逐步以基准利率目标为核心开展操作。同时，应逐步探索符合中国的利率操作规则，在符合本国实际的均衡实际利率基础上，根据产出和物价缺口情况开展利率调控，这对利率政策的成功至为关键。标准泰勒规则中的均衡实际利率仅为 2% 是与发达经济体的长期潜在产出情况密切相关的（Yellen，2015）。对于高速增长的新兴经济体，特别是中国而言，均衡实际利率的理论值显然应当更高（新兴经济体的总体利率水平也因而较发达国家更高），这就要求中央银行加强对均衡实际利率的测算，通过不断的政策操作逐步探索符合中国实际的利率水平，并根据物价产出缺口的变化开展利率调控。如果货币市场利率与目标水平发生明显偏离，中央银行就要根据其掌握的信息判断这种偏离是由于实体经济变化因素所致，还是特定事件引起的偶发流动性冲击。如果是前者就要积极与市场沟通并及时调整利率目标，如果是后者就要通过加大公开市场操作力度或其他应急流动性措施予以应对，以保证货币市场利率稳定和经济的平稳发展。

打造良好的金融市场收益率曲线，特别是无风险的国债收益率曲线，对向以利率为主的价格型货币调控方式转型和金融市场资产定价至关重要，这就需要财政部门进一步转变观念，在完善国家财税体制的同时，积极利用金融市场资源平衡财政收支，这样既能够在更大范围内筹集财政所需资金，又能够为金融市场（特别是中央银行货币政策操作）提供数量充足的无风险债券。而且，目前我国国债发行主要以中长期国债为主，1 年及以下的短期国债发行数量仍然较小，占全部国债发行的比重最高不到 40%（2009 年为37.7%），2014 年短期国债占全部国债发行比重仅为 17.9%。国债发行规模和期限的根据主要是财政资金运营的需要，并未形成较好的规律性，很难为金融市场和中央银行针对短端（主要是隔夜）的利率操作提供可靠的短期利率基准，不利于国债收益率曲线的完善。

与此同时，中央银行经理国库职能下，财政存款成为中央银行重要的负债并对货币操作和市场流动性具有重要影响。但是，财政存款的运用主要取决于财政资金的安排，很少考虑到对金融市场的影响，这对货币政策操作带来了一定的干扰。特别是近年来在金融机构负债端竞争压力下，财政资金更倾向于通过财政资金专户的方式投向各种非标金融创新产品，进一步影响了货币政策的有效性。从国际经验上来看，作为政府的银行，中央银行经理国库能够在合理收益条件下最大限度地保证财政资金安全，而盈利性并非财政当局的主要目标。因此，今后应进一步改进国库现金管理，借鉴加拿大等国家国库现金拍卖等方式（Engert，Gravelle and Howard，2008），在既定中央银行利率目标之下，通过包括中央银行在内的金融机构对国库现金每天开展连续拍卖，在确保国库现金存款利率处于中央银行利率目标范围区间的同时，实现国库资金收益与中央银行利率调控的有机平衡。

三是高度重视预期管理和与市场的沟通，提高货币政策的透明度与可信性。虽然我国货币政策当局很早就认识到预期的作用，在 2009 年 10 月的国务院常务会议上就提出有效管理预期，但从政策的实践效果看仍有很大的改善空间（曾刚、万志宏，2014）。为了有效引导市场预期，就需要中央银行加强货币政策的前瞻性和透明度，加大与市场主体的沟通力度。虽然最近两年中央银行在货币政策操作的透明度和前瞻性方面已经取得了一定的进展（如定期通过货币政策执行报告传递货币政策意图，发布货币政策委员会会议消息，不定期发表领导讲话及观点文章等），但在操作上仍未形成与市场预期相符的操作规则。除公开市场操作外（每周二、周四两次操作），在利率政策方面仍未形成有规则性的货币决策和操作。因而，在由数量为主向以利率价格为主的货币政策转型过程中，今后应增加信息披露的频率、明确性和准确性，探索多种渠道表达中央银行对经济金融的判断和政策意图并逐步常规化、制度化，从而在既定制度框架下提高中央银行货币决策的独立性、权威性和市场信誉，切实提高货币调控的政策效果。

在与市场沟通和提高货币政策透明度方面，可以借鉴全球金融危机后主要国家中央银行推出的利率"前瞻性指引"政策（Forward Guidance），作为提高货币政策效果的政策手段。中央银行通过公布前瞻性信息加强引导市场预期，以提高政策的有效性。所谓"前瞻性"信息，包括经济状况预测和判断、当局未来货币政策立场和政策路径，其特点是前瞻性（尚未发生）、主观性和不确定性。广义的前瞻指引包括公布经济预测，而狭义的前瞻指引是指有关货币当局未来政策立场和政策路径（主要是利率路径）的沟通（Plosser，2014；Woodford，2012）。在 2008 年金融危机前，新西兰（1997 年）、挪威（2005 年）、瑞典（2007 年）、冰岛（2007 年）和捷克（2007 年）等国家便已开始了利率路径预测的尝试。这些国家普遍采用了通货膨胀目标制，建立了较为透明的货币政策框架，定期发布关键经济指标预测和政策利率预测，货币当局强调所发布的政策路径是预测，而非政策承诺。全球金融危机后，美联储、日本央行和英国央行等中央银行除加强货币政策常规沟通和经济预测信息公布之外，为达到降低长期利率及不确定性的目的，启动了具有承诺色彩的利率路径指引。2014 年以来，中国人民银行开始通过工作论文的方式在官方网站对外发布经济预测，就是在这方面进行的有益尝试。

四是依托新形势下全面对外开放战略和构建开放型经济新体制的需要，积极探索外汇储备运用新渠道。中国经济增长奇迹的取得一方面得益于国内经济改革，另一方面更与全面融入全球经济体系的全方位、多层次、宽领域的对外开放战略密不可分。在我国人口结构和劳动力比较优势转变，在国际分工体系和产业技术格局中的地位发生改变的当下，作为已较为成熟的开放经济体，中国在国际经济体系中的地位和作用都发生了根本性变化，如何更好地在新形势下充分利用国际国内两个市场、两种资源，成为支撑我国经济长期稳定发展的重要依托。在经济新常态下，必须更加积极主动地实施全面对外开放战略，通过放宽投资准入、加快自由贸易区建设、扩大内陆沿边开放等政策，更加积极地促进内需和外需平衡、进口和出口平衡、引进外资和对外投资平衡，逐步实现国际收支基本平衡，构建开放型经济新体制。积极探索外汇储备运用新渠道，将在进一步提高国际国内要素有序自由流动、资源高效配置、促进国内外市场深度融合、加快国际经济合作竞争新优势、以开放促改革等方面，发挥积极的作用。规模庞大的外汇储备能够有力支持我国购买石油等重要资源、开展企业并购引进国外核心技术、吸引国际先进人才、支持国内企业和居民对外开展证券投资以提高资产性收益。在加快资本项目开放和外汇市场发展的同时，2015 年 1 月国务院常务会议出台相关政策，支持企业在境内外发行股票或债券募集资金，这是拓宽外汇储备运用渠道的新方式。今后，可以进一步扩大政府采购范围，逐步将海外市场纳入政府采购体系，主要是国外先进的教育、医疗等服务，从而实现既提高公共服务质量又丰富外汇储备运用渠道的目的。而且，在新形势全面对外开放战略下，我国提出的"一带一路"倡议将全面推进对外开放的新格局，外汇储备在丝路基金、亚洲基础设施开发银行等机构建设中，将发挥更加积极的作用。

在新形势下的对外开放和拓展外汇储备运用渠道过程中，还要转变对外汇储备资产的使用观念，在国家发展大战略下积极利用有利时机，在符合经济规律的前提下最大化发挥外汇储备资产的作用。2003 年我国通过汇金公司以外汇储备方式进行的国有商业银行股份制改革，在 2005 年开始对国内主要证券公司注资进行重组，在 2007 年成立中投公司置换中央汇金公司股权，就是非常成功的案例，极大地推动了以公司治理为核心的金融股份制改革，为银行业和证券业的迅速发展奠定了良好的微观基础，有力支撑了过去十年中国经济的增长。2015 年，我国向国家开发银行、国家进出口银行实行债转股

的外汇储备注资，这也是借鉴我国国有银行改革方式，深化政策性金融机构
改革的重要举措。为了充分发挥外汇支持国家经济社会发展的作用，在做好
货币政策调控、外汇管理和外汇市场发展的同时，支持金融机构服务实体经
济和"走出去"战略，近年来我国开始尝试通过政策性银行等金融机构开展
外汇储备委托贷款业务，外汇储备投资更加专业化、市场化，是我国拓宽外
汇储备运用渠道的重要创新尝试①。由于国家开放银行、国家进出口银行等金
融机构有大量海外业务，而且在一定的监管之下，外汇委托贷款的方式既不
会形成"二次结汇"，又能够增强金融服务全面对外开放的能力，而且不会改
变外汇资产的所有权性质，提高了外汇储备的经营效率。今后，还可以尝试
参与 PPP（政府与社会资本合作）或 BOT（特许权协议），探索对商业银行发
放定向外汇再贷款等方式，进一步丰富外汇储备运用渠道。

五是加强资本流动监测，有效防范跨境资本流动性风险。随着我国利率
汇率市场化改革和资本账户开放的加快推进，国际资本流动规模将进一步加
大，频率和方向变化都将进一步加快，这就需要进一步加强对资本流动的监
测，为科学决策提供可靠的依据。应当看到，各项金融市场化改革加快推进
阶段，也是各类被管制干预的风险集中爆发时期。从国际经验来看，加强对
资本流动的监测能力对有效应对危机冲击至关重要。东亚危机爆发之初，韩
国政府由于金融监管不力甚至一时不清楚当时私人部门借入多大规模的短期
外债，而正是转型期管理上的失败，导致韩国在金融危机中遭受重创（郑德
龟，2008）。对我国来说，进入经济新常态后，伴随着经济增速由高速下降至
中高速水平，各类异性风险逐步显性化，特别是在对产能过剩行业调整等前

---

① 参见国家外汇管理局：《外汇储备委托贷款》，载《国家外汇管理局年报（2012）》，国家外汇管理局
2012 年度。根据 IMF 发布的《国际收支和国际投资头寸手册》（第六版）和《国际储备和外币流动
性数据模板准则》，货币当局向非金融非居民发放的短期外币贷款仍是一国储备资产的组成部分，
因而外汇储备委托贷款并未改变其国际储备的性质。

期刺激政策消化，使我国银行体系不良贷款开始出现反弹。尽管从国际上看，我国银行体系不良贷款情况要好于很多发达国家，而且目前我国的储蓄率仍相对较高，对外负债和家庭杠杆率仍较低，因此目前信用风险总体可控。不过，未来以化解高杠杆和泡沫化为主要特征的各类风险仍将持续一段时间。特别是在当前流动性格局发生根本变化和全球主要国家经济发生分化的大背景下，国际金融市场和大宗商品价格波动加大，更应注意做好流动性管理，提高资本流动监测水平，有效防范跨境资本的流动性风险，及时采取针对性措施，防止流动性风险进一步演化为信用风险和系统性风险。

四、宏观审慎政策与外汇储备管理

(一) 跨境资本流动和外汇市场的宏观审慎政策

全球金融危机的爆发使各国中央银行意识到，物价稳定并不一定意味着金融稳定，传统的以物价稳定作为最主要目标的货币政策不足以确保经济金融的平稳发展。在出现系统性风险的情况下，即使是良好的微观审慎监管也无法有效地应对系统性风险，中央银行必须更加重视金融顺周期性和跨市场传染风险对系统性金融稳定的影响，及时掌握金融机构的监管信息，更加重视宏观审慎政策的作用。由此，全球金融危机之后，主要国家的中央银行都加强了中央银行宏观审慎政策功能，在对金融监管体系进行改革的同时赋予中央银行在金融稳定和金融监管方面更大的责任。例如，英国取消了1997年由央行分离出来的负责金融监管的金融服务局，并由英格兰银行全面负责金融监管；美联储在全球金融危机后加强了金融监管的权力，并在美联储体系下成立消费者金融保护局，赋予其超越监管机构的权力。

一方面，针对分业监管的金融管理模式已不适应当前金融业综合化经营、金融创新迅速发展的现状，十八届五中全会明确提出加强金融宏观审慎管理制度建设，统筹监管系统重要性金融机构，统筹监管金融控股公司和重要金融基础设施，统筹负责金融业综合统计。今后应以未来金融业发展方向为指导，强化人民银行宏观审慎管理和系统性风险防范职责，在提高微观审慎监管水平的同时，进一步加强完善金融监管协调机制，明确中央和地方金融管理职责和风险处置责任，切实保障金融市场安全高效运行和整体稳定。另一方面，我国较早就开始了货币政策与宏观审慎政策相结合的探索和实践。在2011年正式引入差别准备金动态调整机制，并于2016年起将差别准备金动态调整机制"升级"为宏观审慎评估体系（MPA），将更多金融活动和资产扩张行为纳入宏观审慎管理，从七大方面对金融机构的行为进行引导，实施逆周期调节。在2017年开始将表外理财纳入MPA广义信贷指标范围，以引导金融机构加强表外业务的风险管理。同时，我国还加强了房地产市场的宏观审慎管理，形成了以因城施策差别化住房信贷政策为主要内容的住房金融宏观审慎政策框架。

在跨境资本流动和外汇市场方面，我国也进行了宏观审慎政策的有益探索。自2015年以来，在立足国内市场现状、汲取国际经验的基础上，2015年中国人民银行将外汇流动性和跨境资金流动纳入了宏观审慎管理范畴，进一步完善了宏观审慎政策框架。一方面，完善外汇流动性宏观审慎政策。针对外汇市场银行代客远期售汇和人民币购售业务量明显超出正常水平的大幅增长和投机套利及顺周期行为，中国人民银行分别于2015年8月底以及9月中旬对银行远期售汇以及人民币购售业务采取了宏观审慎管理措施，要求金融机构按其远期售汇（含期权和掉期）签约额的20%交存外汇风险准备金，并提高了跨境人民币购售业务存在异常的个别银行购售平盘手续费率，旨在通过价格手段抑制部分企业及境外主体汇率方面的投机行为。另一方面，进一步加强对人民币跨境资本流动的宏观审慎监管，扩大全口径跨境融资宏观审慎管理试点。2015 年建立了对上海自贸区经济主体跨境融资的宏观审慎管理模式，将金融机构和企业跨境融资与其资本金挂钩，并设置杠杆率和宏观审慎调节参数予以调控，并在上海自贸区试点取得有益经验的基础上，于 2016 年 1 月面向 27 家银行类金融机构和在上海、广东、天津、福建四个自贸区注册的企业扩大本外币一体化的全口径跨境融资宏观审慎管理试点。针对近期跨境资本流动出现的新变化，加强对人民币跨境资本流动的宏观审慎管理，2016 年 1 月开始对境外金融机构在境内金融机构存放执行正常存款准备金率。这既是对现有存款准备金制度的进一步完善，又建立起了对跨境人民币资金流动进行逆周期调节的长效机制，有助于抑制跨境人民币资金流动的顺周期行为，引导境外金融机构加强人民币流动性管理，促进境外金融机构稳健经营，防范宏观金融风险，维护金融稳定。

与传统的跨境资金流动管理措施相比，宏观审慎政策从防范系统性金融风险的角度出发，抑制短期投机性交易，防范以加杠杆为主要特征的顺周期行为和货币错配风险，维护金融稳定，具有市场化、价格型、透明、非歧视、动态调整等优势，可以在稳定资本流动的同时，有效防止行政管制和非市场化手段可能造成的金融资源错配，降低了实体经济交易成本，提高了风险管理效率。中国人民银行将根据经济金融形势和调控需要，对相关政策实施情况跟踪评估，适时完善和优化外汇流动性和跨境资金流动的宏观审慎政策框架，防范系统性金融风险，维护金融稳定，坚决守住不发生系统性和区域性金融风险的底线，这对我国继续扩大对外开放，建立全面开放新格局具有非常重要的意义。

（二）宏观审慎、预期管理与外汇储备管理体制

正如本书一开始就指出的，外汇储备相当于一国持有的外国货币，货币的交易支付和价值储藏这两大基本功能是理解外汇储备性质的重要视角。一国持有外汇储备主要是为了满足国际支付并缓冲外部危机冲击的审慎预防性需求，这也就意味着外汇储备并不是攒着看的，而是为了经济金融发展的实际需要留着用的，对保障我国宏观经济稳健运行和促进对外开放战略大局发挥了非常重要的作用（周小川，2017；潘功胜，2017）。因此，外汇储备经营管理也是宏观审慎政策框架的有机组成部分，在稳定市场预期、进行逆周期调控等方面发挥了重要的作用。

一方面，外汇储备是宏观调控预期管理的重要手段。由于微观主体信息不完全和可能出现的"合成谬误"，金融市场很可能出现一致性的非理性行为，容易导致市场的顺周期波动和超调，传统的总量货币政策可能无法有效发挥作用，这就需要一个足够强大的市场调控者，通过宏观审慎政策有效地对市场的非理性交易进行逆周期调节，熨平市场波动。20 世纪 90 年代的东亚金融危机时，我国明确提出"保汇率、保外汇储备"的政策目标，成功应对了外部冲击的不利影响。2008 年全球金融危机爆发，也是得益于外汇储备的强有力支撑，在相当大程度上保障了实体经济对贸易条件的稳定预期及对本币币值稳定的信心。近年来，随着我国货币政策调控方式转型和货币政策内外数量价格目标交叉换位的改革需要，人民币汇率在均衡水平上基本保持稳定，外汇储备规模逐步向最优数量规模动态优化，很好地实现了政策的目标。可见，从预期管理的角度上看，外汇储备保持稳定也有其必要的合理性。特别是，在近期外汇市场波动的情况下，外汇储备始终稳定在三万亿美元以上的规模，有效地稳定了市场预期，进一步支持了人民币汇率的稳定，有力

地促进了国民经济的发展。可见，开放条件下本外币一体化的政策操作和外汇储备规模管理，已成为货币政策当局开展宏观审慎政策的重要内容。

另一方面，外汇储备也是跨境资本流动的周期指针和逆周期调节的稳定器。与一般的国有资产不同，外汇储备不仅是要保值增值，还具有非常重要的平准功能。外汇储备数量的变化实际上就是跨境资本流动逆周期调节的结果。在资本流入时积累外汇储备，在资本流出时释放外汇储备，并根据贸易和投资需要适时适度开展对冲操作，是维持外汇市场稳定的重要手段。在我国经常账户顺差和国际资本流入迅猛增长时期，外汇储备充当了吸纳过量外资流入国内的"蓄水池"，为宏观经济的平稳发展和各项改革事业的顺利推进创造了良好的金融环境。类似地，在全球金融危机爆发初期和2014年以来的资本流出过程中，外汇储备对维护国际收支平衡、防范风险和维护经济金融安全又起到了"稳定器"作用。对于处在经济转型、金融体系不断完善的新兴市场国家，外汇储备对跨境资本流动起到了非常重要的"压舱石"作用。

可见，外汇储备同时具有平准功能，和货币政策内外数量价格目标互换的功能，外汇储备应当由中央银行进行集中统一管理。外汇储备相当于全社会的公共资产，除中央银行出于资本流动和汇率稳定等目标通过外汇公开市场操作的市场交易而引发的正常规模削减外，必须按照公开透明的原则管理外汇储备资产，以防止特定利益部门的损害。而且，外汇储备规模的变化最终是宏观经济稳健运行的结果，外汇储备的增长来自企业和居民的意愿结汇，而外汇储备的消化也是为了满足企业和居民用于贸易和对外投资的合理外汇需求。本外币供求关系的变化是决定一国外汇储备规模变化和汇率稳定的根本因素，这也就意味着外汇储备管理应着眼于流动性和资产的安全性，通过公开市场操作满足市场主体的高频外汇交易需求。同时，作为全球第二大经济体，中国外汇储备规模的变化具有很强的外溢性，外汇市场价格的变化不仅影响到企业和居民的贸易和对外投资行为，而且会对资产价格、币值稳定和金融稳定产生重要影响。因此，着眼于本外币一体化操作和汇率政策与货币政策统一协调的政策需要，出于宏观经济和金融稳定的战略考量，作为调节本币和外汇市场主体的货币政策当局，中央银行应当负责汇率政策和外汇储备管理。

第七章

人民币国际化、外汇市场发展与"藏汇于民"的政策选择

一、外汇储备规模动态优化与"藏汇于民"政策

由于我国国际收支持续双顺差，加之全球金融危机后，在主要中央银行量化宽松政策下国际流动性泛滥，中国的外汇净流入大规模上升，外汇储备规模日益庞大。为此，政策当局也意识到要从源头上减轻外汇积累的压力，最优外汇储备规模的存在及需要进行数量优化也意味着中央银行不应继续积累外汇储备。因此，由商业银行、企业、居民部门持有外汇而非中央银行持有外汇储备，在丰富居民投资渠道的同时，减缓中央银行流动性压力，成为改革的主要方向，这也就引出了"藏汇于民"的政策主张。事实上，早在20世纪90年代中期，我国就有学者提出过"藏汇于民"的思想（李曜，1997）。2005年汇率形成机制改革后不久，决策者就明确提出了"藏汇于民"的政策导向，并将其贯穿于各项金融改革之中①。不过，受经济增长阶段和人民币升值等周期性因素的影响，"藏汇于民"的政策效果并不显著。

---

① 2006年3月，时任中国人民银行副行长的吴晓灵在"2006年第二届中国金融专家年会"上的发言中，正式阐述了鼓励企业居民持有外汇的"藏汇于民"的政策主张（参见 http://money.163.com/special/00251RED/2006jrnh.html）。2011年10月24日，中国人民银行行长周小川在2011年10月的"新浪金麒麟论坛"上进一步指出，所谓"藏汇于民"，主要是让居民有自行决定运用外汇包括投资外汇等机会（参见 http://finance.sina.com.cn/focus/2011jinqilin/index.shtml）。近年来，国家外汇管理局历年年报和国际收支报告也都对促进国际收支双平衡和藏汇于民的政策措施及其效果进行了系统阐述。

　　近年来，随着经济进入"新常态"和各项金融改革的全面加快推进，我国外汇储备规模开始向最优规模收敛。从外汇流量来看，2014 年下半年以来，无论是以余额计算还是排除汇率和资产价格波动因素的国际收支口径下，外汇储备资产都出现了一定的下降，外汇分流本身就是各项改革和"藏汇于民"政策效果的具体体现[①]。从我国对外金融资产的存量变化来看，虽然国际储备仍为我国最主要的对外金融资产（2016 年为 30978 亿美元，占全部对外金融资产的 48%），但较上一年下降 7 个百分点，是 2004 年公布国际投资头寸以来最低的。民间部门正在加快"走出去"，2016 年对外直接投资和存款等其他投资资产分别为 13172 亿美元和 16811 亿美元，占资产总值的比重分别达到历史最高（20% 和 21%），对外证券投资资产为 3651 亿美元，占总资产的比重为 6%，这也充分说明"藏汇于民"政策效果正在逐步显现（见图 7-1）。

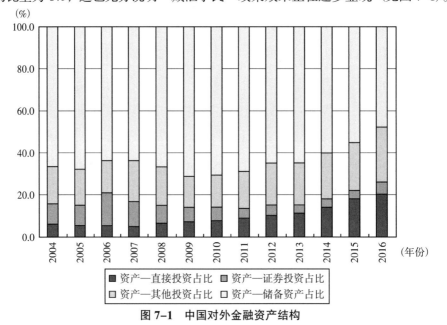

图 7-1　中国对外金融资产结构

资料来源：《2016 年中国国际收支报告》。

① 参见《2014 年中国国际收支报告》。

今后，应通过全面深化包括金融在内的各领域改革，真正转变经济增长方式，实现经济结构优化调整和转型升级，并通过大力推进人民币国际化和发展外汇市场等措施，更好地实现外汇储备规模的最优调整，完善"藏汇于民"的政策效果，并顺利实现本外币价格数量换位的货币政策转型。

2014年以来，我国外汇储备逐步下降，特别是2015年末以来，外汇储备迅速下降，由此，余永定（2017）指出，尽管不排除"藏汇于民"的成分，但外汇储备缩水在很大程度上是套利、套汇交易获利平仓，沽空平盘和资本外逃的结果，是国民财富的损失。应当承认，在新一轮完善汇率形成机制改革初期，市场处于适应调整阶段，不能否认部分出于套利目的的资本外流，但我国外汇储备规模的下降主要仍是"藏汇于民"政策的体现。

对外投资净头寸变化是衡量外汇储备下降是真正"藏汇于民"还是国民财富流失的重要标准。近年来，面对市场主体的购汇需求和持汇意愿，外汇管理部门坚持深化外汇管理改革，不断释放政策红利，切实提升汇兑便利程度，在一定程度上推动了外汇储备"藏汇于民"。虽然2015年我国对外金融资产出现了小幅下降，但国际投资净投寸始终是上升的，2016年对外金融资产已超过2014年的水平。而且，2015年由交易引起的净资产增加1427亿美元，由汇率和价值重估等非交易因素引起的净资产减少1490亿美元。从对外资产规模上看，2014年下半年至2015年，我国对外资产总体增加2672亿美元，其中企业等市场主体的直接投资资产增加2633亿美元，相当于2003~2013年增加额的66%；证券投资资产增加865亿美元，相当于过去11年增加额的70%；贷款等其他投资资产增加2870亿美元，也达到了过去11年增加额的28%。以前在人民币升值预期下，我国市场主体不愿意持有对外资产，但在人民币汇率双向波动环境下，增加对外资产的积极性大幅提升，成为储备资产下降的主要原因，这也是"藏汇于民"的必然过程①。

"藏汇于民"意味着中国官方外汇储备资产的减少应等于中国非官方海外资产的增加（余永定，2017）。如果观察近年来我国国际投资头寸表的变化，可以发现从 2014 年第二季度到 2016 年末，我国国际投资头寸表的外汇储备下降约 1 万亿美元，居民对外净资产提高约 0.9 万亿美元，两者基本对应，这是"藏汇于民"的直接体现（潘功胜，2017）。从横向比较来看，2009 年以来我国外汇储备资产在对外资产中的比重逐年下降，2016 年末与巴西、印度尼西亚、泰国类似，在主要新兴发展中国家中位于合理中游水平（见图 7-2）；从纵向比较来看，近年来，我国对外资产中民间部门持有占比持续

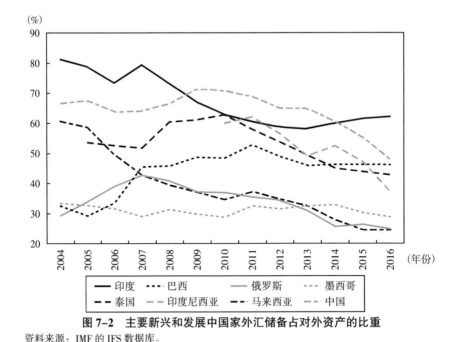

图 7-2　主要新兴和发展中国家外汇储备占对外资产的比重
资料来源：IMF 的 IFS 数据库。

---

① 参见易纲、潘功胜等在 2016 年 3 月 12 日在十二届全国人民代表大会四次会议记者会上的发言；《2015 年中国国际收支报告》。

上升，并在 2016 年首次过半，储备资产虽然仍是最主要的对外资产，但占比降至有数据以来最低的 48%，比 2009 年末下降近 20 个百分点。

"藏汇于民""债务偿还"和多元化外汇使用共同造成了外汇储备的下降。正如前文指出的，近年来为配合"一带一路""周边大通道"等新型开放战略，通过外汇储备向中国投资有限责任公司、政策性银行、丝路基金、中拉产能合作基金、中非产能合作基金等机构的注资，在进行注资后均将这部分资金从外汇储备中进行了剔除。同时，从中央银行资产负债表来看，外汇市场干预等操作在引发外汇储备下降的同时，负债方也会相应下降，"藏汇于民"并没有改变央行资产负债表的"复式平衡"（潘功胜，2017）。2016 年末，我国外债总额由 2015 年第一季度最高的 1.67 万亿美元降至 1.42 万亿美元，短期外债占比由 2014 年第三季度最高的 79.3%降至 61%。另外，由于汇兑和资产价值重估、遗漏和误差等因素，不同时期国际投资头寸表可能并不可比，国际收支平衡表与国际投资头寸表也不能完全可比，对外净资产缩水不等于跨境资本交易损失，并不是国民财富的净流失（管涛，2016）。

可见，我国外汇储备规模的下降，主要还是由于对外资产结构由官方外汇储备更多地转为民间实体部门持有，这正是"藏汇于民"政策的体现，并不是资本交易损失和国民财富的流失。与官方外汇储备投资相比，民间对外投资收益更高，促进"藏汇于民"有助于提高外汇资源的使用效率。从对外资产投资和负债收益率来看，近年来，我国对外资产投资收益率持续回升，负债收益率持续下降，对外投资收益逆差不断收窄，这也充分说明了"藏汇于民"政策的良好效果（见图 7-3）。因而，今后应坚持扩大金融业双向开放，有序实现人民币自由浮动和资本项目可兑换，更好地利用国内国外两个市场、两种资源。

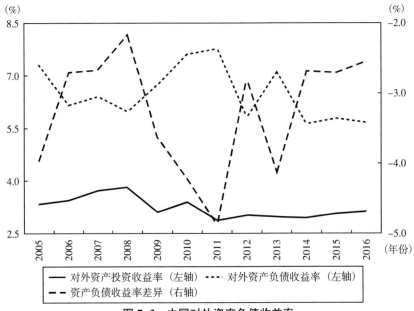

图 7-3　中国对外资产负债收益率

资料来源：Wind。

二、外汇储备最优规模收敛的渐进性和搞活流量的政策选择

（一）外汇储备规模优化的渐进性

通过国债等高等级债券置换外汇储备，在优化中央银行资产结构的同时实现货币政策向利率调控转型，虽然这一方案不会影响中央银行的负债（特别是基础货币）水平，对货币政策和市场流动性冲击较小，但往往会受到财政能力或金融市场容量的限制。在财政能力有限且必要的情形下，中央银行不得不通过迂回的方式进行资产置换，实际上仍是财政向中央银行透支，将极大地损害中央银行的独立性并产生较大的通货膨胀压力。而且，发行特种

国债并成立各种特定目的主权财富运营机构，在经营目标和业绩评价等方面存在一定的困难（特别是在与中央银行本身的外汇储备经营绩效比较等方面）。中央银行丰富外汇储备运用渠道的方式，虽然能够在不影响中央银行资产和对外汇储备控制权的同时提高外汇储备经营效率，但这也意味着外汇储备经营目标的更加多元化，外汇管理当局在流动性、安全性和其他目标之间的平衡将更加困难。毕竟，流动性才是外汇储备最主要的目标，而在传统国债投资之外的多元化外汇投资风险必然上升（黄国波，2014）。而且，外汇储备运用渠道的拓宽意味着中央银行需要支持市场微观主体（金融机构和企业）"走出去"并在必要时向其提供外币流动性，而这本不属于中央银行所应承担的职责，必将对外汇储备经营能力带来严峻的挑战，增加外汇储备运用的道德风险。可见，债券资产置换和拓宽外汇储备运用渠道等方式，无法从根本上优化外汇储备规模，相关的改革和政策操作只能是根据经济金融发展的需要，在稳妥审慎的原则下以渐进的方式进行。

应当看到，无论是中央银行资产结构的优化，还是外汇储备资产运用渠道的丰富，都属于存量的调整。在向最优规模调整的过程中，除了存量调整之外，最为关键的还是流量的变化，通过流量的逐步优化最终将外汇储备调整到与经济金融发展水平、对外开放程度、其他领域改革和政策相适应的最优规模水平。而且，在资本账户开放和汇率具有充分弹性条件下，只要经济不发生大的外部冲击，汇率水平的合理变化能够很好地实现经济的内部平衡和外部平衡，因而目前的外汇储备规模将是一个相对稳定的水平，并会随着外汇储备经营收益的积累及储备资产币值的变化发生相应的改变。不过，正如在第二章有关发达国家外汇储备和汇率体制的论述中指出的，虽然通常来说市场力量可以有效实现经济均衡，但由于浮动汇率安排经常出现的汇率超调弊端，汇率在合理范围内保持稳定仍然是中央银行重要的政策目标。特别是，作为全球第二大经济体的中国，货币外部价格的合理稳定对国内经济健康发展和全球经济平稳增长，都具有非常重要的意义。人民币的国际化和中国在全球治理中发挥更积极作用，也要求人民币币值保持稳定。因而，在完全实现利率汇率市场化改革和资本账户开放之后，在出现严重的外部冲击和贬值压力时，中央银行仍要对外汇市场进行必要的干预，通过流量方式进行的外汇储备规模优化调整仍将是一个渐进、缓慢的过程。

（二）优化流量的"藏汇于民"政策选择

外汇储备经营管理是一项复杂系统的工作，而外汇体制改革和货币政策转型又需要国内外其他领域改革的协调配合，国际收支平衡又必须兼顾经济增长、就业和通货膨胀等其他宏观调控目标。因此，相关改革不可能一蹴而就，这也符合我国的渐进式改革策略。目前，由于中国外汇储备存量规模已非常巨大，而本质上发行国债优化中央银行资产结构或拓宽外汇储备使用方式都是通过政府更为充分地利用外汇储备，属于"用汇于民"的政策，而非使居民持有并自主运用外汇的"藏汇于民"。为了更好地解决外汇储备规模过多问题并全面落实"藏汇于民"政策，就要本着"优化存量、搞活流量"的方式，重点就在于在流量上不再继续大规模扩大新增外汇储备，而这就意味着要围绕国际收支平衡的目标，全面推进各领域全方位、深层次改革，通过市场化的方式真正做到"藏汇于民"，在源头从根本上实现外汇储备最优化调整和货币政策的成功转型。具体来看，落实"藏汇于民"政策要做到以下几点。

一是继续加快推进经济增长方式转型和经济结构的优化调整。我国外汇储备大规模增长，从表面上看主要是由于国际收支长期不平衡和双顺差，深层次的原因则是与当前投资导向的经济增长模式密切相关。正如与日本等类似国家的经验比较可以看出的，虽然人口结构和劳动力禀赋优势也是高储蓄和外汇储备积累的重要因素，但投资导向的传统经济增长模式极大地降低了国内消费和对外需求。虽然通过汇率、能源、资源等要素价格的扭曲获取了大量外汇储备，但如果考虑到国内无法获得更高质量国外商品消费、环保和资源的外部负效应对全社会福利造成的损害，庞大的外汇资金无法投向居民消费和企业投资等实体部门，制约了国内产业和消费升级。外汇储备主要以持有流动性和安全性较高的金融产品的方式回流到储备货币发行国，这相当于对国外消费者和投资者进行双重补贴。由此，也就可以理解过去三十年中国投资和出口导向模式下的增长奇迹与发达经济体"大缓和"在时间上重合的重要原因。因此，今后应继续加快推动经济增长方式的转型，采取包括财税、投资、社会保障、人口政策等各领域在内的全方位、深层次的改革，逐步提高消费在经济增长中的贡献率和拉动作用，推动服务业特别是研发创新型生产性服务业的发展，从而实现"扩内需、调结构、减顺差、促平衡"的政策目标。

二是积极转变政府职能，由生产型建设型政府转变为服务型法治政府。由于目前中国的经济脱胎于传统的计划经济体制，政府始终在经济活动中发挥着重要的作用。政府和国有企业作为投资主体主要开展基础设施和房地产等中长期投资，正是投资导向的传统经济增长模式的重要体现。生产建设和经济增长是各级政府的主要目标，大量公共财政资金通过政府和国有企业投向本可以由私人部门进行的投资建设领域，而社会保障、环境保护、医疗教育、养老护理等公共服务投入严重不足，各地区和阶层人员的公共服务水平存在巨大差距。因而，今后应积极转变政府职能，逐步由生产型建设型政府转向服务型政府。与此同时，政府在经济活动中的越位与缺位并存，规划的科学性、前瞻性、稳定性较差，在对市场活动有效监管不足的同时，往往倾向于简单的"一刀切"等手段以宏观调控的名义干预微观经济活动，这扭曲了经济主体的预期，干扰市场正常的经济活动，严重抑制了经济的活力。要认识到，政府和市场都会存在失灵的问题，应在市场在资源配置中起决定性作用的同时，更好地发挥政府的作用，积极转变政府职能，改进决策机制和决策效率，依靠法治建设构建激励相容的监管体系，从而营造良好的经济增长环境。今后，应进一步加大能源资源等上游产业和包括金融、医疗、教育、研发等在内的服务业的市场准入，通过拓宽民营资本投资渠道减轻国内资本外逃的压力，提升跨境资本的合理有序流动，促进教育医疗等服务业的发展，提升国内消费水平。同时，还要进一步减少对金融部门的干预，放宽金融市场准入门槛，以更好地实现全社会资源在金融和实体部门的顺畅流动和竞争，提高金融体系和全社会的资源配置效率。为了更好地适应和引领经济新常态，应进一步改革科研体系，提升研发服务水平，进一步增强自主创新能力，以提高全要素生产率在经济增长中的贡献，通过创新驱动而非要素和投资驱动实现经济在中高速水平上平稳增长。

三是深化汇率市场化改革，稳妥有序推进资本账户开放和人民币可自由使用。目前，我国已取消了金融机构的存贷款利率管制，基本实现了利率市场化改革的政策目标。由于汇率的变化可以在一定程度上化解外部经济冲击，因而理论上讲利率的市场化需要汇率具有充分弹性。要认识到，在人民币汇率接近均衡区间的条件下，全面推进汇率形成机制改革的风险并不大，因而应加快推进汇率改革（易纲，2013b）。自2005年人民币汇率形成机制改革以来，按照主动性、渐进性、可控性原则以我为主有序推进，在表明促进全球经济平衡政策努力、提高经济主体汇率波动意识、促进国内产业升级等方面发挥了重要作用。在汇率形成机制改革方面，对于中国这样的大型开放经济体而言，最终选择的汇率制度必然是完全自由的清洁浮动。2017年5月，在

"收盘价汇率+一篮子汇率"基础上形成的"收盘价汇率+一篮子汇率+逆周期调节因子"模式，有助于反映宏观经济基本面，更好地应对市场的非理性汇率超调，有效对冲市场顺周期波动，但引入逆周期因子一定程度上也降低了汇率形成机制的透明度和市场供求的作用。应克服出现压力时不敢动，没压力时又不想动的"浮动恐惧"，抓住当前汇率水平和外汇供求趋于合理均衡水平的有利时机，适时扩大汇率双向浮动区间；为了更好地稳定外汇市场预期并协调内外经济均衡，可以根据国际收支和资本流动状况，考虑引入隐含承诺性的年度汇率波动目标区间等政策，只要市场运行处于目标区间并未对经济造成严重冲击，中央银行就无须干预而由市场力量进行自我调节；进一步引入瑞士法郎、加拿大元等其他主要储备货币在外汇交易中心的直接交易，扩展并完善对全球主要货币的直接汇率形成机制，减少汇率兑换成本及对美元的依赖和套利行为。在资本账户开放方面，尽管 IMF 对资本项目可兑换并不如经常项目一样具有统一的国际标准，但我国仍需要由正面清单转向国际通行的负面清单管理模式，逐步取消外汇交易实需原则和境外收入强制调回等过去重视外汇流入理念下的传统管理模式。今后将在前期资本项目开放的基础上，进一步为个人投资者跨境投资创造渠道（包括开展具有试验性质的合格境内个人投资者计划），启动"深港通"，非居民也将被允许在本国市场上发行除衍生品之外的金融产品，外汇管理逐步由事前审批为主转向有效的事后监管和宏观审慎管理模式，采取措施方便海外机构投资者进入中国资本市场，清理不必要的政策障碍并提供必要的基础设施，便利人民币的国际使用，努力实现资本项目有管理可兑换[①]。如果上述改革措施能够顺利开展，特别是在跨境证券投资、货币市场工具和个人资本转移项下的双向开放等方面

---

① 参见周小川在 2015 年 IMF 春季年会货币金融委员第 31 次会议上的发言，IMFC Statement by ZHOU Xiaochuan, www.imf.org, 2015 年 4 月 18 日。

取得重大突破，据预计，中国资本项目中将有92.5%的交易项目实现不同程度的可兑换，另外还有十余个子项目的可兑换程度将大幅提高（管涛，2015）。

四是改进外汇管理水平，提高用汇便利化，真正实现"藏汇于民"。目前，中国正在开展《外汇管理条例》的重新修订工作，力图从法规层面进一步扫清资本账户开放的障碍。在具体的管理方面，要本着"疏堵并举、均衡管理"的原则，抓住当前国际收支和汇率水平趋于均衡的有利时机，及时调整前期"控流入"的临时性措施，以用汇便利化为政策出发点，改进各项外汇管理的具体措施（如提高用个人年度换汇额度、推广外商投资资本金意愿结汇改革、适度放开跨国公司境内外资金融通管理、改进跨境结算方式并允许企业开展簿记式跨境结算业务等）。以企业和居民需求和使用为着眼点，打通各种政策限制和障碍，特别是要做好新老政策衔接、本外币政策衔接、外汇流入与流出政策衔接、风险监测与便民服务政策的衔接，切实做好政策的协调并形成政策合力，以更好地提高居民企业持汇意愿和用汇的自由度，从而真正实现"藏汇于民"的政策目标。

五是加强资本流动监测，完善危机应对预案，丰富宏观审慎政策手段。资本流动和汇率的双向波动扩大对资本流动监测提出了更高的要求。特别是，由于人民币国际化的加速推进，国内企业和居民在本外币套利活动和资本流动中的作用更加突出，这都加大了资本流动监测的难度。因而，今后应根据形势的发展变化，进一步加强对跨境资金流动的监测分析，全面梳理跨境资本流动主要渠道的新情况、新变化，及时做好形势预判和预警。同时，针对未来资本流动规模和方向加剧震荡的新格局和各种新的不稳定因素，要积极采取各种手段，开展压力预测和情景模拟，借鉴国际经验完善危机应对预案，并结合中国的实际情况和政策实践丰富危机应对手段和工具，完善宏观审慎政策下的外资和资本流动管理体系，充实逆周期调节的政策手段，有效防范国际游资冲击，坚守不发生系统性、区域性金融风险的底线。

三、稳步推进人民币国际化战略

（一）用于对外支付和规避汇率风险的跨境人民币结算与"藏汇于民"

在美元主导的国际货币体系和中国刚刚进入全球经济体系的条件下，我国在与其他国家的对外经济活动中主要是采用美元、日元、德国马克等被各国普遍接受的世界货币。不过，早在 20 世纪 70 年代我国就曾尝试跨境贸易用人民币计价结算（管涛，2010），主张在当时的广交会上与经济互助委员会国家采用人民币或者兄弟国家的货币计价结算，而且出口用人民币计价结算还有价格优惠。但是，在当时特定背景下由于各方面条件都不成熟，人民币贸易结算规模不大，最终不了了之。改革开放后，我国也有学者提出人民币的国际化问题（曾宪久、胡定核、黄道平，1988）。随着我国对外经济交往的逐步深入，尤其是与边境国家双边贸易的增长，人民币被作为计价和交易媒介广泛使用。特别是，由于中国在国际经济地位的提高和人民币币值稳定，人民币在港澳台地区及边贸经济往来中得到了越来越多的欢迎，境外流通的人民币规模也不断增长。与此同时，我国中央银行与外国中央银行逐步开展了广泛的合作，中央银行间的货币互换协议也使得人民币大量流向境外，银行信用卡境外使用的发展也进一步促进了人民币的国际流出。由此，人民币国际化开始提上政策议事日程。正是在这样的大背景下，为规避中国及周边国家和地区的企业在使用第三国货币进行贸易时面临的汇率风险，减弱由于国际主要国家汇率波动造成的贸易萎缩的不利影响，我国正式开启了人民币国际化战略。

本国货币在国际贸易、债务和投资中的广泛使用意味着一国货币具有硬通货的性质，而一个拥有坚挺和富有吸引力的货币也无法避免被其他国外官方作为储备货币持有（Polak，1992）。货币的国际化也就意味着可以用本币对外进行支付，这相当于外汇储备用于对外交易和支付的功能。同时，采用本币进行对外结算，可以有效避免汇率波动对本国居民和企业带来的汇率波动风险。正如我国在开始推行人民币跨境贸易结算时指出的[1]，受全球金融危机影响，美元、欧元等主要国际结算货币汇率大幅波动，贸易融资大幅萎缩，中国及周边国家和地区的企业在使用第三国货币进行贸易结算时面临较大的汇率波动风险，一些境内外企业希望用人民币进行贸易结算。与此同时，自1996年人民币经常项目的可兑换以来，我国在港澳地区个人人民币业务和边境贸易人民币结算等方面积累了一定的经验。正是在这种特定的背景之下，作为推动人民币国际化的重要措施，跨境贸易结算正式启动试点，并逐步扩大到全国范围，这不仅仅是商业银行国际业务的重大扩展，更是我国应对金融危机对国际贸易的冲击、推进人民币国际化进程的重要举措，对中国包括银行业和资本市场在内的整个金融业的开放节奏产生重要影响。

由此可见，人民币作为币值较为稳定并具有竞争力的国际货币，在国际贸易投资等经济往来中被普遍接受，甚至被很多国家作为主要的储备货币，这实际上是人民币作为其他国家的外汇储备，交易支付和审慎预防性需求仍是国外部门（居民、企业和中央银行）持有人民币最主要的因素。对于本国而言，人民币国际化并作为对外经济往来重要的支付手段本身，就可以替代

---

[1]《稳步推进跨境贸易人民币结算试点，促进贸易和投资便利化》，《中国货币政策执行报告》2009年第3期。

对外汇的使用和需求。同时，由于不存在货币兑换问题，对国内部门而言人民币国际化相当于消除了汇率波动风险，也就不存在用于预防性的外汇需求。这样，人民币国际化减少了对外汇的需求，居民和企业在对外经济往来中可以更为自由地在本币与外部之间进行转换，这是从流量上优化外汇储备规模的重要举措，也是"藏汇于民"的重要体现。

（二）人民币国际化的主要进展

从 2009 年 7 月我国批准开展跨境贸易人民币结算试点，正式开启人民币国际化战略以来，人民币跨境业务从小到大、由少到多，取得了令人瞩目的成绩。根据环球银行金融电信协会（SWIFT）统计，2014 年 12 月，人民币成为全球第 2 大贸易融资货币、第 5 大支付货币、第 6 大外汇交易货币。2015 年 6 月，中国人民银行还发布了《人民币国际化报告（2015)》，对 5 年多的人民币国际化进程进行了全面总结。

从贸易结算来看，经常项目人民币跨境贸易结算保持了较快增长，境外地域范围迅速扩大。2009 年经常项目人民币结算金额仅有 35.8 亿元，2014 年已经高达 6.55 万亿元，2015 年进一步上升至 7.23 万亿元。虽然受汇率波动等因素影响，2016 年经常项目下跨境人民币收付金额降至 5.23 万亿元，但目前人民币已成为我国仅次于美元的第二大跨境支付货币，香港仍是人民币跨境收付最主要的地区，与日本、德国、英国等国人民币跨境收付量稳步提升。通过跨境人民币结算，企业可以有效规避汇率波动风险，节约汇兑财务成本，而随着企业"走出去"和人民币国际化需求的增加，银行为企业跨境贸易和投资提供更多元化的金融服务，进一步促进了金融服务水平的提高。

从直接投资来看，人民币在对外直接投资（ODI）和外商直接投资（FDI）中的作用日益明显。2011 年 1 月起，我国开始允许境内机构使用人民币开展对外直接投资（ODI），并于当年10月允许境外投资者使用人民币进行外商直接投资（FDI）；2013年和2014年又分别放开了境外投资者使用人民币在境内设立、并购和参股金融机构的限制，简化了直接投资跨境人民币结算业务流程，符合条件的跨国企业可以开展跨境双向人民币资金池业务。2015年，我国对外直接投资（ODI）人民币收付金额为7361.7亿元，同比增长228.1%；外商来华直接投资（FDI）人民币收付金额为1.59万亿元，同比增长65.2%。

从国际债券和证券投资来看，人民币债券发行和金融资产投资规模逐步提升。2011年，我国允许境内银行可以开展境外项目人民币贷款业务，出台人民币合格境外机构投资者（RQFII）制度；2013年和2014年开始允许境内银行开展跨境人民币贸易融资资产转让业务，明确境外非金融企业在境内发行债券；2015年5月，已获准进入银行间债券市场的境外人民币清算行和境外参加行可以开展债券回购交易。截至2015年末，中国境内（不含港、澳、台地区，下同）银行的非居民人民币存款余额为1.54万亿元，以人民币标价的国际债券余额5900.7亿元。据不完全统计，截至2015年末，境外央行和货币当局在境内外市场上持有债券、股票和存款等人民币资产余额约为8647.0亿元。

从离岸人民币市场发展来看，人民币交易逐渐成为主要金融市场重要交易品种。2014年以来，中国人民银行先后与11个国家中央银行签署了关于在当地建立人民币清算安排的合作备忘录，并在上述国家确定一家中资银行作为当地人民币清算行。截至2015年5月末，中国人民银行共在15个国家和地区建立了人民币清算安排，覆盖东南亚、西欧、中东、北美、南美和大洋洲等。人民币清算安排的建立，有利于上述国家和地区的企业和金融机构使用人民币进行跨境交易，进一步促进贸易投资便利化。2015年，主要离岸市场人民币存款余额约为 1.45 万亿元。按照国际清算银行（BIS）狭义统计口径①，截至 2015 年末，以人民币标价的国际债券余额为 5996.5 亿元，其中境外机构在离岸市场上发行的人民币债券余额为 5811.5 亿元，在中国境内发行的人民币债券（熊猫债）余额为 185 亿元。

从中央银行本币合作角度来看，人民币日益成为各国主要的储备货币。早在东亚金融危机期间，我国就开始了与周边国家的货币互换，特别是在 2000 年《清迈协议》签署之后，东亚主要国家间签署了一系列的双边或单边的货币互换协议（Bilateral Swaps Agreements，BSA），并逐步向多边的货币互换框架发展。2001~2007 年，中国分别与泰国、韩国、日本、马来西亚、菲律宾 5 国签订货币互换协议，货币互换金额共 95 亿美元，作为国际金融机构援助的补充，进行短期资金支持解决对方国际收支问题和维护金融稳定（李晓、丁一兵，2010）。全球金融危机之后，在人民币国际化战略之下中国人民银行加大与各国中央银行货币互换规模。截至 2015 年末，中国人民银行已与 33 个国家和地区的中央银行或货币当局签署了双边本币互换协议，协议总金额超过 3.31 万亿元人民币。2015 年，在中国人民银行与境外中央银行或货币当局签署的双边本币互换协议下，境外中央银行或货币当局动用人民币 1570.1 亿元，中国人民银行动用外币折合 72.5 亿美元。截至 2015 年末，境外中央银行或货币当局累计动用人民币 2377.2 亿元，余额达 499.4 亿元；中国人民银行累计动用外币折合 74.3 亿美元，余额折合 4.3 亿美元。双边本币互换协议的积极动用标志着央行间务实合作迈上新台阶。除了与人民币有货币互换协议的很多国家（如马来西亚、新加坡、韩国、白俄罗斯等）将人民

---

① BIS 对国际债券有狭义和广义两个统计口径。按照 BIS 的统计口径，狭义的人民币国际债券是指境外机构在境内外发行的以人民币标价的债券；广义的人民币国际债券是指发行人在本国或本地区之外发行的以人民币标价的债券。

币列为官方储备货币外，中国台湾地区、尼日利亚等货币当局也将人民币作为主要储备货币①。特别是，随着人民币被正式纳入 SDR，人民币作为国际货币储备功能明显上升。由表 2-2 可见，2016 年，人民币已成为全球第七大储备货币。欧央行也正式宣布在 2017 年上半年完成相当于 5 亿欧元的人民币外汇储备投资。本币合作在深化国际经济交往、维护国际金融体系稳定及促进国际货币体系改革等方面，发挥越来越积极的作用。

从人民币现钞使用来看，境外人民币流通规模日益扩大。在 2009 年正式启动人民币国际化之前，人民币境外流通主要体现在与周边国家的边贸、旅游和其他经济交往、境外非居民对人民币广泛的可接受性上，并在境外形成了一定规模的人民币流量和存量。人民币跨境流动主要通过现钞方式和非金融渠道，即出入境人员合法携带和跨境非法走私携带。随着国家对人民币跨境流动的政策引导，越来越多的人民币跨境流动纳入银行体系，跨境流动途径主要包括携带现钞、账户行汇款、银行卡等方式。1993 年，我国允许携带 6000 元人民币现钞出入境，这是人民币走出国门的正式起步；2003 年，我国开始允许边境省份和周边国家开展边境小额贸易；2004 年在港澳地区推出了存款、汇款、兑换、信用卡业务等个人人民币业务，从而建立了人民币回流渠道，并在 2005 年将现钞携带金额限额进一步提高到 20000 元人民币。2007 年，中国人民银行启用首个境外人民币现钞代保管库——中银香港代保管库，并以其为基础向海外其他国家和地区提供人民币现钞供应和回流服务。2015 年人民币现钞调入金额为 503 亿元，调出金额为 94 亿元，合计 597 亿元，同比增长 15.7%。

---

① 《台湾外汇储备中人民币资产比重将逐渐增加》，http://finance.sina.com.cn/money/forex/20131112/163217299253.shtml，2013 年 11 月 12 日《人民币将成为尼日利亚外汇储备货币》，http://news.xinhuanet.com/world/2011-09/07/c_121989643.htm，2011 年 9 月 7 日。

（三）稳步推进人民币国际化的政策建议

经过短短几年的努力，人民币国际化取得了重大进展，受到了国内外市场主体的普遍欢迎。各项跨境人民币业务均坚持了本币优先的基本原则，以市场化管理为导向，不断简化业务操作流程，为企业和居民有效规避汇率风险、节约货币兑换成本、促进对外经济往来，发挥了重要的作用。从根本上讲，人民币国际化的发展主要还是由于中国经济实力的上升和在国际经济金融事务中重要性的提高，在国际市场上形成了对人民币的强烈需求。随着我国进一步融入全球经济体系和在全球治理中的作用逐步提高，居民、企业和金融机构将更大规模地主动走向国际市场，实现各方面资源的国内和国外的协调统一配置，并成为活跃国际金融市场和国际货币体系完善的重要力量。应当看到，正是与中国的经济实力和对外开放相适应，为了满足微观经济主体的迫切需要，人民币的国际化才会取得较快的进展。同时，人民币贸易和投资的跨境结算既满足了实体经济对外经济往来的需要，又根据审慎分步推进的原则，逐步扩大了金融领域的对外开放，实现了满足实体经济需求与有效控制风险的良好结合，并为中国投融资和证券投资等尚未完全实现资本项目可兑换领域的完全开放提供了有益的借鉴经验。从国际经验来看，货币国际化在获得大量好处的同时，也意味着货币发行国承担更大的国际责任和义务，英镑、日元等货币国际化的经验和有关国际货币体系稳定性的分析也表明，如何在充足流动性支付手段与稳定币值间保持平衡，对储备货币地位和货币国际化的成功至关重要。目前，中国正处于全面深化改革和新型对外开放战略的关键时期，在积极落实包括利率汇率市场化和资本账户开放等各项深化改革政策的同时，如何在"一带一路""周边大通道"等新型开放战略中发挥更加积极的作用，并根据中国自身的实际经济情况承担合理的国际角色和义务，将成为人民币国际化战略进一步成功的关键所在。

今后，一方面应加强国内各领域经济改革，真正提升中国经济发展的质量和动力，为人民币国际化和有能力全面参与包括国际货币体系改革在内的全球治理的完善提供真实可靠的内部支撑；另一方面，则应结合中国经济和对外开放实际情况，完善人民币国际化基础设施建设、进一步简化贸易和投资领域的限制性措施、积极与各国货币当局开展货币合作、巩固 SDRs 货币篮子地位基础上增强人民币储备货币地位等，为人民币国际化提供良好的国内国际经济环境，进一步提高跨境贸易人民币结算的便利化水平，扩大结算规模，进而更好地满足参与对外经济往来的交易需求和规避汇率风险、为实体经济和经济发展服务的目标。

四、大力促进外汇市场发展，有效满足支付用汇和避险需求

（一）满足外汇资产收益有效规避风险的外汇市场发展与"藏汇于民"

具有足够广度的外汇市场能够有效满足居民企业的用汇需求。随着我国经济的发展和汇率形成机制改革的加快推进，中国外汇市场取得了较快发展，能够有效满足微观经济主体用于支付交易的外汇需求。特别是，在近年来我国国际收支日趋合理、汇率水平逐渐处于均衡合理区间、中央银行逐步减少并最终退出外汇市场干预后，我国外汇市场已能够有效满足银行、企业和居民的合理外汇需求。应当看到，2005 年汇率形成机制改革以来，"藏汇于民"政策效果不明显，既与人民币升值预期有关，也在很大程度上是由于外汇市

场缺乏足够的满足外汇投资收益需求并能够有效避免汇率波动风险的外汇产品，由此导致微观主体结汇意愿过于强烈，中央银行不得不通过外汇储备的积累确保外汇市场的稳定。

具有一定深度的外汇市场能够有效满足微观经济主体外汇资产的投资收益，有效规避汇率波动风险，在很大程度上提高居民和企业持有外汇资产的意愿。随着中国在国际经济金融中的地位日益提高，作为全球外汇市场的一个有机部分，中国境内外汇市场的深化发展将极大提升中国在全球外汇市场中的定价权和风险管理能力，从而更好地从流量上有效优化外汇储备规模，并真正实现"藏汇于民"的政策目标。

改革开放后，我国外汇市场建设由外汇调剂市场起步，于1994年通过外汇市场并轨建立了全国统一的外汇市场。2005年人民币汇率形成机制改革以来，我国外汇市场取得了快速的发展。目前，以银行柜台市场为代表的外汇零售市场和全国统一的银行间同业外汇批发市场所形成的外汇市场体系，交易品种日益丰富、交易机制日趋完善、交易主体不断扩大，极大夯实了外汇市场服务实体经济和金融资源配置的功能。

交易品种日益丰富，有效满足多样化汇率避险保值需求。2005年汇率形成机制改革以来，我国在即期外汇交易和远期结售汇试点基础上，逐步扩大远期交易并提出了外汇掉期、货币掉期、外汇期权等外汇交易品种，我国已基本具备了国际外汇市场同类的基础外汇产品体系。此外，为降低跨境贸易和投资汇兑成本，规避汇率波动风险，我国还逐步扩大了银行间外汇市场交易的货币币种，鼓励人民币对部分非美元货币直接报价，银行柜台市场挂牌货币超过20种。

扩大外汇市场交易主体，构建多元化市场主体层次。2005年汇率形成机制改革以来，我国银行间外汇市场由原单一的银行参与者，逐步开始允许符合条件的境内非银行金融机构和非金融性企业机构参与银行间外汇市场交易。2014年末，我国取消了对金融机构进入银行间外汇市场的事前准入许可，将参与主体扩大至全部境内金融机构，证券、信托、保险公司等均可进入银行间外汇市场，并允许经银行业监督管理部门批准设立的货币经纪公司（含分支机构）在银行间外汇市场开展外汇经纪业务。同时，我国还引入境外机构成为外汇市场成员，境外人民币清算行参与国内外汇市场交易，境外金融机构在跨境贸易人民币结算业务项下与境内银行开展场外外汇交易，我国外汇市场已不是一个完全封闭的市场。

健全外汇市场基础设施建设，完善外汇交易机制。1994年银行间外汇市场创建之初，采用电子集中竞价撮合的单一交易模式，2006年我国引入电子双边询价（OTC）交易模式和做市商制度，从而更好地发挥微观主体连续交易、价格发现和维持市场流动性的作用。2008年引入货币经纪公司开展声讯经纪，从而形成了涵盖国际外汇市场主要交易模式的多样化格局，增强了外汇市场的自主性和灵活性。与此同时，借鉴全球危机后各国将标准化场外衍生品市场纳入中央对手方（CCP）清算的改革动向，2009年我国在即期外汇市场开始试点集中净额清算业务，并在2011年进一步扩大至远期和外汇掉期交易。2009年，"全国银行间外汇市场人民币外汇衍生产品主协议（CFETS主协议）"与中国银行间市场交易商协会的衍生品主协议合并为"中国银行间市场金融衍生产品交易主协议（NAFMII主协议）"，从而有效降低了外汇交易的清算风险，促进了外汇衍生品的标准化和市场交易的发展，并形成了统一完备的数据监测体系。

完善银行结售汇头寸管理，统筹协调外汇市场外观运行与宏观调控。1994年汇率并轨后，中国人民银行起初实行了较为严格的银行结售汇制度，个人和企业外汇通过银行进行结售汇，外管局核定银行的结售汇综合头寸，实行"下限为零、上限为核定限额"的限额管理措施，按日管理银行头寸。与 2005 年汇率形成机制改革相配套，我国开启了银行结售汇头寸管理改革，为了配合"减顺差、促平衡"的宏观调控需要，一度对银行收付实现制头寸实行临时性下限管理，并由原统一的结售汇综合头寸管理、头寸权责发生制管理模式，过渡到对银行结售汇综合头寸区间管理。2008 年修订的《外汇管理条例》在法规层面上取消强制结售汇，并于 2012 年基本上取消了强制结售汇制度。目前，基本实现了经常项目的意愿结售汇，货物贸易外汇管理取消进出口收付汇逐笔核销并改为总量核查，服务贸易购付汇管理已实现零审批，所有服务贸易购付汇均可在金融机构直接办理，单笔等值 5 万美元以下的服务贸易收付汇业务无须审核单证。资本项目方面也在不断放开结售汇限制，逐渐向意愿结售汇转变。加快构建以登记为核心的管理新框架，取消了包括国内外汇贷款审批、外债融资条件审批、账户开立核准、资本金结汇核准、FDI 境内投资审批、ODI 外汇风险审查、外汇资金来源审查及利润汇回保证金等行政许可项目，目前仅保留外资、外债登记、QFII/QDII 额度审批等项目。QDII、QFII、RQFII、沪港通、上海自贸区等政策试点正在开启境外融资大松绑和企业资本项目可兑换，并有望在其他地区推广和循序渐进地展开。

（二）当前我国外汇市场发展存在的主要问题

虽然在 2005 年人民币汇率形成机制改革后，我国外汇市场取得了长足的发展，统一规范有效的外汇市场对充分利用国内外两种资源发挥了积极的作用，但应当看到，外汇市场发展主要是服务于我国经济金融发展和对外开放并与其他领域改革相配套，与主要国家外汇市场相比，我国外汇市场仍处于发展初期。长期以来鉴于各时期外部经济金融危机的经验教训，在严格管理的政策思路下，外汇市场发展过于强调市场风险，对必要的市场创新重视不够，没有充分发挥微观市场主体在产品定价、风险管理中的作用。而且，在人民币汇率长期升值的大背景下，汇率弹性较低和单向升值压力使得市场呈现单向发展的格局，抑制了汇率双向波动、产品创新和风险管理的空间，甚至出于宏观调控的需要对市场采取临时性的限制性措施，制约了市场的正常发展。正是由于对市场的过多干预，外汇市场微观主体的内部风险和行业自律建设仍有待加强。特别是，随着人民币国际化进程的加快，中国香港、新加坡等人民币离岸金融市场迅速发展，国内外汇市场面临的竞争和边缘化、空心化的压力日益增大。外汇市场的发展对我国能否主导全球人民币汇率定价权至关重要。具体而言，我国外汇市场存在以下几方面问题。

一是外汇市场交易机制灵活性较差，外汇市场避险功能仍未充分有效发挥。一方面，长期以来，我国严格坚持外汇实需交易原则，抑制了外汇市场供求的多样化。由于企业居民买卖外汇必须具有真实交易背景，在资本项目仍存在很多管制的条件下，实需交易原则导致国内外汇产品交易类型和参与主体仅限于非金融部门的贸易投资等实体经济范围，金融投资性交易较少。由于经常账户和直接投资的持续双顺差，外汇市场长期供大于求，缺乏必要的外汇双向流动和汇率双向波动机制。实需交易原则的外汇市场指导思想实际上也是仅将外汇作为对外经济往来的交易媒介和支付手段，忽视了其作为外币的价值储藏功能和资产属性。另一方面，外汇衍生品市场发展相对缓慢，特别是银行柜台外汇衍生品缺乏必要的交易机制。由于实需交易原则始终贯穿于银行外汇柜台市场，将衍生品与结售汇等同管理，限制反向平仓和差额交割，以控制衍生品脱离实需背景变为投机交易，这限制了市场合理的套期保值需求，企业无法根据实际情况调整履约数量和现金流，而期末履约必须实际交割也抑制了企业管理汇率风险和持有外汇资产的需求。同时，国内外汇衍生品类型比较单一，交易限制较多，也不利于价格发现和风险管理。目前，除远期交易外，外汇衍生品主要以银行间市场为主，而且国内衍生品交易与离岸市场存在较大差距（见图 7-4）。

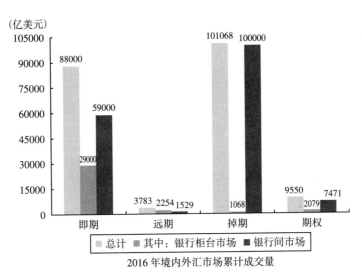

2016 年境内外汇市场累计成交量

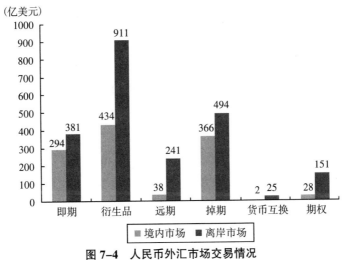

图 7-4　人民币外汇市场交易情况

资料来源：《国家外汇管理局年报（2016）》；BIS，http://www.bis.org/publ/rpfx13.htm。

二是外汇市场交易主体仍待丰富。虽然我国外汇市场已涵盖了外资银行、企业财务公司等金融机构，并允许非金融企业加入外汇市场，但目前市场主体结构仍然以国内银行为主，结构相对单一，市场参与者汇率风险偏好趋同化倾向明显。财务公司在交易规模或流动性等方面，仍然与银行机构存在较大差距，而且仅存在一家非金融企业（孙杰，2014）。银行间外汇市场呈现集中化、小型化、实盘化特征，与供求多样性、竞争性市场结构存在较大差距。实需交易原则仍是银行间外汇市场交易主体单一的主要原因。由于参与者趋于同质化，交易需求方向单一，抑制了市场交易主体产品定价和风险管理能力。资本项目开放程度也是抑制市场主体丰富的重要原因。我国在 2005 年就制定实施了允许证券、保险、信托、基金等非银行金融机构进入外汇市场的政策，但在资本账户管制条件下，这类金融机构主要以境内人民币业务为主，除少量境外 IPO 结汇对外汇有需求外，其他资本金融项目外汇交易很少，因而也就缺乏进入外汇市场的动力。

三是外汇市场对外开放仍有待加强。虽然我国银行间外汇市场已经允许外资银行进入，随着人民币跨境结算的开展，境外金融机构可以在一定程度上参与境内外汇市场，但是境内机构基本上仍无法直接参与离岸人民币市场，这不利于全球统一的人民币外汇市场的发展和人民币汇率的价格发现，人为导致境内外汇市场与全球外汇市场的分割，间接削弱了国内外汇市场对全球外汇市场的主导权。

四是外汇市场基础设施建设仍需进一步提高。目前，银行间外汇市场集中净额求实业务产品类型、参与主体范围仍相对较小，即期询价交易和远期、掉期等衍生品交易主要是在做市商之间试点进行集中净额清算，仍有数量众多的中小银行和大量衍生品未纳入集中净额清算，而且与中央对手方清算机制仍需进一步完善。同时，目前国内市场交易报库建设仍待加强，对投资组合及抵押资产信息，以及柜台市场交易流量等情况，仍缺乏较高质量的信息报告制度，声讯经纪等非电子平台交易信息集中度较差，外汇交易信息整合工作仍待加强。

(三) 市场导向的外汇市场发展政策建议

随着人民币汇率逐渐趋于均衡水平和资本呈现双向流动态势，我国外汇市场发展迎来了新的机遇。特别是 2014 年以来，中国人民银行一度基本退出了常态化的外汇市场干预，市场在外汇资源配置中正发挥着决定性的作用。以市场为导向，打造一个具有足够广度和深度的外汇市场，对有效满足企业居民用汇需求，规避汇率波动风险，顺利实现经济新常态下的外汇储备最优规模收敛和货币政策转型，具有非常重要的意义。对此，笔者提出以下几点政策建议。

一是放松外汇交易限制，丰富外汇交易产品。今后应根据经济金融发展和对外经济往来的实际情况，适时突破实需交易原则，引入投资性外汇交易产品，进一步发挥外汇作为金融资产的配置属性，更好地发现外汇均衡价格并有效管理汇率风险。放开反向平仓、差额交割等交易机制，完善外汇衍生品的套期保值功能，将目前的基于现金流的管理方式转向更全面的资产负债管理方式。根据市场发展的需求适时推出新型外汇期权和期货产品，更好地满足各类市场参与者的多样化外汇交易需求。

二是有序扩大市场交易主体类型，培育不同风险偏好的市场参与者。今后应结合资本账户开放和包括外汇市场在内的金融市场发展实际情况，逐步看到市场交易主体，特别是鼓励与银行和财务公司具有不同风险偏好和投资策略的证券、基金、信托等其他非银行金融机构，促进多元化市场结构的发展，在审慎原则下支持个人投资者参与优生品交易，从而提高外汇市场的流动性，完善外汇市场的价格发现和避险功能。

三是稳步推进外汇市场开放，打造在岸主导的全球统一人民币外汇市场。

在充分总结上海自贸区先行先试经验的基础上，允许符合条件的境内外金融机构有序、双向参与在岸和离岸人民币外汇市场，吸引更多符合条件的境外金融机构在风险可控条件下参与境内外汇市场交易，通过对外开放促进国内外汇市场交易的发展，打造以在岸市场为主导的全球统一的人民币外汇市场。

四是健全外汇市场基础设施建设，保障市场有效运行。今后应统筹银行间市场竞价和询价交易模式，促进声讯经纪与电子交易平台协调发展，引入单交易商机制、主经济机制，建立分层、包容性交易平台；扩大银行间市场净额清算业务，稳步发展中央对手清算（CCP）；发挥电子交易确认业务，实现交易直通式处理，扩大银行间外汇市场集中净额清算产品类型和参与机构，全面引入中央对手方清算业务；完善外汇交易基础数据库建设，加强对已报送外汇交易数据的深度加工和利用。

五是转变监管理念和管理方式，提升市场创新能力。今后应进一步简化外汇市场准入管理，将更多的监管资源投入规则完善、基础设施建设和风险监测防范等制度建设方面；加强市场自律机制建设，加强投资者风险教育，政府监管与市场自律相互促进、互为补充，形成合力；转变事后管理为事前管理和金融机构内控管理，激发市场创新活力。

2005 年以来我国金融对外改革开放主要政策措施

一、人民币汇率形成机制改革

2005 年 7 月 21 日起，我国开始实行以市场供求为基础、参考一篮子货币进行调节、有管理的浮动汇率制度。一是汇率调控方式实行以市场供求为基础、参考一篮子货币进行调节、有管理的浮动汇率制度。二是中间价的确定和日浮动区间。中国人民银行于每个工作日闭市后公布当日银行间外汇市场美元等交易货币对人民币汇率的收盘价，作为下一个工作日该货币对人民币交易的中间价格。现阶段，每日银行间外汇市场美元对人民币的交易价仍在中国人民银行公布的美元交易中间价上下 0.3% 的幅度内浮动，非美元货币对人民币的交易价在中国人民银行公布的该货币交易中间价 3% 的幅度内浮动。三是起始汇率的调整。2005 年 7 月 21 日 19 时，美元对人民币交易价格调整为 1 美元兑 8.11 元人民币，统一了银行间即期外汇市场非美元货币对人民币的交易汇价浮动幅度。

2005 年 9 月 23 日，进一步将非美元货币对人民币的交易汇价浮动幅度从 1% 放宽到 3%。

2006 年 1 月 3 日，再次对汇率中间价确定方式进行调整，规定中国外汇交易中心于每日银行间外汇市场开盘前向所有银行间外汇市场做市商询价，将报价加权平均，得到当日人民币对美元汇率中间价。

2007 年，银行间即期外汇市场人民币兑美元交易价浮动幅度由 3‰扩大至 5‰。

2008 年，全球金融危机给各国和中国经济带来了较大的困难和不确定性，我国适当收窄了人民币波动幅度以应对国际金融危机。

2010 年 6 月，进一步推进人民币汇率形成机制改革，增强人民币汇率弹性。

2012 年 4 月 16 日起，银行间即期外汇市场人民币兑换美元交易价浮动幅度由 5‰扩大至 1%，外汇指定银行为客户提供当日美元最高现汇卖出价与最低现汇买入价之差不得超过当日汇率中间价的幅度由 1%扩大至 2%。

2014 年 3 月 17 日，人民币对美元汇率中间价波幅再次扩大到±2%，银行柜台汇率报价区间由 2%扩大至 3%。

2014 年 7 月 2 日，中国人民银行取消银行对客户美元挂牌买卖价差管理，由银行根据市场供求自主定价，促进外汇市场自主定价。

2015 年 8 月 11 日，人民银行宣布完善人民币汇率中间价形成机制，做市商在每日银行间外汇市场开盘前，参考上日银行间外汇市场收盘汇率，综合考虑外汇供求情况以及国际主要货币汇率变化情况向中国外汇交易中心提供中间价报价。

2015 年 12 月 11 日，中国外汇交易中心发布人民币汇率指数，强调要加大参考一篮子货币的力度，以更好地保持人民币对一篮子货币汇率基本稳定。

2016 年 2 月，初步形成了"收盘汇率＋一篮子货币汇率变化"的人民币对美元汇率中间价形成机制。

2017 年 2 月，将中间价对一篮子货币的参考时段由 24 小时调整为 15 小时。

2017 年 5 月 26 日，在中间价报价模型中增加逆周期因子，模型参数由各报价行根据对宏观经济和外汇市场形势的判断自行设定。

二、经常项目（贸易便利化）改革

2005 年，改进进出口核销管理，简化企业核销程序。先后简化了企业办理进出口收付汇核销、进口售付汇审核和付汇备案、出口收汇单证审批等业务手续，扩大了出口收汇差额核销的范围。

2005 年 2 月和 8 月，两次调整经常项目外汇账户管理政策。调整后，境内机构经常项目外汇账户可保留现汇的比例为 50%或 80%；超限额结汇期限由 10 个工作日延长为 90 个工作日。

2005 年，将境内居民个人经常项目下因私购汇指导性限额由原来的等值 3000 美元和等值 5000 美元分别提高至等值 5000 美元和等值 8000 美元。

2005 年，推行服务贸易改革试点，批准跨国经营企业集团进行经常项目外汇资金集中管理试点。

2006 年，对居民个人购汇实行年度总额管理。

2006 年，取消经常项目外汇账户开户的事前审批。

2007 年，正式施行《个人外汇管理办法》，整合了 47 项涉及外汇管理的法规，废止了 16 项管理规定。

2007 年，取消经常项目外汇账户限额管理，允许境内机构根据自身经营需要自行保留经常项目外汇收入。

2008 年，实施出口收结汇联网核查，在满足企业正常贸易收结汇的同时，有效地遏制了异常外汇资金借道流入。

2009 年 2 月 9 日，发布《关于改进出口收结汇联网核查管理有关问题的通知》，提高企业流动资金使用效益，大力推动贸易便利化。

2009 年 9 月 7 日，联合出台金融支持服务外包政策，简化服务外包企业外汇收支手续。

2010 年 12 月 1 日，进口付汇核销制度改革在全国范围内推广实施从根本上改变了贸易外汇进口管理方式，95% 以上进口企业的正常付汇业务无须再办理核销手续。

2011 年 1 月 1 日，允许境内机构将具有真实、合法交易背景的出口收入留存境外。

自 2011 年 12 月 1 日起，在江苏、山东等 7 个省（市）进行货物贸易外汇管理制度改革试点。

2011 年，出台《电子银行个人结售汇业务管理暂行办法》，明确银行办理电子银行个人结售汇业务的条件。

2012 年 8 月 1 日起，在全国范围内实施货物贸易外汇管理制度改革，取消进出口收付汇核销制度，简化企业办理进出口贸易收付汇业务的手续和程序，降低银行和企业的经营成本。

2013 年 9 月 1 日，在全国范围内实施服务贸易外汇管理改革，取消了服务贸易购付汇项下的行政审批。

2013 年 5 月、12 月，两次出台有关加强资金流入管理的政策，积极防范跨境资金流动风险。

2014 年，巩固货物贸易外汇管理改革成果，升级完善货物贸易外汇监测系统；深化服务贸易外汇管理改革，在全国上线运行服务贸易外汇监测系统。

2015 年，出台《国家外汇管理局关于印发〈保险业务外汇管理指引〉的通知》，进一步简政放权，完善监管；发布《国家外汇管理局关于开展支付机构跨境外汇支付业务试点的通知》（汇发〔2015〕7 号），将支付机构跨境外汇支付业务试点地区范围扩大至全国。

2016 年，出台个人贸易收结汇便利化措施，简化单证办理程序。

三、资本项目可兑换改革

2005 年，将对外直接投资外汇管理改革试点扩展到全国，提高年度对外直接投资购汇总额度。

2006 年，取消境外投资购汇额度规模限制。

2006 年，实施合格境内机构投资者（QDII）制度。

2007 年，全面下放境外投资外汇资金来源审查权限，等值 1000 万美元以上的境外投资项目统一授权由项目所在地分局负责审核外汇资金来源。

2007 年，开展企业集团财务公司结售汇试点。

2008 年，全面推广直接投资外汇管理信息系统，实施企业贸易信贷登记管理制度，加强跨境资金流动监测。

2009 年 7 月 13 日，发布《境内机构境外直接投资外汇管理规定》，改进境外直接投资外汇管理方式。

2009 年 10 月 10 日，发布《合格境外机构投资者境内证券投资外汇管理规定》。

2010 年，规范银行对外直接投资外汇管理，推广中资企业借用短期外债政策改革对外担保管理模式。

2011 年，开展发票核查工作试点，强化外汇资本金结汇管理。规范企业的结汇行为，遏制无真实交易背景的违规结汇和"热钱"流入。

2012 年，完善合格境外机构投资者（QFII）外汇管理，提高特殊类型

QFII 机构投资额度上限，简化 QFII 有关操作，便利 QFII 资金汇出管理。

2012 年，积极推动人民币合格境外机构投资者（RQFII）制度发展，全年共批准 28 家 RQFII 机构（含追加额度机构）。

2013 年 5 月 13 日，资本项目信息系统在全国推广，为全面深化资本项目外汇管理改革提供科学手段和坚实保障。

2014 年，支持中国（上海）自由贸易试验区先行先试，开展外汇资本金结汇管理方式改革试点，积累资本项目可兑换宝贵经验。

2014 年，将人民币合格境外机构投资者（RQFII）有关投资额度调剂、资金延期汇入等由审批改为备案管理，进一步便利 RQFII 操作。

2015 年，进一步促进跨境直接投资便利化，进一步简化和改进直接投资外汇管理，在全国范围内实施外商投资企业外汇资本金结汇管理方式改革；深化对外债权债务外汇管理改革，开展外债宏观审慎管理试点，继续改进对外债权债务外汇管理方式，按照 IMF 数据公布特殊标准（SDDS）公布我国全口径外债数据；积极推进跨境证券投资外汇管理改革，落实内地与香港基金互认，推进境内商品期货市场开放。

2016 年 2 月和 8 月，先后实施 QFII 和 RQFII 外汇管理改革，扩大境内资本市场对外开放。

2016 年 5 月，配合中国人民银行将全口径跨境融资宏观审慎管理政策推广至全国；配合中国人民银行进一步开放境内银行间债券市场，发布《国家外汇管理局关于境外机构投资者投资银行间债券市场有关外汇管理问题的通知》。

2016 年 6 月，全面实施企业外债资金意愿结汇管理，并统一境内机构资本项目外汇收入意愿结汇政策。

四、外汇市场建设

2005 年，银行间外汇市场新增外币间买卖业务和远期外汇交易业务。银行间市场外币对外币买卖系统于 2005 年 5 月 18 日试运行，6 月 20 日正式上线。2005 年 8 月 15 日起，符合条件的中国外汇交易中心会员均可参与银行间远期外汇交易。

2005 年 8 月 8 日起，允许更多符合条件的非银行金融机构和非金融性企业按实需原则进入银行间即期外汇市场进行交易，扩大外汇市场主体。

2005 年 11 月 24 日，国家外汇管理局在银行间外汇市场本币对外币交易中引入做市商制度。这是我国进一步发展银行间外汇市场，完善人民币汇率形成机制的配套举措。

2006 年第一个交易日起，即期交易引入询价交易方式，引入询价交易后，银行间外汇市场会员可自主决定采取询价交易方式或竞价交易方式。

2006 年，在银行间外汇市场推出人民币对外币掉期交易。

2006 年，做市商试点权责发生制头寸管理。

2007 年，引入包含利率互换的人民币外汇货币掉期业务。

2007 年，推出新一代外汇交易系统。

2007 年，银行间市场会员可以进行即期、远期和掉期三者之间的套利组合。

2008 年，积极推进银行间外汇市场询价交易净额清算业务。

2008 年，规范和鼓励货币经纪公司在银行间外汇市场开展外汇经纪业务。

2008 年 8 月，北京、上海两地正式启动个人本外币兑换特许业务试点，允许符合条件的非金融机构开展个人本外币兑换业务。

2009 年 6 月 1 日，银行间外汇市场即期询价交易净额清算业务正式推出。

2010 年，发布新的《银行间外汇市场做市商指引》，推出银行间外汇市场尝试做市业务，建立做市商分层制度，完善做市商优胜劣汰考核机制。

2011 年 3 月 1 日起，在银行对客户市场推出人民币外汇货币掉期业务。

2011 年 4 月 1 日起，在银行对客户市场和银行间外汇市场推出人民币对外汇期权业务，并适应市场需求鼓励银行为客户办理期权组合业务。

2011 年 11 月 28 日起，在银行间外汇市场推出澳大利亚元和加拿大元兑人民币交易。

2012 年 5 月 29 日，完善银行间外汇市场人民币兑日元交易方式，发展人民币兑日元直接交易。

2012 年 6 月 11 日起，简化银行间外汇市场外汇掉期和货币掉期业务的市场准入管理，同时增加货币掉期业务的本金交换形式。

2013 年，修订银行间外汇市场做市商制度，建立动态竞争、奖优罚劣、规模稳定、标准透明、公开公平的做市商准入和退出机制。

2013 年，在银行间外汇市场试运行交易确认业务。

2013 年 4 月 9 日，完善银行间外汇市场人民币对澳元交易方式，在遵循市场原则的基础上开展人民币对澳元直接交易。

2014 年 3 月 18 日，在银行间外汇市场开展人民币对新西兰元直接交易。

2014 年 6 月 18 日，在银行间外汇市场开展人民币对英镑直接交易。

2014 年 9 月 29 日，在银行间外汇市场开展人民币对欧元直接交易。

2014 年底，国家外汇管理局发布《国家外汇管理局关于调整金融机构进入银行间外汇市场有关管理政策的通知》（汇发〔2014〕18 号），取消对金融机构进入银行间外汇市场的事前准入许可，将参与主体扩大至全部境内金融机构，证券、信托、保险公司等均可进入银行间外汇市场。

2015 年 1 月，银行间外汇市场交易系统每日运行时间延长至北京时间 23:30，进一步引入合格境外主体，允许符合一定条件的人民币购售业务境外参加行进入银行间外汇市场。

2015 年，在银行间外汇市场推出以双边授信为基础、自动匹配的标准化外汇掉期交易功能，增强市场流动性。扩大清算服务，在银行间外汇市场推出外汇代理清算业务，通过搭建分层清算体系为中小银行提供净额清算服务，降低参与机构交易成本。完善银行结售汇头寸管理，扩大全国性和做市商银行结售汇综合头寸上下限。

2016 年，在银行间外汇市场推出标准化远期和期权组合交易，完善期权波动率曲线，试点开展外汇掉期冲销业务，将中央对手清算业务范围扩大至外汇期权交易。全面扩大银行结售汇综合头寸下限。

五、外汇管理

2005 年，扩大办理人民币对外币远期业务银行主体，无重大违规记录的银行在备案后均可从事远期结售汇业务。

2005 年 9 月，调整始于 1994 年外汇管理体制改革的结售汇周转头寸管理，开始实行结售汇综合头寸管理。

2006 年，启用新版银行结售汇统计系统。

2007 年，调整银行即期结售汇业务市场准入管理方式，对银行分支机构实行上级行自行授权、事前报告的备案管理，提高市场准入效率。

2008 年，试点结售汇市场准入网上办理。

2009 年 11 月 19 日，发布《关于进一步完善个人结售汇业务管理的通知》，对个人分拆结售汇行为实行针对性管理。

2010 年，试点开办电子银行个人结售汇业务。

2010 年，完善银行结售汇头寸管理，支持银行为企业"走出去"提供融资便利。

2011 年，取消银行外汇利润强制结汇要求，减少事前审核，加强事后统计数据报送和非现场监测工作。

2012 年 4 月 16 日起，对银行结售汇综合头寸实行正负区间管理，提高银行外汇交易和风险管理的灵活性与主动性。

2013 年，将银行结售汇综合头寸下限与外汇贷存比挂钩，作为一项外汇管理领域的宏观审慎管理措施，具有较明显的逆周期调节效果。

2015 年 1 月 1 日起实施的《国家外汇管理局关于印发〈银行办理结售汇业务管理办法实施细则〉的通知》（汇发〔2014〕53 号）中，进一步整合了银行结售汇市场准入、即期结售汇业务管理、银行结售汇综合头寸等方面的相关法规，并调整了部分管理内容。

2015 年 8 月，进一步调整优化跨国公司外汇资金集中使用政策，简化账户开立和使用要求，简化外汇收支手续，试行跨国公司借用外债比例自律管理政策，便利更多的优秀企业优化资金运用。

2015 年，在上海、天津、广东、福建自贸区开展外债资金意愿结汇、A类企业货物贸易外汇收入直接入账等便利化举措。

2015 年 8 月，开展企业外债比例自律的宏观审慎管理试点，对北京中关村试点政策进行升级，扩大了外债资金用途，放宽了外债专用账户管理，并对部分高新技术企业给予最低外债额度支持。

2015 年，将外汇流动性和跨境资金流动纳入了宏观审慎管理范畴。

2016 年，取消 1 项行政审批，宣布废止失效 70 余件外汇管理规范性文件。

六、人民币国际化

2009 年以来，经国务院批准，人民银行逐步取消人民币用于跨境交易计价结算的限制，基本建立了人民币国际使用的政策框架，有力地促进了贸易投资便利化。

2015 年 11 月 30 日，国际货币基金组织执董会决定将人民币纳入特别提款权（SDR）货币篮子。

2016 年 10 月 1 日，新的 SDR 货币篮子正式生效。

（一）经常项目跨境人民币业务政策

2009 年 7 月，跨境贸易人民币结算试点从上海市和广东省四城市（广州、深圳、珠海、东莞）起步。

2010 年 6 月和 2011 年 8 月，两次扩大试点，跨境贸易人民币结算境内地域范围扩大至全国，业务范围涵盖货物贸易、服务贸易和其他经常项目，境外地域范围没有限制。

2012 年 6 月起，境内所有从事货物贸易、服务贸易及其他经常项目的企业均可选择以人民币进行计价结算。

2013 年 7 月，经常项目跨境人民币结算业务办理流程进一步简化，相关业务办理效率切实提高。

2013 年 12 月，人民币购售业务由额度管理调整为宏观审慎管理，有力地支持了货物贸易人民币结算业务发展。2014 年 3 月，人民银行会同相关部委下放了出口货物贸易重点监管企业名单审核权限，简化了管理流程。

2014 年 6 月，在全国范围内开展个人货物贸易、服务贸易跨境人民币结算业务，支持银行业金融机构与支付机构合作开展跨境人民币结算业务。

2014 年 11 月，跨国企业集团开展经常项目跨境人民币集中收付业务。

2015 年 7 月，明确境外交易者和境外经纪机构从事以人民币计价、结算的境内原油期货跨境结算管理事宜。

2015 年 10 月 20 日，人民银行在伦敦采用簿记建档方式成功发行了 50 亿元人民币央行票据。

2015 年 10 月 8 日，人民币跨境支付系统（CIPS）一期成功上线运行。

2015 年 12 月，宣布延长外汇交易时间，进一步引进合格境外主体。

2016 年 1 月，调整境外机构人民币银行结算账户资金使用，境外机构人民币银行结算账户内的资金可以转存为定期存款，利率按人民银行相关规定执行。

（二）资本项目跨境人民币业务政策

1. 直接投资人民币结算

2011 年 1 月，境内机构可以使用人民币进行对外直接投资。

2011 年 10 月，境外投资者可以使用人民币到境内开展直接投资。

2013 年 9 月，境外投资者可以使用人民币在境内设立、并购和参股金融机构。

2014 年 6 月，直接投资跨境人民币结算业务办理流程进一步简化。

2014 年 11 月，符合一定条件的跨国企业集团可以开展跨境双向人民币资金池业务。

2015 年 9 月，进一步便利跨国企业集团开展跨境双向人民币资金池业务。

2015 年 4 月，国务院发布广东、天津、福建自由贸易试验区总体方案。

2015 年 10 月，中国人民银行、商务部、中国银监会、中国证监会、中国保监会、外汇局、上海市人民政府联合发布《进一步推进中国（上海）自由贸易试验区金融开放创新试点，加快上海国际金融中心建设方案》，推动资本和人民币"走出去"。

2015 年 12 月，中国人民银行发布金融支持广东、天津、福建三地自贸区建设指导意见。

2. 人民币跨境融资

2011 年 10 月，境内银行可以开展境外项目人民币贷款业务。

2013 年 7 月，境内银行可以开展跨境人民币贸易融资资产跨境转让业务，境内非金融机构可以开展人民币境外放款业务和对外提供人民币担保，放宽境内代理行对境外参加行的人民币账户融资期限和限额。

2014 年 9 月，明确境外非金融企业在境内银行间债券市场发行人民币债务融资工具的跨境人民币结算政策。

2016 年 1 月，扩大全口径跨境融资宏观审慎管理试点。

2016 年 5 月，全口径跨境融资宏观审慎管理在全国范围内实施。

3. 人民币证券投资

2010 年 8 月，境外中央银行或货币当局、境外人民币清算行和境外参加行等境外机构可以进入银行间债券市场投资。

2011 年 12 月，出台人民币合格境外机构投资者（RQFII）制度，符合一定条件的境内基金管理公司和证券公司的香港子公司可以运用其在香港募集的人民币资金在经批准的投资额度内开展境内证券投资业务。

2013 年 3 月，中国人民银行、证监会、外汇局修订 RQFII 试点办法，扩大试点机构范围，放宽投资比例限制。

2014 年 11 月，出台人民币合格境内机构投资者（RQDII）制度，合格的境内机构投资者可以运用来自境内的人民币资金投资境外金融市场的人民币计价产品。同月，沪港股票市场交易互联互通机制正式启动，两地投资者可以买卖在对方交易所上市的股票。

2015 年 5 月，已获准进入银行间债券市场的境外人民币清算行和境外参加行可以开展债券回购交易。

2015 年 7 月，进一步提高境外央行、国际金融组织、主权财富基金等境外央行类机构进入银行间债券市场的效率。

2015 年 9 月，开放境外央行（货币当局）和其他官方储备管理机构、国际金融组织、主权财富基金等境外央行类机构依法合规参与中国银行间外汇市场交易。

2015 年 11 月，发布内地与香港证券投资基金跨境发行销售资金管理操作指引。

2016 年 2 月，便利符合条件的境外机构依法合规投资银行间债券市场。

参考文献

［1］白重恩、张琼：《中国的资本回报率及其影响因素分析》，《世界经济》2014 年第 10 期。

［2］白钦先、张志文：《外汇储备规模与本币国际化：日元的经验研究》，《经济研究》2011 年第 10 期。

［3］蔡昉：《人口转变、人口红利与刘易斯转折点》，《经济研究》2010 年第 4 期。

［4］蔡昉：《中国经济增长如何转向全要素生产率驱动型》，《中国社会科学》2013 年第 1 期。

［5］蔡昉、王德文、曲玥：《中国产业升级的大国雁阵模型分析》，《经济研究》2010 年第 9 期。

［6］陈建奇：《破解"特里芬难题"》，《经济研究》2014 年第 4 期。

［7］戴根有：《中国央行公开市场业务操作实践和经验》，《金融研究》2003 年第 1 期。

［8］董彦玲、陈琳、孙晓丹、王菲菲：《超主权货币：理论涌进与实践发展》，《国际金融研究》2010 年第 4 期。

［9］范小云、陈雷、王道平：《人民币国际化与国际货币体系的稳定》，《世界经济》2014 年第 9 期。

［10］管涛：《跨境贸易人民币计价结算与人民币国际化》，中国金融 40 人

论坛，http：//www.cf40.org.cn/plus/view.php？aid=3299，2010 年。

[11] 管涛：《国际货币体系改革有无终极最优解》，《国际经济评论》2015 年第 4 期。

[12] 管涛：《汇率的本质》，中信出版社 2016 年版。

[13] 管涛、赵玉超、高铮：《未竟的改革：后布雷顿森林时代的国际货币体系》，《国际金融研究》2014 年第 10 期。

[14] 胡晓炼：《深化改革　扩大开放　为人民币国际化扬起风帆》，跨境人民币业务五周年座谈会，www.pbc.gov.cn，2014 年 10 月 20 日。

[15] 胡晓炼：《胡晓炼副行长在〈财经〉年会上的讲话》，www.pbc.gov.cn，2014 年 11 月 27 日。

[16] 黄国波：《对外汇储备多元化投资运用的思考》，《中国外汇》2014 年第 23 期。

[17] 黄薇、任若恩：《基于分层 K-means 聚类的事实汇率制度分类研究》，《世界经济》2010 年第 10 期。

[18] 李宏瑾：《利率期限结构的远期利率预测作用——经期限溢价修正的预期假说检验》，《金融研究》2012 年第 8 期。

[19] 李宏瑾：《流动性效应、预期效应与中央银行利率操作》，《经济学动态》2013 年第 2 期。

[20] 李宏瑾、苏乃芳：《金融创新、金融脱媒与信用货币创造》，中国人民银行营业管理部工作论文，2014 年。

[21] 李嘉：《基于效用最大化模型的中国最优外汇储备研究》，江西财经大学硕士学位论文，2013 年。

[22] 李克强：《接受 FT 专访实录》，www.ftchinese.com，2015 年 4 月 15 日。

[23] 李平、季永宝:《政策导向转化、要素市场扭曲与 FDI 技术溢出》,《南开经济研究》2014 年第 6 期。

[24] 李晓、丁一兵:《人民币区域化问题研究》,清华大学出版社 2014 年版。

[25] 李曜:《外汇和货币政策应有效结合》,《上海金融报》1997 年 11 月 6 日。

[26] 李永宁、郑润祥、黄明皓:《超主权货币、多元国际货币体系、人民币国际化和中国核心利益》,《国际金融研究》2010 年第 7 期。

[27] 林毅夫:《国际货币体系改革的路径:点评》,载吴晓灵、乔依德主编:《国际货币体系改革:过去、现在和未来》,上海远东出版社 2014 年版。

[28] 刘斌:《我国 DSGE 模型的开发及在货币政策分析中的应用》,《金融研究》2008 年第 10 期。

[29] 刘斌:《动态随机一般均衡模型及其应用》,中国金融出版社 2014 年版。

[30] 刘莉亚、任若恩:《我国外汇储备适度规模的测算与分析》,《财贸经济》2004 年第 5 期。

[31] 刘絜敖:《国外货币金融学说》,中国金融出版社 2010 年版。

[32] 陆旸、蔡昉:《人口结构变化对潜在增长率的影响:中国和日本的比较》,《世界经济》2014 年第 1 期。

[33] 潘功胜:《理性看待我国外汇储备规模的变化》,《求是》2017 年第 13 期。

[34] 平新乔:《市场换来技术了吗?》,《国际经济评论》2007 年第 5 期。

[35] 秦晓丽、张艳磊、方俊森:《FDI 在行业内与行业间的出口溢出效应分析》,《宏观经济研究》2014 年第 11 期。

［36］青木昌彦：《比较制度分析》，上海远东出版社 2001 年版。

［37］饶晓辉：《平滑消费视角下中国外汇储备的最适持有量》，《经济科学》2012 年第 4 期。

［38］沈明高：《解构投资与固定资本形成关系》，《财经·宏观周报》2009 年第 46 期。

［39］世界银行和国研中心课题组：《2030 年的中国》，中国财政经济出版社 2013 年版。

［40］宋铮：《中国真的过度投资了吗》，www.caixin.com，2014 年 12 月 17 日。

［41］孙杰：《丰富银行间外汇市场主体结构》，《中国金融》2014 年第 23 期。

［42］孙文凯、肖耿、杨秀科：《资本回报率对投资率的影响：中美日对比研究》，《世界经济》2010 年第 6 期。

［43］唐欣语：《从凯恩斯计划、怀特计划到〈国际货币基金协定〉》，《比较》2010 年第 2 期。

［44］陶然、苏福兵、陆曦、朱昱铭：《经济增长能够带来晋升吗？——对晋升锦标竞赛理论的逻辑挑战与省级实证重估》，《管理世界》2010 年第 12 期。

［45］王鑫智、李宏瑾：《被误读的日本"广场协议"教训》，《西南金融》2012 年第 8 期。

［46］王永中：《中国外汇储备的经济成本》，《金融评论》2012 年第 6 期。

［47］威廉姆森·J.：《华盛顿共识的争论》，《公共经济评论》2004 年第 10 期。

［48］韦森：《大转型：中国改革下一步》，中信出版社 2012 年版。

［49］韦森：《重读哈耶克》，中信出版社 2014 年版。

[50] 武剑:《我国外汇储备规模的分析与界定》,《经济研究》1998 年第 6 期。

[51] 吴丽华:《我国适度外汇储备量的模型与外汇储备管理》,《厦门大学学报》(哲学社会科学版) 1997 年第 4 期。

[52] 夏斌、廖强:《货币供应量已不宜作为当前我国货币政策的中介目标》,《经济研究》2001 年第 8 期。

[53] 项卫星、李宏瑾:《我国数量型货币调控的挑战与方向》,《国际金融研究》2012 年第 7 期。

[54] 谢平:《中国金融制度的选择》,上海远东出版社 1996 年版。

[55] 许承明:《对我国外汇储备的比例分析及其国际比较》,《数量经济技术经济研究》2002 年第 12 期。

[56] 许宪春:《世界银行对中国官方 GDP 数据的调整和重新认可》,《统计研究》1999 年第 6 期。

[57] 许宪春:《如何理解今年一季度支出法 GDP 增长率》,www.stats.gov.cn,2009 年 5 月 14 日。

[58] 许宪春:《准确理解中国经济统计》,《经济研究》2010 年第 5 期。

[59] 许宪春:《准确理解中国的收入、消费和投资》,《中国社会科学》2013 年第 2 期。

[60] 许宪春:《中国当前重点统计领域的改革》,《经济研究》2013 年第 10 期。

[61] 许宪春:《中国国民经济核实中的若干重要指标与有关统计指标的比较》,《世界经济》2014 年第 3 期。

[62] 易纲:《改革开放三十年来人民币汇率体制的演变》,载《中国经济 50 人看三十年:回顾与分析》,中国经济出版社 2008 年版。

[63] 易纲：《用经济学框架分析三案例》，长安讲坛总第 244 期，2013 年 2 月 22 日。

[64] 易纲：《利率市场化与我国当前利率现状的利弊》，《利率市场化的影响和挑战》，《CF40 研究周报》第 219 期，www.cf40.org.cn，2013 年 9 月 30 日。

[65] 易纲：《人民币的国际使用》，上海发展研究基金会，2015 年 5 月。

[66] 易纲、汤弦：《汇率制度"角度解假设"的一个理论基础》，《金融研究》2001 年第 8 期。

[67] 余永定：《全球经济不平衡、中国汇率政策和双顺差》，《国际金融研究》2006 年第 1 期。

[68] 余永定：《是藏汇于民，还是国民财富流失?》，《财经》2017 年第 8 期。

[69] 张翠微：《公开市场业务的发展及当前面临的挑战》，中国人民银行货币政策司，2009 年 9 月。

[70] 张健华、雷曜、祝红梅、王亮亮：《利率市场化的全球经验》，机械工业出版社 2012 年版。

[71] 张杰：《中国金融制度的结构与变迁 1978~1998》，山西经济出版社 1998 年版。

[72] 张军：《朱镕基可能是对的：理解中国经济快速发展的机制》，《比较》2012 年第 6 期。

[73] 张军：《中国经济增长粗放吗》，www.ftchinese.com，2014 年 1 月 26 日。

[74] 张军、高远、傅勇、张弘：《中国为什么拥有了良好的基础设施》，《经济研究》2007 年第 3 期。

[75] 张军、徐力恒、刘芳：《鉴往知来：推测中国经济增长潜力与结构演

变》,《世界经济》2016 年第 1 期。

[76] 张明、徐以升:《全口径测算中国当前的热钱规模》,《当代亚太》2008 年第 4 期。

[77] 张琼:《要素投入、生产效率改进与中国经济增长》,《CF40 研究周报（总第 280 期)》,www.cf40.org.cn,2014 年 12 月 22 日。

[78] 张曙光、张斌:《外汇储备持续积累的经济后果》,《经济研究》2007 年第 4 期。

[79] 张五常:《中国的经济制度》,中信出版社 2009 年版。

[80] 张晓波:《中国的收入与财富差距》,CF40 青年论坛第 70 期双周内部研讨会发言,2014 年 12 月 18 日。

[81] 张晓慧:《走向间接调控的中国货币政策》,《中国金融》2008 年第 23 期。

[82] 张晓慧:《国际收支顺差条件下货币政策工具的选择、使用和创新》,www.pbc.gov.cn,2011 年 3 月 24 日。

[83] 张晏:《FDI 竞争、财政分权与地方政府行为》,《世界经济文汇》2007 年第 2 期。

[84] 张晏、夏纪军、张文瑾:《自上而下的标尺竞争与中国省级政府公共支出溢出效应差异》,《浙江社会科学》2010 年第 12 期。

[85] 郑德龟:《超越增长与分配——韩国经济的未来设计》,中国人民大学出版社 2008 年版。

[86] 中国全球价值链课题组:《全球价值链与我国贸易增加值核算报告》,http://www.mofcom.gov.cn,2014 年 12 月 29 日。

[87] 中国人民银行调查统计司课题组:《我国加快资本账户开放的条件基本成熟》,《中国金融》2012 年第 5 期。

[88] 中国人民银行研究局课题组:《关于国际货币体系改革的文献综述》,《金融发展评论》2010 年第 3 期。

[89] 钟红:《国际货币体系改革方向与中国的对策研究》,《国际金融研究》2006 年第 10 期。

[90] 周黎安:《晋升博弈中政府官员的激励与合作——兼论我国地方保护主义和重复建设问题长期存在的原因》,《经济研究》2004 年第 6 期。

[91] 周黎安:《中国地方官员的晋升锦标赛模式研究》,《经济研究》2007 年第 7 期。

[92] 周小川:《当前研究和完善货币政策传导机制需要关注的几个问题》,在中国人民银行和 IMF 共同举办的 "中国货币政策传导机制高级研讨会" 上的发言,www.pbc.gov.cn,2004 年 4 月 13 日。

[93] 周小川:《中国货币政策的特点和挑战》,《财经》2006 年第 26 期。

[94] 周小川:《关于储蓄率问题的思考》,www.pbc.gov.cn,2009 年 3 月 24 日。

[95] 周小川:《关于改革国际货币体系的思考》,《中国金融》2009 年第 7 期。

[96] 周小川:《国际金融危机:观察、分析与应对》,中国金融出版社 2012 年版。

[97] 周小川:《如何理解资本项目可兑换》,《新世纪（周刊)》 2013 年第 3 期。

[98] 周小川:《资本市场会更加开放》,在 "中国发展高层论坛 2015" 上的发言,www.caixin.com,2015 年 3 月 22 日。

[99] 周小川:《中国经济的对外开放:从制造业扩展到服务业》,www.pbc.gov.cn,2017 年 6 月 20 日。

［100］周正庆:《中国货币政策研究》,中国金融出版社 1993 年版。

［101］朱天、张军:《中国的消费率太低》,www.ftchinese.com,2012 年 12 月 31 日。

［102］朱天、张军:《中国投资率高估之谜》,www.ftchinese.com,2014 年 8 月 6 日。

［103］曾刚、万志宏:《中央银行沟通与货币政策》,《国际金融研究》2014 年第 2 期。

［104］曾宪久、胡定核、黄道平:《中国金融国际化探讨》,《财经科学》1988 年第 10 期。

［105］邹晓涓:《东亚地区产业转移和结构变动解析》,《亚太经济》2010 年第 6 期。

［106］ Agarwal, J., "Optimal Monetary Reserves for Developing Countries", *Review of World Economics*, 1971, 107（1）: 76–91.

［107］ Aiyar, S., "An International Monetary Fund Currency to Rival the Dollar?" *Cato Institute Development Policy Analysis*, 2009, No.10.

［108］ Aizenman J. and N. Marion, "International Reserve Holdings with Sovereign Risk and Costly Tax Collection", *Economic Journal*, 2004, 114（497）: 569–591.

［109］ Aizenman, J., "Large Hoarding of International Reserves and the Emerging Global Economic Architecture", *Manchester School*, 2008, 76（5）: 487–503.

［110］ Aizenman, J. and J. Lee, "International Reserves: Precautionary Versus Mercantilist Views, Theory and Evidence", *Open Economies Review*, 2007, 18（2）: 191–214.

［111］ Aizenman, J. and K. Inoue, "Central Banks and Gold Puzzles", *Journal of the Japanese and International Economics*, 2013, 28 (C): 69-90.

［112］ Aizenman, J. and M. Hutchison, "Exchange Market Pressure and Absorption by International Reserves: Emerging Markets and Fear of Reserve Loss during the 2008-2009 Crisis", *Journal of International Money and Finance*, 2012, 31 (5): 1076-1091.

［113］ Alesina, A. and R. Barro, "Dollarization", American Economic Review, 2001, 91 (2): 381-385.

［114］ Alesina, A., E. Spolaore and R. Wacziarg, "Trade, Growth and the Size of Countries", in Aghion, P. and S. Durlauf (ed.), *Handbook of Economic Growth*, Chapter 23, Vol.1, Part B, Amsterdam: Elsevier North Holland., 2005: 1499-1542.

［115］ Arrow, K., "The Economic Implications of Learning by Doing", *Review of Economic Studies*, 1962, 29 (3): 155-173.

［116］ Asso, F., G. Kahn and R. Leeson, "Monetary Policy Rules: from Adam Smith to John Taylor", Paper for the Conference of John *Taylor's Contributions to Monetary Theory and Policy*, Federal Reserve Bank of Dallas, 2007, 12-13th, Oct.

［117］ Badinger, H., "The Demand for International Reserves in the Eurosystem: Implications of the Change over to the Third Stage of EMU", *Research Institute for European Affairs IEF Working Paper*, 2001, No.37.

［118］ Bagehot, W., *Lombard Street: A Description of the Money Market*, London: John Murray, 1873.

［119］ Barro, R., "Recent Development in the Theory of Rules Versus Discretion", *Economic Journal*, 1986, 96 (Supplement Conference Papers): 23–37.

[120] Baumol, W., "Productivity Growth, Convergence, and Welfare", *American Economic Review*, 1986, 76 (5): 1072–1085.

[121] Beck, R. and E. Rahbari, "Optimal Reserve Composition in the Presence of Sudden Stops", *Journal of International Money and Finance*, 2011, 30 (6): 1107–1127.

[122] Beck, R. and S. Weber, "Should Larger Reserve Holdings be More Diversified?", *International Finance*, 2011, 14 (3): 415–444.

[123] Ben–Bassat, A. and D. Gottlieb, "Optimal International Reserves and Sovereign Risk", *Journal of International Economics*, 1992, 33 (3–4): 345–362.

[124] Bernanke, B. and M. Gertler, "Inside the Black Box: The Credit Channel of Monetary Policy Transmission", *Journal of Economic Perspectives*, 1995, 9 (4): 27–48.

[125] Bernanke, B., "The Great Moderation", *Speech at the Meeting of the Eastern Economic Association*, 2004, 20th, Feb.

[126] Bernard, K., "International Reserve Adequacy in Central America", *IMF Working Paper*, No. WP/11/144, 2011.

[127] Bernholz, P. and H. Gersbach, "Gresham's Law: Theory", in New-man, P., M. Milgate and J. Eat–well (ed.) *The New Palgrave Dictionary of Money and Finance* (*F–M*), London and New York: Macmillan and Stockton, 1992: 278–280.

[128] Bird, G. and R. Rajan, "Too Much of a Good Thing: The Adequacy

of International Reserves in the Aftermath of Crises", The World Economy, 2003, 26 (6): 873–891.

[129] BIS, 59*th BIS Annual Report*, 1989, June.

[130] BIS, "Monetary Policy Frameworks and Central Bank Market Operations", *Market Committee*, 2009, May.

[131] BIS, 84*th BIS Annual Report*, 2014, June.

[132] Black, S., "Seigniorage", in Eatwell, J., M. Milgate, and P. Newman (ed.) *The New Palgrave: A Dictionary of Economics* (Q–Z), London and New York: Macmillan and Stockton, 1987: 287.

[133] Blanchard, O. and S. Fischer, *Lectures on Macroeconomics*, Cambridge: MIT Press, 1989.

[134] Blinder, A., M. Ehrmann, M. Fratzscher, J. Haan and D. Jansen, "Central Bank Communication and Monetary Policy: A Survey of Theory and Evidence", *Journal of Economic Literature*, 2008, 46 (4): 910–945.

[135] Bordo, M. and A. Filardo, "Deflation in A Historical Perspective", *BIS Working Paper*, No.186, 2005.

[136] Bordo, M. and A. Schwartz, "Monetary Policy Regimes and Economic Performance: The Historical Record", in Taylor, B. and M. Woodford (ed.) *Handbook of Macroeconomics*, North Holland: Elsevier, 1999: 149–234.

[137] Bordo, M. and B. Eichengreen, "The Rise and Fall of A Barbarous Relic: The Role of Gold in the International Monetary System", *NBER Working Paper*, No. 6436, 1998.

[138] Bordo, M. and F. Kydland, "The Gold Standard as a Rule: An Essay in Exploration", *Explorations in Economic History*, 1995, 32 (4): 423–465.

［139］ Bordo, M., "Bimetallism", in Newman, P., M. Milgate and J. Eatwell (ed.) *The New Palgrave Dictionary of Money and Finance (A–E)*: London and New York: Macmillan and Stockton, 1992a: 201–203.

［140］ Bordo, M., "Gold Standard: Theory", in Newman, P., M. Milgate and J. Eatwell (ed.) *The New Palgrave Dictionary of Money and Finance (F–M)*. London and New York: Macmillan and Stockton, 1992b: 260–264.

［141］ Bordo, M., D. Simard and E. White, "France and the Bretton Woods International Monetary System: 1960–1968", *NBER Working Papers*, No.4642, 1994.

［142］ Bordo, M., J. Lane and A. Redish, "Good versus Bad Deflation: Lessons from the Gold Standard Era", *NBER Working Paper*, No. 10329, 2004.

［143］ Borio, C., J. Ebbesen, G. Galati and A. Heath, "FX Reserve Management: Elements of A Framework", *BIS Papers*, No.40, 2008.

［144］ Broadberry, S., "Competitive Depreciation", in Newman, P., M. Milgate and J. Eatwell (ed.) *The New Palgrave Dictionary of Money and Finance (A–D)*. London and New York: Macmillan and Stockton, 1992: 399–400.

［145］ Brown, "Hot Money", in Newman, P., M. Milgate and J. Eatwell (ed.) *The New Palgrave Dictionary of Money and Finance (F–N)*. London and New York: Macmillan and Stockton, 1992: 307–308.

［146］ Bussiere, M., G. Cheng, M. Chinn and N. Lisack, "For A Few Dollars More: Reserves and Growth in Times of Crises", *Journal of International Money and Finance*, 2015, 52 (C): 127–145.

［147］ Calvo, G. and C. Reinhart, "Fear of Floating", *Quarterly Journal of Economics*, 2002, 117 (2): 267–270, 379–408.

[148] Calvo, G., "Capital Flows and Macroeconomic Management: Tequila Lessons", *International Journal of Finance & Economics*, 1996, 1 (3): 207–223.

[149] Calvo, G., A. Izquierdo and R. Loo-Kung, "Optimal Holdings of International Reserves: Self-Insurance against Sudden Stop", *NBER Working Paper*, No.18219, 2012.

[150] Cecco, M., "Gold Standard", in Eatwell, J., M. Milgate, and P. Newman (ed.) *The New Palgrave: A Dictionary of Economics (E–J)*. London and New York: Macmillan and Stockton, 1987: 539–545.

[151] Ceh, A. and I. Krznar, "Optimal Foreign Reserves: The Case of Croatia", *Financial Theory and Practice*, 2008, 32 (4): 421–460.

[152] Chadha, J. and M. Perlman, "Was the Gibson Paradox for Real?: A Wicksellian Study of the Relationship between Interest Rates and Prices". London *School of Economics and Political Science Department of Economic History Working Papers*, No.204, 2014.

[153] Chami, S. and D. McGettigan, "Jordan's International Reserve Position", *IMF Working Paper*, No. WP/07/103, 2007.

[154] Chang, C., Z. Liu and M. Spiegel, "Monetary Policy in a DSGE Model with 'Chinese Characteristics'", Paper for *2013 China International Conference in Finance*, http: //www.ccfr.org.cn/cicf2013/cn/enrc.php, 2013.

[155] Chang, C., Z. Liu and M. Spiegel, "Capital Controls and Optimal Chinese Monetary Policy", *Journal of Monetary Economics*, 2015, 74 (C): 1–15.

[156] Chinn, M. and J. Frankel, "Will the Euro Eventually Surpass the

Dollar as Leading International Reserve Currency?", in Clarida, R. (eds.) G7 Current Account Imbalances, Chicago: University of Chicago Press, 2007: 283-335.

[157] Chinn, M. and J. Frankel, "Why the Euro Will Rival the Dollar", International Finance, 2008, 11 (1): 49-73.

[158] Chiou, J. J. Hung and M. Hseu, "A VaR Investigation of Currency Composition in Foreign Exchange Reserves", *International Research Journal of Finance and Economics*, 2008, 21 (1): 76-92.

[159] Chitu, L., B. Eichengreen, and A. Mehl, "When did the Dollar Overtake Sterling as the Leading International Currency? Evidence from the Bond Markets", *Journal of Development Economics*, 2014, 111 (C): 225-245.

[160] Christiano, L., M. Eichenbaum and C. Evans, "Monetary Shocks: What have We Learned, and to What End?", in Taylor, B. and M. Woodford (ed.) *Handbook of Macroeconomics*, Vol.1 A, North Holland: Elsevier, 1999, 65-148.

[161] Christiano, L., M. Eichenbaum, and C. Evans, "Nominal Rigidities and the Dynamic Effects of A Shock to Monetary Policy", *Journal of Political Economy*, 2005, 113 (1): 1-45.

[162] Clarida, R., J. Gali, and M. Gertler, "A Simple Framework for International Monetary Policy Analysis", *Journal of Monetary Economics*, 2002, 49 (5): 879-904.

[163] Clark, P., "Optimum International Reserves and the Speed of Adjustment", *Journal of Political Economy*, 1970, 78 (2): 356-376.

[164] Classen, E., "The Demand for International Reserves and the Opti-

mum Mix and Speed of Adjustment Policies", *American Economic Review*, 1975, 65 (3): 446–453.

[165] Contreras, C., A. Jara, E. Olaberría and D. Saravia, "On the Level of International Reserves in Chile", *The Chilean Economy*, Central Bank of Chile, 2012, 15 (3): 40–63.

[166] Cruz, M., "International Reserves and the Mercantilist Approach: Some Further Evidence", *Economics Bulletin*, 2014, 34 (1): 446–451.

[167] Cuddington, J., "Capital Flight", *European Economic Review*, 1987, 31 (1–2): 382–388.

[168] Dehesa, M., E. Pineda and W. Samuel, "Optimal Reserves in the Eastern Caribbean Currency Union", *IMF Working Paper*, No. WP/09/77, 2009.

[169] Demirguc-Kunt, A. and E. Detragiache, "Cross-Country Empirical Studies of Systemic Bank Distress : A Survey", *National Institute Economic Review*, 2005, 192 (1): 68–83.

[170] Desai, M., "Endogenous and Exogenous Money", in Eatwell, J., M. Milgate, and P. Newman (ed.) *The New Palgrave: A Dictionary of Economics (E-J)*, London and New York: Macmillan and Stockton , 1987: 136–137.

[171] Diamond, D. and P. Dybvig, "Bank Runs, Deposit Insurance, and Liquidity", *Journal of Political Economy*, 1983, 91 (3): 401–419.

[172] Domar, E., "Capital Expansion, Rate of Growth, and Employment", *Econometrica*, 1946, 14 (2): 137–147.

[173] Dominguez, K., Y. Hashimoto and T. Ito, "International Reserves and the Global Financial Crisis", *Journal of International Economics*, 2012, 88

（2）：388–406.

［174］Dooley, M., D. Folkerts–Landau and P. Garber., "An Essay on the Revived Bretton Woods System", *NBER Working Paper*, No. 9971, 2003.

［175］Dooley, M., S. Lizondo and D. Mathieson, "The Currency Composition of Foreign Exchange Reserves", *IMF Staff Papers*, 1989, 36（2）：385–434.

［176］Drummond, P. and A. Dhasmana, "Foreign Reserve Adequacy in Sub–Saharan Africa", *IMF Working Papers*, No. WP/08/150, 2008.

［177］Dueker. M. and A. Fischer, "A Guide to Nominal Feedback Rules and Their Use for Monetary Policy", *Federal Reserve Bank of St. Louis Review*, 1998, 81（4）：55–63.

［178］Edwards, E., "Exchange Rate and Nominal Anchors", *NBER Working Papers*, No.4246, 1992.

［179］Eichengreen, B., "The Gold–Exchange Standard and the Great Depression", *NBER Working Papers*, No.2198, 1987.

［180］Eichengreen, B. and D. Mathieson, "The Currency Composition of Foreign Exchange Reserves: Retrospect and Prospect", *IMF Working Paper*, No. WP/00/131, 2000.

［181］Eichengreen, B. and M. Flandreau, "The Rise and Fall of the Dollar", *European Review of Economic History*, 2009, 13（3）：377–411.

［182］Eichengreen, B. and P. Temin, "Fetters of gold and paper", *Oxford Review of Economic Policy*, 2010, 26（3）：370–384.

［183］Eichengreen, B., "The Euro as A Reserve Currency", *Journal of the Japanese and International Economies*, 1998, 12（4）：483–506.

［184］Eichengreen, B., "Sterling's Past, Dollar's Future: Historical Perspectives on Reserve Currency Competition", *NBER Working Papers*, No.11336, 2005.

[185] Eichengreen, B., D. Park and K. Shin, "When Fast-Growing Economies Slow Down: International Evidence and Implications for China", *Asian Economic Papers*, 2012, 11 (1): 42–87.

[186] Eichengreen, B., D. Park and K. Shin, "Growth Slowdowns Redux: New Evidence on the Middle-Income Trap", *NBER Working Paper*, No. 18673, 2013.

[187] Eichengreen, B., L. Chitu and A. Mehl, "Stability or Upheaval: The Currency Composition of International Reserves in the Long Run", *ECB Working Paper*, No.1715, 2014.

[188] Engert, W., T. Gravelle and D. Howard, "The Implementation of Monetary Policy in Canada", *Bank of Canada Discussion Papers*, No. 8–9, 2008.

[189] Engle, R. and C. Granger, "Co-Integration and Error Correction: Representation, Estimation, and Testing", *Econometrica*, 1987, 55 (2): 251–276.

[190] Estrella, A. and F. Mishkin, "The Predictive Power of the Term Structure of Interest Rates in Europe and in the United States: Implications for the European Central Bank", *European Economic Review*, 1997, 41 (7): 1375–1402.

[191] Feinman, J., "Reserve Requirements: History, Current Practice, and Potential Reform", *Federal Reserve Bulletin*, 1993, June.

[192] Fernndo, M., "The Optimal Level of Foreign Reserves in Financially

Dollarized Economies: The Case of Uruguay", *IMF Working Paper*, No. WP/07/265, 2007.

[193] Flanders, M., "International Liquidity Is Always Inadequate", *Journal of Kyklos*, 1969, 22 (3): 519–529.

[194] Floerkemeier, H. and M. Sumlinski, "International Reserve Trends in the South Caucasus and Central Asia Region", *IMF Working Paper*, No. WP/08/41, 2008.

[195] Flood, R. and M. Mussa, "Issues Concerning Nominal Anchors for Monetary Policy", *NBER Working Paper*, No.4850, 1994.

[196] Frenkel, J., "The Demand for International Reserves by Developed and Less-Developed Countries", *Economica*, 1974, 41 (161): 14–24.

[197] Frankel, J., "No Single Currency Regime is Right for All Countries or at All Time", *NBER Working Paper*, No.7338, 1999.

[198] Frankel, J., "Experience of and Lessons from Exchange Rate Regimes in Emerging Economies", *NBER Working Paper*, No.10032, 2003.

[199] Frenkel, J. and B. Jovanovic, "Optimal International reserves: A Stochastic Framework", *Economic Journal*, 1981, 91 (392): 507–514.

[200] Friedman, M. and A. Schwartz, *A Monetary History of the United States*, Princeton University Press, 1963.

[201] Friedman, M., "The Quantity Theory of Money: A Restatement", in M. Friedman (ed.) *Studies in the Quantity Theory of Money*, Chicago: University of Chicago Press, 1956.

[202] Friedman, M., "The Role of Monetary Policy", *American Economic Review*, 1968, 58 (1): 1–17.

[203] Furstenberg, G., "SDR", in Newman, P., M. Milgate and J. Eatwell (ed.) *The New Palgrave Dictionary of Money and Finance (N–Z)*, London and New York: Macmillan and Stockton, 1992: 404–406.

[204] Gali, J. and L. Gambetti, "On the Sources of the Great Moderation", *American Economic Journal: Macroeconomics*, 2009, 1 (1): 26–57.

[205] García, P. and C. Soto, "Large Hoardings of International Reserves: Are They Worth It?", *Central Bank of Chile Working Papers*, No.299, 2004.

[206] Ghosh, A., J. Ostry and C. Tsangarides, "Accounting for Emerging Market Countries' International Reserves", *Journal of International Money and Finance*, 2014, 49 (PA): 52–82.

[207] Gill, I. and H. Kharas, eds., *An East Asian Renaissance: Ideas for Economic Growth*, World Bank, 2007.

[208] Ginsburgh, V. and P. Michel, "Optimal Policy Business Cycles", *Journal of Economic Dynamics and Control*, 1998, 22 (4): 503–518.

[209] Giovannini, A., "European Monetary System", in Newman, P., M. Milgate and J. Eatwell (ed.) *The New Palgrave Dictionary of Money and Finance (A–E)*, London and New York: Macmillan and Stockton, 1992a: 774–780.

[210] Giovannini, A., "Snake", in Newman, P., M. Milgate and J. Eatwell (ed.) *The New Palgrave Dictionary of Money and Finance (N–Z)*, London and New York: Macmillan and Stockton, 1992b: 465–467.

[211] Goldberg, L., C. Hull and S. Stein, "Do Industrialized Countries Hold the Right Foreign Exchange Reserves?", *Federal Reserve Bank of New York Current Issues in Economics and Finance*, 2013, 19 (1): 1–10.

[212] Goodfriend, M., "Central Banking under the Gold Standard",

Carnegie-Rochester Conference Series on Public Policy, 1988, 29 (1): 85-124.

[213] Goodhart, C., "Central Banking", in Eatwell, J., M. Milgate, and P. Newman (ed.) *The New Palgrave: A Dictionary of Economics (A-D)*, London and New York: Macmillan and Stockton, 1987: 385-387.

[214] Green, R. and T. Torgerson, "Are High Foreign Exchange Reserves in Emerging Markets A Blessing or A Burden?", US Department of Treasury, *Occasional Paper*, No.6, 2007.

[215] Green, R., "Real Bills Doctrine", in Eatwell, J., M. Milgate, and P. Newman (ed.) *The New Palgrave: A Dictionary of Economics (Q-Z)*, London and New York: Macmillan and Stockton, 1987: 101-102.

[216] Greenspan, A., "Cruuency Reserves and Debt", Speech at World Bank Conference on *Recent Trends in Reserves Management*, www.federalreserve. gov, 1999, April, 29th.

[217] Grubel, H., "The Demand for International Reserves", *Journal of Economic Literature*, 1971, 9 (4): 1148-1166.

[218] Guidotti, P., "On Debt Management and Collective Action Clauses", in Kenen, P. and A. Swoboda (eds.) *Reforming the International Monetary and Financial System*, Washington: International Monetary Fund, 1999: 265-276.

[219] Guidotti, P., F. Sturzenegger, and A. Villar, "On the Conse-quences of Sudden Stops", *Economía*, 2004, 4 (2): 171-203.

[220] Gupta, A., "Cost of Holding Excess Reserves: The Indian Experi-ence", India Council for Research on International Economic Relations, *Working Paper*, No.206, 2008.

[221] Hamada, K. and K. Ueda, "Random Walks and the Theory of the

Optimal International Reserves", *Economic Journal*, 1977, 87 (348): 722–742.

[222] Harrod, R., "An Essay in Dynamic Theory", *Economic Journal*, 1939, 49 (193): 14–33.

[223] He, D., H. Wang and X. Yu, "Interest Rate Determination in China: Past, Present, and Future", *International Journal of Central Banking*, 2015, 11 (4): 255–277.

[224] Heller, "Optimal International Reserves", *Economic Journal*, 1966, 76 (302): 296–311.

[225] Hoenig, T., "The 2010 Outlook and the Path Back to Stability", *President Speech of Federal Reserve Bank of Kansas City*, 2010, Jan., 7th.

[226] Horri, A., "The Evolution of Reserve Currency Diversification", *BIS Economic Papers*, No.18, 1986.

[227] Hume, D., 1752, "Of Money", "Of Interest", "Of the Balance of Trade", *in Writings on Economics*, New Jersey: New Brunswick, 2007.

[228] Humphrey, T., "The Quantity Theory of Money: Its Historical Evolution and Role in Policy Debates", *Federal Reserve Bank of Richmond Economic Review*, 1974 (May/June): 2–19.

[229] Humphrey, T., "The Real Bills Doctrine", *Federal Reserve Bank of Richmond Economic Review*, 1982, (September/October): 3–13.

[230] Humphrey, T., "Lender of Last Resort: the Concept in History", *Federal Reserve Bank of Richmond Economic Review*, 1989, (March/April): 8–16.

[231] Humphrey, T., "The Origins of Velocity Functions", *Federal Reserve Bank of Richmond Economic Quarterly*, 1993, 79 (4): 1–11.

[232] Husain, A., A. Mody and K. Rogoff, "Exchange rate regime durability and performance in developing versus advanced economies", *Journal of Monetary Economics*, 2005, 52 (1): 35–64.

[233] IMF, "Debt–and Reserve–Related Indicators of External Vulnerability", *Paper by Policy Development and Review Department*, 2000, March.

[234] IMF, *Balance of Payments and Investment Position Manual* (Six Edition), 2009, September.

[235] IMF, "IMF Discusses Reserves Accumulation and International Monetary Stability", *IMF Public Information Notice* (PIN), No.10/72, 2010.

[236] IMF, "Assessing Reserve Adequacy", *IMF Policy Papers*, 2011 February.

[237] IMF, *International Reserves and Foreign Currency Liquidity: Guidelines for a Data Template*, 2013a, September.

[238] IMF, "Assessing Reserve zAdequacy: Further Considerations", *IMF Policy Papers*, 2013b, November.

[239] IMF, 2014a, "Special Topic: Capital Flows: Dynamics, Evolution, and Policy Advice", in *Annual Report on Exchange Arrangements and Exchange Restrictions* 2014, 2014a: 55–65.

[240] IMF, From Stabilization to Sustainable Growth, 2014 *Annual Report*, 2014b, October.

[241] IMF, "Assessing Reserve Adequacy: Specific Proposals", *IMF Policy Papers*, 2014c, December.

[242] Iyoha, M., "Demand for International Reserves by Less Developed Countries: A Distributed Lags Specification", *Review of Economics and Statis-*

tics, 1976, 58（3）: 351-355.

[243] Jeanne, O. and R. Ranciere, "The Optimal Level of International Reserves for Emerging Market Countries: Formulas and Applications", *IMF Working Paper*, No. WP/06/229, 2006.

[244] Jeanne, O. and R. Ranciere, "The Optimal Level of International Reserves for Emerging Market Countries: A New Formulas and Some Applications", *Economic Journal*, 2011, 121 （555）: 905-930.

[245] Jeanne, O., "International Reserves in Emerging Market Countries: Too Much of a Good Thing?", *Brookings Papers in Economic Activity*, 2007 （1）: 1-79.

[246] Jin, H., Y. Qian and B. Weingast, "Regional Decentralization and Fiscal Incentive: Federalism, Chinese Style", *Journal of Public Economics*, 2005, 89 （9-10）: 1719-1742.

[247] Johnson, H., "Major Issues in Monetary Economics", *Oxford Economic Papers*, 1974, 26 （2）: 212-225.

[248] Jung, C., "Optimal Management of International Reserves", *Journal of Macroeconomics*, 1995, 17 （4）: 601-621.

[249] Kelly, M., "The Demand for International Reserves", *American Economic Review*, 1970, 60 （4）: 655-667.

[250] Kenen, P., "Bretton Woods System", in Newman, P., M. Milgate and J. Eatwell （ed.） *The New Palgrave Dictionary of Money and Finance （A-E）*, London and New York: Macmillan and Stockton, 1992: 225-229.

[251] Kerridge, E., "Price Revolution", in Newman, P., M. Milgate and J. Eatwell （ed.） The New Palgrave Dictionary of Money and Finance （N-Z）,

London and New York: Macmillan and Stockton, 1992: 182–184.

[252] Keynes, J., *A Tract on Monetary Reform*. London: Macmillan, 1923.

[253] Keynes, J., Treatise on Money, New York: Harcourt, Brace & Co., 1930.

[254] Keynes, J., *The General Theory of Employment, Interest, and Money*, New York: Macmillan, 1936.

[255] Koopman, R., Z. Wang and S. Wei, "Tracing Value–Added and Double Counting in Gross Exports", *American Economic Review*, 2014, 104 (2): 459–494.

[256] Krugman, P., "Increasing Returns, Monopolistic Competition, and International Trade", *Journal of International Economics*, 1979, 9 (4): 469–479.

[257] Krugman, P., "The Myth of Asia's Miracle", *Foreign Affairs*, 1994, 73 (6): 62–78.

[258] Krugman, P., "The Eternal Triangle", http: //web.mit.edu/krugman/www/triangle.html, 1998.

[259] Kydland, F., and E. Prescott, "Rules Rather than Discretion: The Inconsistency of Optimal Plans", *Journal of Political Economy*, 1977, 85 (3): 473–491.

[260] Kydland, F., and E. Prescott, "Time to Build and Aggregate Fluctuations", *Econometrica*, 1982, 50 (6): 1345–1370.

[261] Lagarde, C., "The Challenge Facing the Global Economy: New Momentum to Overcome a New Mediocre", *Speech at the 2014 IMF–World Bank*

Annual Meetings, 2014, 2nd October.

［262］Laidler, D., *The Golden Age of the Quantity Theory*, Princeton: Princeton University Press, 1991.

［263］Laidler, D., "Deflation", in Newman, P., M. Milgate and J. Eatwell (ed.) *The New Palgrave Dictionary of Money and Finance* (*A–E*), London and New York: Macmillan and Stockton, 1992: 588–590.

［264］Laidler, D., "Rules, Discretion and Financial Crises in Classical and Neoclassical Monetary Economics", *Economic Issues*, 2002, 7 (2): 11–33.

［265］Lane, P. and D. Burke, "The Empirics of Foreign Reserves", *Open Economics Review*, 2001, 12 (4): 423–434.

［266］Lau, L., Y. Qian and G. Roland, "Pareto–Improving Economic Reforms through Dual–Track Liberalization", *Economic Letters*, 1997, 55 (2): 285–292.

［267］Lau, L., Y. Qian and G. Roland, "Reform without Losers: An Interpretation of China's Dual–Track Approach to Transition", *Journal of Political Economy*, 2000, 108 (1): 120–143.

［268］Lee, J. and K. Hong, "Economic Growth in Asia: Determinants and Prospects", *Japan and the World Economy*, 2012, 24 (2): 101–113.

［269］Li, H. and L. Zhou, "Political Turn over and Economic Performance: Incentive Role of Personel Control in China", *Journal of Public Economics*, 2005, 89 (9–10): 1743–1762.

［270］Lipschitz, L., M. Messmacher and A. Mourmouras, "Reserve Adequacy: Much Higher than You Thought?", *IMF Mimeo*, 2006, April.

［271］Los, B., M. Timmer and G. Vries, "China and the World Economy:

A Global Value Chain Perspective on Exports, Incomes and Jobs", Groningen Growth and Development Centre, University of Groningen, *GGDC Research Memorandum*, No. GD-128, 2012.

[272] Lucas, R., "Expectations and the Neutrality of Money", *Journal of Economic Theory*, 1972a, 4 (2): 103-124.

[273] Lucas, R., "Econometric Testing of the Natural Rate Hypothesis", in Eckstein, O. (ed.) *The Econometrics of Price Determination*, Washington: Board of Governors of the Federal Reserve System, 1972b: 90-103.

[274] Lucas, R., "Econometric Policy Evaluation: A Critique", *Carnegie-Rochester Conference Series on Public Policy*, 1976, 1 (1): 19-46.

[275] Lucas, R., "Two Illustrations of the Quantity Theory of Money", *American Economic Review*, 1980, 70 (5): 1005-1014.

[276] Lucas, R., "On the Mechanics of Economic Development", *Journal of Monetary Economics*, 1988, 22 (1): 3-42.

[277] Lucas, R., "Nobel Lecture: Monetary Neutrality", *Journal of Political Economy*, 1996, 104 (4): 661-682.

[278] Machlup, F., "The Cloakroom Rule of International Reserves", *Quarterly Journal of Economics*, 1965, 79 (3): 337-355.

[279] Maddison, A., "Statistics on World Population, GDP and Per Capita GDP, 1-2008 AD", March, http://www.ggdc.net/MADDISON/oriindex.htm, 2010.

[280] Markowitz, H., "Portfolio Selection", *Journal of Finance*, 1952, 7 (3): 77-91.

[281] Mas-Colell, A., M., Whinston and J., Green, *Microeconomic*

Theory, New York: Oxford University Press, 1995.

[282] McCallum, B., "The Case for Rules in the Conduct of Monetary Policy: A Concrete Example", *Federal Reserve Bank of Richmond Economic Review*, 1987 (September/October): 10–18.

[283] McCallum, B., "Alternative Monetary Policy Rules: A Comparison with Historical Settings for the United States, the United Kingdom, and Japan", *Federal Reserve Bank of Richmond Economic Quarterly*, 2000, 86 (1): 49–79.

[284] Mill, J., *Principles of Political Economy*. London: John W. Parker, 1848.

[285] Miller, M. and D. Orr, "A Model of the Demand for Money by Firms", *Quarterly Journal of Economics*, 1966, 80 (3): 413–435.

[286] Mishkin, F., "Symposium on the Monetary Policy Transmission Mechanism", *Journal of Economic Perspectives*, 1995, 9 (4): 3–10.

[287] Mishkin, F., "The Channels of Monetary Transmission: Lessons for Monetary Policy", *NBER Working Paper*, No.5464, 1996.

[288] Mishkin, F., "Estimating Potential Output", *Speech at the Conference on Price Measurement for Monetary Policy*, Federal Reserve Bank of Dallas, 2007, May 24.

[289] Mishkin, F., *The Economics of Money, Banking and Financial Markets*. Pearson Education and Addison-Wesley, 2009.

[290] Modigliani, F., "Life Cycle, Individual Thrift, and the Wealth of Nations", *American Economic Review*, 1986, 76 (3): 297–313.

[291] Mohanty, M. and P. Turner, "Foreign Exchange Reserve Accumulation in Emerging Markets", *BIS Quarterly Review*, 2006, September.

［292］Moore, B., "Endogenous Money Supply", *Journal of Post Keynesian Economics*, 1988, 10 (3): 372–385.

［293］Mundell, R., "A Reconsideration of the Twentieth Century", *American Economic Review*, 2000, 90 (3): 327–340.

［294］Mundell, R., "The Case for A World Currency", *Journal of Policy Modelling*, 2012, 34 (4): 568–578.

［295］Murphy, K., A., Shleifer and R. Vishny, "The Transition to a Market Economy: Pitfalls of Partial Reform", *Quarterly Journal of Economics*, 1992, 107 (3): 889–906.

［296］Mwase, N., "How Much Should I Hold? Reserve Adequacy in Emerging Markets and Small Islands", *IMF Working Paper*, No. WP/12/205, 2012.

［297］Narayan, P., and R. Smyth, "The Dynamic Relationship between Real Exchange Rates and Foreign Exchange Reserves: Empirical Evidence for China", *Applied Financial Economics*, 2006, 16 (9): 639–651.

［298］North, D., Institution, *Institutional Change and Economic Performance*, Cambridge University Press, 1990.

［299］North, D., "Economic Performance through Time: The Limits to Knowledge", *EconWPA Economic History Working Paper*, No.9612004, 1996.

［300］Obstfeld, M., J. Shambaugh and A. Taylor, "Financial Instability, Reserves, and Central Bank Swap Lines in the Panic of 2008", *American Economic Review*, 2009, 99 (2): 480–486.

［301］Okun, A., "Potential GNP: Its Measurement and Significance", in *Proceedings of the Business and Economics Statistics Section of the American*

Statistical Association, 1962, 98-104.

[302] Orbell, J., "Baring Crisis", in Newman, P., M. Milgate and J. Eatwell (ed.) The New Palgrave Dictionary of Money and Finance (A-D), London and New York: Macmillan and Stockton, 1992: 174-175.

[303] Papaioannou, E., R. Portes and G. Siourounis, "Optimal Currency Shares in International Reserves: The Impact of the Euro and the Prospects for the Dollar", *Journal of the Japanese and International Economics*, 2006, 20 (4): 508-547.

[304] Patel, N., Z. Wang and S. Wei, "Global Value Chains and Effective Exchange Rates at the Country –Sector Level", *NBER Working Paper*, No. 20236, 2014.

[305] Patinkin, D., "Neutrality of Money", in Eatwell, J., M. Milgate, and P. Newman (ed.) *The New Palgrave: A Dictionary of Economics* (K-P), London and New York: Macmillan and Stockton, 1987: 639-645.

[306] Phelps, E., "Money Wage Dynamics and Labor Market Equilibrium", *Journal of Political Economy*, 1968, 76 (4): 687-711.

[307] Phillips, W., "The Relationship between Unemployment and the Rate of Change of Money Wages in the United Kingdom, 1861-1957", *Economica*, 1958, 27 (105): 1-31.

[308] Pigou, A., "The Value of Money", *Quarterly Journal of Economics*, 1917, 32 (4): 38-65.

[309] Plosser, C., "Systematic Policy and Forward Guidance", *Speech at Money Marketers of New York University*, 2014, March, 25th.

[310] Polak, J., "Reserve Currency", in Newman, P., M. Milgate and J.

Eatwell (ed.) *The New Palgrave Dictionary of Money and Finance* (*N–Z*), London and New York: Macmillan and Stockton, 1992: 340–343.

[311] Powell, J., "Financial Institutions, Financial Markets, and Financial Stability", Speech at the Stern School of Business, New York University, February 18th, http://www.federalreserve.gov/newsevents/speech/powell20150218 a.htm, 2015.

[312] Prasad, E., "The Dollar Reigns Supreme, by Default", *Finance & Development*, 2014, 51 (1): 34–37.

[313] Pritchett, L. and L. Summers, "Asiaporia Meets Regression to the Mean", *NBER Working Paper*, No.20573, 2014.

[314] Qian, Y. and B. Weingast, "Federalism as A Commitment to Preserving Market Incentives", *Journal of Economic Perspectives*, 1997, 11 (4): 83–92.

[315] Qian, Y. and G. Roland, "Federalism and the Soft Budget Constraint", *American Economic Review*, 1998, 88 (5): 1143–1149.

[316] Ramsey, F., "A Mathematical Theory of Saving", *Economic Journal*, 1928, 38 (152): 543–559.

[317] Redish, A., "The Evolution of the Gold Standard in England", *Journal of Economic History*, 1990, 50 (4): 789–806.

[318] Redish, A., "Anchors Aweigh: The Transition from Commodity Money to Fiat Money in Western Economies", *Canadian Journal of Economics*, 1993, 26 (4): 777–795.

[319] Reinhart, C. & G. Kaminsky, "The Twin Crises: The Causes of Banking and Balance –of –Payments Problems", *American Economic Review*,

1999, 89（3）: 473-500.

[320] Ricardo, D., *On the Principles of Political Economy and Taxation*, London: John Murray, 1821.

[321] Rockoff, H., "Gold Supply", in Newman, P., M. Milgate and J. Eatwell (ed.) *The New Palgrave Dictionary of Money and Finance* (*F-M*), London and New York: Macmillan and Stockton, 1992: 264-266.

[322] Saville, I., "Foreign Exchange Reserves", in Newman, P., M. Milgate and J. Eatwell (ed.) *The New Palgrave Dictionary of Money and Finance* (*F-M*), London and New York: Macmillan and Stockton, 1992: 161-163.

[323] Say, J., *A Treatise on Political Economy*, Philadelphia: Lippincott, Grambo & Co., 1855.

[324] Schroder, M., "Mercantilism and China's Hunger for International Reserves", Australian National University, *Department of Economics Working Papers*, No.2015-04, 2015.

[325] Schumpeter, J., *History of Economic Analysis*, New York: Routledge, 1954.

[326] Schwartz, A., "Alternative Monetary Regimes: The Gold Standard", in Money in Historical Perspective, Schwartz, A. (eds.), 364 - 390. Chicago : University of Chicago Press, 1987.

[327] Sharpe, W., "Capital Asset Prices: A Theory of Capital Market Equilibrium under Conditions of Risk", *Journal of Finance*, 1964, 19（3）: 425-442.

[328] Sims, C., "Macroeconomics and Reality", *Econometrica*, 1980, 48 (1): 1-48.

[329] Smets, F. and R. Wouters, "Shocks and Frictions in US Business Cycles: A Bayesian DSGE Approach", *American Economic Review*, 2007, 97 (3): 586–606.

[330] Smith, A., *An Inquiry into the Nature and Causes of the Wealth of Nations*. London: W. Strahan and T. Cadell, 1776.

[331] Smithin, J., *Controversy on Monetary Economics*. Cheltenham: Edward Elgar, 2003.

[332] Solow, R., "A Contribution to the Theory of Economic Growth", *Quarterly Journal of Economics*, 1956, 70 (1): 65–94.

[333] Stiglitz, J., *The Stiglitz Report: Reforming the International Monetary and Financial Systems in the Wake of the Global Crisis*, New York: The New Press, 2010.

[334] Summers, P., "What Caused the Great Moderation?: Some Cross-Country Evidence", *Federal Reserve Bank of Kansas City Economic Review*, 2005 (3): 5–32.

[335] Svensson, L., "Inflation Targeting", in Friedman, B. and M. Woodford (ed.) *Handbook of Monetary Economics*, Amsterdam: Elsevier, 2010: 1237–1302.

[336] Taylor, J., "Discretion Versus Policy Rules in Practice", *Carnegie-Rochester Conference Series on Public Policy*, 1993, 39 (1): 195–214.

[337] Taylor, J., "The Robustness and Efficiency of Monetary Policy Rules as Guidelines for Interest Rate Setting by the European Central Bank", *Journal of Monetary Economics*, 1999, 43 (3): 655–679.

[338] Taylor, J., "The Role of the Exchange Rate in Monetary-Policy

Rules", *American Economic Review*, *Papers and Proceedings*, 2001, 91（2）：263–267.

[339] Taylor, J., "Housing and Monetary Policy", Paper for *the Symposium on Housing*, *Housing Finance*, *and Monetary Policy*, Federal Reserve Bank of Kansas City, *Economic Symposium Conference Proceedings*, 2007: 463–476.

[340] Taylor, J., "Monetary Policy Rules Work and Discretion Doesn't A Tale of Two Eras", *Stanford Institute for Economic Policy Research Discussion Papers*, No.11–19, 2012.

[341] Taylor, J., "The Role of Policy in the Great Recession and the Weak Recovery", *American Economic Review*, 2014, 104（5）：61–66.

[342] Taylor, J., "Remarks on Monetary Rules for a Post–Crisis World", *Journal of Macroeconomics*, 2017.

[343] Taylor, J. and J. Williams, "Simple and Robust Rules for Monetary Policy", in Friedman, B. and M. Woodford（ed.）*Handbook of Monetary Economics*, Amsterdam: Elsevier, 2010: 829–859.

[344] Thornton, H., *An Enquiry into the Nature and Effects of the Paper Credit of Great Britain*, Reprinted. London: George Allen & Unwin, 1939.

[345] Tobin, J., "Money", in Newman, P., M. Milgate and J. Eatwell（ed.）*The New Palgrave Dictionary of Money and Finance（F–M）*, London and New York: Macmillan and Stockton, 1992: 747–755.

[346] Tooke, *Enquiry into the Currency Principle*, London: Pelham Richardson, 1844.

[347] Triffin, R., "National Central Banking and the International Econo-

my", *Review of Economic Studies*, 1946, 14 (2): 53-75.

[348] Triffin, R., *Gold and the Dollar Crisis*, New Haven: Yale University Press, 1960.

[349] Walras, *Elements of Pure Economics*. New York: Routledge, 1874.

[350] Wicksell, K., *Interest and Prices*. London: MacMillan, 1936.

[351] Wijnholds, J. and L. Sondergaard, "Reserve Accumulation: Objective or By-product", *ECB Occasional Paper Series*, No.73, 2007.

[352] Wijuholds, J. and A. Kapteyn, "Reserve Adequacy in Emerging Market Economies", *IMF Working Paper*, WP/01/143, 2001.

[353] Williamson, J., "What Role for Currency Boards?", Peterson Institute for International Economics, *Policy Analyses in International Economics*, No. PA40, 1995.

[354] Williamson, J., "Why SDRs Could Rival the Dollar", Peterson Institute for International Economics, *Policy Briefs*, No.PB09-20, 2009.

[355] Wood, G., "Gold Exchange Standard", in Newman, P., M. Milgate and J. Eatwell (ed.) *The New Palgrave Dictionary of Money and Finance (F-M)*, London and New York: Macmillan and Stockton, 1992: 249-250.

[356] Woodford, M., "Monetary Policy in the Information Economy", Paper for the Symposium on *Economic Policy for the Information Economy*, Federal Reserve Bank of Kansas City, *Economic Symposium Conference Proceedings*, 2001: 297-370.

[357] Woodford, M., "Inflation Stabilization and Welfare", *Journal of Macroeconomics*, 2002, 2 (1): 1-53.

[358] Woodford, M., *Interest and Prices: Foundations of A Theory of*

Monetary Policy, Princeton: Princeton University Press, 2003.

[359] Woodford, M., "Central Bank Communication and Policy Effective-ness", Paper for the Symposium on *The Greenspan Era: Lessons for the Future*, Federal Reserve Bank of Kansas City, *Economic Symposium Conference Proceed-ings*, 2005: 399–474.

[360] Woodford, M., "Methods of Policy Accommodation at the Interest-rate Lower Bound", Paper for *FRB Kansas City Economic Policy Symposium*, Jackson Hole Proceedings, 2012.

[361] World Bank, *Word Development Report*, New York: Oxford Uni-versity Press, 1985.

[362] Yellen, J., "Normalizing Monetary Policy: Prospects and Perspec-tives", *Speech at the New Normal Monetary Policy Research Conference*, San Francisco, 2015, Mar., 27th.

[363] Yeyati, E., "The Cost of Reserves", *Economic Letters*, 2008, 101 (1): 39–42.

[364] Zhang, W., "China's Monetary Policy: Quantity versus Price Rules", *Journal of Macroeconomics*, 2009, 31 (3): 473–484.

[365] Zhou, X., IMFC Statement by ZHOU Xiaochuan, http://www.imf.org, 2015, April 18th.

后 记

一、开放格局下的政策目标

2016 年底召开的中央经济工作会议和习总书记在 2017 年 4 月中共中央政治局第四十次集体学习时都强调，深化供给侧结构性改革，必须把发展经济的着力点放在实体经济上。加快完善社会主义市场经济体制，深化金融体制改革，增强金融服务实体经济能力，守住不发生系统性金融风险的底线。推动形成全面开放新格局，实行高水平的贸易和投资便利化政策，扩大服务业对外开放。服务实体、守住底线是开放新格局下金融业的两大基本目标。

从服务实体来看，习总书记多次指出，"推动形成全面开放新格局"，"开放带来进步，封闭必然落后。中国开放的大门不会关闭，只会越开越大"。在金融开放领域，贸易投资对外开放、深化人民币汇率形成机制改革、稳妥有序实现资本项目可兑换仍然是我们不断扩大金融开放的"三驾马车"，以"一带一路"倡议为重点，不断推动实现中国经济更高层次的开放。

从守住底线来看，外汇市场非理性波动成为宏观审慎管理的系统性风险来源之一。资本大进大出、汇率冲击、外债杠杆等都可能给宏观经济和金融市场带来重大风险。2008 年以来，发达国家经历了持续量化宽松和退出量化宽松的两个阶段，导致很多新兴经济体先后经历了资本流入激增和逆转流出。许多新兴经济体采取了以价格或数量调控为主的跨境资本流动管理措施，包括价格和数量控制、临时性禁止交易等。

目标的明确解决了为什么要管理这一问题。

二、宏观审慎管理制度框架的动态发展

一是基本逻辑。在货币政策之外强调宏观审慎监管是金融危机后全球中央银行宏观调控职能的重大转变。2008 年金融危机前，主流央行的政策重点都是维持物价稳定。但金融危机表明，物价稳定并不一定意味着金融稳定。本轮危机前，美国通胀温和可控，但是金融资产价格出现了顺周期的大幅上涨，经济不断加杠杆、风险累积，最终泡沫破灭、引发次贷危机，对实体经济构成了巨大冲击。宏观审慎政策就是为了对金融顺周期性和跨市场传染风险对症下药，在保持物价稳定的同时实现金融稳定。

二是总体要求。全球金融危机以来，各国中央银行越来越重视宏观审慎政策的作用，建立健全货币政策和宏观审慎政策双支柱调控框架。双支柱框架可以起到两方面作用：一是保持币值稳定，二是维护金融系统的稳定。我国较早探索和实践货币政策和宏观审慎政策相结合的方式，一方面积极稳妥推动货币政策调控框架从数量型向价格型转变，创新货币政策工具；另一方面着力建立金融宏观审慎框架。因此，双支柱调控框架就是一方面使用货币政策保持经济稳定增长和物价基本稳定，让货币政策在宏观上、总量上起作用；另一方面使用宏观审慎政策直接作用于金融体系，在微观上和结构上起效果，真正实现金融为实体经济服务，打通金融和经济彼此促进、融通发展的双向通道，守住不发生系统性金融风险的底线。

三是初步成果。目前，宏观审慎框架已成为我国宏观政策的重要着力点。

2011 年，我国正式引入差别准备金动态调整机制，要求金融机构"有多大本钱做多大生意"，扩张速度要与经济发展、资本金相适应。2016 年，将差别准备金动态调整机制升级为宏观审慎评估体系（MPA），将更多金融活动和金融行为纳入管理，从 7 个方面来约束金融机构，实施逆周期调节。2015 年开始，将跨境资本流动管理也纳入了宏观审慎政策范畴。

四是改革延伸。我国已将反映外汇市场是否健康的指标纳入了宏观审慎管理框架。2015 年开始，一方面完善外汇流动性宏观审慎政策，扩大全口径跨境融资宏观审慎管理试点，另一方面加强对人民币跨境资本流动的宏观审慎监管。自 2016 年 1 月 25 日起，对境外金融机构在境内金融机构存放执行正常存款准备金率，建立跨境人民币资金流动逆周期调节的长效机制。与传统的跨境资金流动管理措施相比，宏观审慎政策具有市场化、价格型、透明、非歧视和动态调整的优势，可以在稳定资本流动的同时，有效防止行政管制和非市场化手段可能造成的金融资源错配，降低了实体经济交易成本，提高了风险管理效率，对我国继续扩大对外开放，建立全面开放新格局具有重要意义。

框架的明确解决了管理什么的问题。

三、外汇储备经营管理已经成为新形势下实施宏观审慎管理的重要抓手

党的十八大以来，我国金融改革发展取得新的显著成绩，金融调控方式不断创新，汇率形成机制改革深入推进，金融开放水平不断提高，成功应对金融市场异常波动，保持了人民币汇率在合理均衡水平上的基本稳定，守住了不发生系统性风险的底线。我国经济金融市场化、国际化程度不断提高，

国内市场与国际市场的关联性、共振性不断增强，金融体系的复杂程度和脆弱性明显上升。为此，货币政策要更加注重引导市场行为和社会预期，有效防范跨境资金流动风险，强化国家金融安全保障。

外汇储备是重要的调控工具。

一是宏观调控的预期管理。在金融高度发达的时代，预期引致金融市场高频波动。如果说，预期是一种意识，那么意识受制于物质世界。预期管理需要具有雄厚物质基础的中央对手方，尤其是当市场形成一致预期时，非常需要有一个实力雄厚的对家，在大家太乐观的时候降降温，在大家太悲观的时候提提气，以熨平经济波动。自 2010 年以来，储备资产呈现较大变化，在相当大的程度上保障了实体经济对贸易条件的稳定预期及对本币币值稳定的信心。自 2010 年至今，人民币兑美元一直维持在 6.04~6.96 的窄幅区间，年化波动率 2.7%，远低于新兴市场总体汇率指数 8.5% 的波动率。因此，本外币一体化操作是开放条件下现代货币政策不可回避的核心命题。

二是跨境资本流动的周期指针和逆周期稳定器。储备资产不同于一般国有金融资产，其目的不仅仅是保值增值，更重要的是平准。恰如本币吞吐起到对通货膨胀的逆周期调节作用一样，储备吞吐是对跨境资本流动的逆周期调节。在资本流入时积累外汇储备，在资本流出时释放外汇储备，并根据贸易和投资需要适时适度开展对冲操作，是维持外汇市场稳定的重要手段。对于处在经济转型时期、金融体系不断完善的新兴市场国家，外汇储备对跨境资本流动的"压舱石"作用尤为重要。

工具的明确解决了用什么来管理的问题。

四、外汇储备集中统一管理是保障国家金融安全的 "四梁八柱" 型基本制度设计

目前，社会上出现了一些对我国外汇储备管理机制的讨论。笔者想说的是，对外汇储备机制的讨论应该客观、科学，这关系到国家发展的重大外部保障。

一是储备资产的性质。只有知道管的是什么，才能确立科学高效的管理制度。储备的弹性变化，是市场在金融资源配置中起决定性作用的体现，也是更好发挥政府作用的现实要求，即国家在金融领域实现治理体系和治理能力现代化的必修课，是一个重大的政治经济学命题。储备的形成，不是公民对政府的纳税义务，而是来自企业和居民意愿结汇，储备消化来自企业和居民贸易与投资合理用汇需求。也就是说，储备是储备管理者与公众的出售与回购法律关系，按照防范系统性金融风险和外部冲击要求，结汇于民、用汇于民，这也就决定了储备管理制度应坚持实体化而非机关化，具有公开市场高频交易能力，重在流动性管理，以保持吞吐的灵活性。近期出现以特别国债收购外汇储备的说法，最令人担忧的是流动性管理。特别国债的长期固定期限与外汇市场用汇的即时性之间的不匹配恐非市场稳定之福。

二是储备资产的外溢性。一个不容忽视的事实是，对我国这样的开放性大型经济体，储备资产消长以及外汇市场价格变化具有很强的外溢性，即会影响到居民和企业的产品竞争力、大类资产配置和币种选择，并进而影响资产价格、币值稳定乃至金融稳定。因此，储备管理不可局限于其资产属性，而应着眼于宏观经济和金融稳定的战略性考量。这也就决定了储备管理制度

应坚持统筹本外币、统筹货币市场与金融机构的一般均衡框架。在实践上，近年来，我国在统筹上述需要，兼顾多元影响间取得了较好的平衡：资本账户逐步开放，企业"走出去战略"、"一带一路"倡议和"藏汇于民"都有了较大进展；汇率基本稳定，货币政策灵活调整，在经济转型的复杂背景下实现了宏观经济的整体平稳。

值得总结的经验是：货币政策、汇率政策、跨境资本流动和外汇储备的集中统一管理，有助于统筹国内国际两个大局、两个市场，外汇储备既是"防火墙"，又是"连接器"，在防范"黑天鹅"、"灰犀牛"风险，实行更高水平贸易和投资自由化、便利化政策中发挥着积极作用。

2017 年 5 月